封扉题签：姚奠中

国家十二五规划项目

三晋石刻大全

三晋文化研究会
SHANXI CHINA

总主编 李玉明

三晋石刻大全

朔州市右玉县卷

主编 吴承山

山西出版传媒集团
三晋出版社

《三晋石刻大全》编纂委员会

顾　　问：李立功　胡富国　郭裕怀　胡苏平　杨安和　姚新章
　　　　　姜新文　牛仁亮　李雁红　刘　江
主　　任：李玉明
副 主 任：罗广德　王水成　刘高官　范世康　张志仁　成永春
　　　　　贾克勤　周晋华　肖亚光　杨子荣　刘纬毅　崔正森
　　　　　雷忠勤　齐荣晋　刘廷明　姚二云　宋新梅　冯向栋
　　　　　梁俊明　车青山　李宜丰　耿世文　付卫亮
委　　员（按姓氏笔画排列）：
　　　　　王维柱　王殿民　史耀清　刘光彦　刘合心　李　非
　　　　　要子瑾　秦海轩　崔庆和　谢　恺　熊高德
总 主 编：李玉明
副 主 编：罗广德　杨子荣　文　琴　张继红　莫晓东　落馥香
　　　　　马剑东
审　　定：山西省地方志办公室

《三晋石刻大全》朔州市编撰指导组

主　　任：熊高德
副 主 任：李　尧　丁一厚　苏建成
委　　员：熊国章　张宝国　李　柱　符新基

《三晋石刻大全·朔州市右玉县卷》编委会

顾　　问：马占文　石生华
总 策 划：刘青春
主　　任：傅存新　韩日华
副 主 任：赵一虎　张　奇　张继业　王新世
主　　编：吴承山
副 主 编：王德功　薛大春

凡　例

一、以抢救和存史为收录原则。收录范围：以《三晋石刻总目》为基础，凡古代、近现代和新中国成立后现存和佚失石刻全部全文收录（其中新中国成立后没有社会文化价值的私人墓碑等除外）。收录上下限：上限从本地最早的石刻起，下限到定稿为止。

二、以县（市、区）分卷，原则上每县（市、区）一卷，另有山西省博物院卷、五台山卷、晋商会馆卷和总目各一卷。

三、"概述"为一个县（市、区）或石刻收藏单位总论性的文章，既有资料性，又有学术性，内容主要包括：石刻历史发展（收藏）演变情况、现在分布区域、类别、时代、数量和保存情况，重要石刻简述、主要特色和价值评估、保护和利用建议等。

四、石刻单位称谓：各类碑刻（包括造像碑）一律称"通"；石碣（或刻石），称"块"或"方"；经幢（包括石幢）称"尊"；墓志和墓志铭，有盖的称"盒"，无盖的称"方"；画像（图像）石、匾额、塔铭、法帖，称"方"或"块"；摩崖题记称"处"或"条"。石柱，称"根"；戒牒，刻在碑上的称"通"，刻在碣上的，称"方"或"块"。石刻录文称谓：碑，称"碑文"；碣（刻石），称"碣文"或"刻文"（镌刻诗赋的，称"诗文"）；造像碑（含座），称"发愿文"；墓志铭和墓志，称"志文"；石匾，称"匾文"；镌刻帝王诏令的，称"敕文"；摩崖题刻、画像石、石幢（内容非经文者）、石柱等，称"题记"或"题刻"；经幢，称"经文"；塔铭，称"铭文"；墓表，称"表文"；石对联，称"联文"；戒（度）牒，称"牒文"；法帖，称"帖文"。

五、不设篇、章、节，一件石刻独立成篇。全卷录文分两部分，即现存石刻、佚失石刻。以县（市、区）为纲，分别按时代顺序排列，不分类。

六、每件石刻编纂内容包括名称（全称）、简介、录文（全文）。另附照片或拓片。

七、凡涉及人物的石刻，"简介"除介绍石刻外，还应介绍人物的生卒年、籍贯、主要官职、生平事迹、著述等；凡涉及人物籍贯的，一律用原地名，括号内注明今地名。如郭泰，太原界休（今山西省介休市）人。

八、新中国成立以来，有不少石刻陆续由原址搬迁到异地，这部分石刻均由现收藏单位收录。地址一律按原址书写，然后注明搬迁时间和地点。

九、真假或断代暂无定论的石刻，可沿用旧说或存疑。有几种说法的，诸说并存。

十、纪年：1912 年以前的石刻一律用历史纪年，括注公元纪年，如唐贞观元年（627）。括号内公元年号前后不加"公元"和"年"字。1912 年至 1949 年 10 月 1 日中华人民共和国成立前，一律用民国纪年，括注公元纪年，如中华民国 16 年（1927），也可写成"民国 16 年（1927）"。民国年号用阿拉伯数字，不用汉字。1949 年 10 月 1 日之后，一律用公元纪年。

十一、表示体积、面积等尺寸的，单位用"厘米"。如长（或高）120、宽 60、厚 80 厘米，长、宽均不加"厘米"二字，用顿号间隔。

十二、收录的石刻文字原为繁体字的，仍用繁体字；原为简化字的，仍用简化字。1957 年汉字简化之后，有的碑繁简混用，录文尽量保持原貌，以保存史料的真实性。录文横排，原则上根据文意分段，不易分段的，可以连排。编者所加文字，用楷体字，并加圆括号，以与正文宋体字区别。如"（碑阳）"、"（碑阴）"等。

十三、收录的石刻文字，只作标点，不作校勘，原文中的错别字、异体字、通假字及不当之处等，保持原貌，不作甄别、注释和加括注。

十四、石刻文字漫漶、剥泐不清的，用一字一"□"表示。漫漶、剥泐字数不清的，用"……"或"下阙"表示。

十五、索引按类编排，使本书既可按历史顺序阅读，又可按类检索，互为补充，相得益彰。

总　序

李玉明

石刻，指镌刻有文字的历代碑、碣、造像碑、经幢、石幢（内容非经文者）、摩崖题记、墓志铭、画像石等，是历史文化的重要载体。

石刻，有狭义和广义的两种理解。狭义的理解，专指"碑"；广义的理解，包括碑、墓志、造像等各类刻石。

所谓"碑"，汉以前就有了，但那时的碑不是为了刻字，而是立于宗庙、学校，用以观日影、记时刻、测方向的。古代礼仪规定，主人迎宾进宗庙之门要当碑而揖。祭祀时亦常常把祭祀用的牛羊等牺牲先拴于碑上。碑在古代还有另一种用途，是立于墓前用于棺木下葬，称为"窆石"，下棺时用以固定辘轳。所以早期的墓碑中上部有穿，称之为"碑穿"，用以系绳下棺；在宗庙之碑则为系牺牲的牛羊所用。因此，最初碑的用途并非为了刻字，而是实用。

现代意义上的"碑"，兴起于西汉而盛于东汉。原来在西汉以前，即商周时期，歌功颂德的文字铸刻在钟鼎彝器上，西汉开始以石代金，用碑记载功德和事件了。这即是金石铭文的由来。

从西汉"碑"开始镌刻文字以来，历朝历代的碑刻大体相似，均由碑首、碑身、碑座三部分组成。但各类碑之间又呈现繁多的样式。碑首有圭首、圆首、平首、梯首、冠形首、螭首等。碑身以长方形为多，另有倒瓶形，六棱、八棱形，正方柱形，扁方形等。碑座有龟趺形，形状庄重，采用得最多。古人以龟为长久，常常以龟（实际称赑屃）背碑。碑的种类有功德碑，记载文臣武将的文治武功；庙碑，种类繁多，记述庙的修建历史；墓碑，记载死者籍贯、世系、事迹及卒葬时间等。还有记事碑、纪念碑、文告碑、诗文碑等。

从现代广义上讲，凡是镌刻有文字的石刻都可以称为碑刻，而在先秦时除"碑"以外，其他都不称碑，而称"刻石"。我国迄今发现最早的刻石是商代的《小臣系毁》和一些石磬刻字。以后有秦石鼓文，秦始皇峄山、泰山、琅琊台刻石等。汉以后这些刻石逐渐统称碑石了。佛教传入中国和中国道教兴起后，又出现了宗教刻石及造像。山西是我国中原地区宗教刻石最早产生和发展的省份之一，云冈石窟、天龙山石窟，以及现在散存在全省各地大量的经幢、石幢、造像碑等刻石，见证了这一历史发展的轨迹。另外，作为墓碑衍化物的墓志，起源于汉代，形制为长方形。而标准方形的墓志则兴起于魏晋南北朝，大盛于唐，是碑刻的重要组成部分。比如山西现存的北魏司马金龙墓志，封和宪、辛祥墓志；北齐裴良、厍狄回洛、娄叡墓志；东魏刘懿墓志等。

石刻最大的特点，是能长久地保存下去，故称为刻在石头上的历史，简称"石史"。它最大的功用，是可以证史、补史和纠正官修书面历史记载的舛误，在弘扬民族文化，借鉴历史经验，在社会主义经济建设、政治建设、文化建设、社会建设和生态文明建设服务等方面，都有十分重要的意义，历来受到地方当局、有关社会组织和个人爱好者重视。例如，我国现存最早最大的殿堂式建筑五台山佛光寺东大殿，1937 年梁思成先生调查发现后，轰动了国内外学术界。殿前镌刻于唐大中十一年（857）的经幢，解决了该殿学术上的两大问题。一是根据经幢的记载，该殿始建于唐德宗大中十一年（857），不仅使该殿是唐代建筑得到了有力的佐证，而且使这座国宝级文物建筑有了准确的纪年，其学术价值大大被提升。二是从这尊经幢的记载中得知，佛光寺东大殿的施主（即捐资人）是长安官宦人家出身的女弟子"宁公遇"。由于施主的身份高，其建筑的级别也相应被提高。又例如，山西现存 18000 多处古建筑，其每处建筑的历史沿革，要么文献记载简单，多数只一句话；要么查不到任何记载。而这些建筑前前后后的历史发展变化情况，主要靠现存碑刻的记载来见证，因而各座古建筑附属的碑刻就成了该古建筑历史沿革有力的证据。再例如，山西历史上的灾荒不断，元大德七年（1303）平阳、太原地区曾发生过山西历史上最大的一次地震；清光绪三年（1877）

曾发生过山西历史上最大的一次旱灾，连续三年颗粒无收，死亡百姓不计其数，并出现了人吃人的现象。这些灾荒，由于历史的原因（如信息不畅），或是地方官员为保乌纱帽，有意隐瞒，因而文献记载零碎简单，甚至缺失无记载。而民间百姓在灾荒过后却镌刻了不少碑刻，使后人永志不忘。这些灾荒碑虽有不少毁于战火，或被人为破坏，但各地保存至今的仍有不少，已成为研究山西历代地震、水旱等自然灾害的宝贵资料。除灾荒碑外，存世的还有不少古代科技方面的碑石，是研究当地农林水利、医药等发展的重要实证。三晋石刻是我省一个丰富多彩的重要人文资源，因此，编辑出版《三晋石刻大全》，不仅具有深远的历史意义，而且有可资借鉴的现实意义，是功在千秋、荫及子孙的一件好事、善事。

自宋代兴起金石学以来，访求石刻是历代众多史学家、方志学家们的终生爱好和一生的追求。山西自明成化十年（1474）创修《山西通志》时，就收录了"金石"资料，现在能够作为代表的是清光绪年间山西巡抚胡聘之主编的《山右石刻丛编》。这套《丛编》于光绪二十五年（1899）出版，共 40 卷，收录北魏至元代计 14 个王朝 840 余年的各类石刻 720 通（件）。还有在此之前于光绪十八年（1892）官修的《山西通志·金石记》（单行本称《山右金石记》），杨笃（秋湄）主编，收录汉以来碑刻 1550 余通。《山西通志·金石记》与《山右石刻丛编》比较，前者"有则录之，存亡不计"，后者"存者收录，亡者不述"。

山西历史上石刻最多时究竟有多少，谁也说不准。新中国成立后，经过文物部门的多次调查和普查，山西现存各类碑碣大约两万。清代著名金石学家叶昌炽在《语石》中说："大抵晋碑皆萃于蒲、绛、泽、潞四属。"四属原都称州，大体上是现在的运城、临汾、晋城、长治四市，即山西南部地区。《山右石刻丛编》收录的 720 通碑刻，属于上述四州的有 496 通，占全省的 68.9%；《山西通志·金石记》收录的 1550 余通碑刻，属于上述四州的有 993 通，占全省的 64%；现存的两万余通石刻中，上述四市占了全省的一半以上，叶氏的论断基本是正确的。但除上述四州（四市）外，其他地区也有不少碑刻存世，其中不乏精品，同样应予重视。

新中国成立以来，山西省文物考古部门和有关部门、团体以及个人爱好者，在石刻的调查、保护、拓印、研究、出版等方面做了大量工作，取得了一定成果。但这些成果比较零星分散，缺乏全面性、系统性；也没有一个专门访求石刻的机构，使这项事业的发展受到一定制约。其次，历史资料少而缺失，已出版问世的石刻著作，存量极少，不仅难求，而且收录不全。比如，《山右石刻丛编》和《山西通志·金石记》均只收录到元代，且遗漏不少，大量明清时期的碑刻又未被采撷，造成历史的遗憾；宋代赵明诚的《金石录》只收录山西唐以前碑石 45 通；清代王昶的《金石萃编》，只收录山西元以前碑石近 30 通。所有这些，都需要我们在前人研究成果的基础上，做大量的拾遗补缺工作。第三，建国以来又新发现了大量的石刻，特别是新发现和出土了一批重要的墓志铭、摩崖题记、造像碑等，大大丰富了山西石刻的研究资料。比如北朝至隋唐一批重要墓志的出土、黄河沿岸等处汉以来漕运摩崖题记和一批早期造像碑的发现，以及其他一大批新发现石刻的著录登记等，都是重要的石刻资料，这些都需要有人去进一步访求和研究。第四，石刻文物具有不能再生性的特点，毁一件即少一件。比如北周武帝二次灭佛，山西的汉碑及三国两晋碑除郭泰碑外，全部被毁。郭泰碑后来也流失不存，造成了"山右无汉碑"的历史遗憾。当前仍存在盗窃和建设工程中人为破坏石刻文物的严重现象，自然损毁也日益加剧，古老石刻随时都有流失和被毁的危险。因此，抢救保护石刻，将其全部著录在册，世代流传下去，是当务之急，是带有抢救和存史双重重要性质的宏大工程。

为了全面系统地开展三晋石刻的访求和研究工作，三晋文化研究会成立以来，即借鉴历史经验，适应形势的需要，挑起了保护研究石刻传统文化这个重任。从 1990 年开始，即着手分市编辑出版《三晋石刻总目》，到 2006 年底，已有 9 个市的《总目》正式出版，共收录存碑 11878 通，佚碑 4168 通，合计 16046 通。

在基本完成《三晋石刻总目》编辑出版的基础上，三晋文化研究会从 2007 年正式开始编辑《三晋石刻大全》。《大全》以《总目》为基础，将新中国成立前后的碑刻，不论存佚，有文则存，全文抄录，并断句。同时，每篇加"简介"，附照片或拓片。基本上每县（市、区）1 卷，山西博物院和五台山、晋商会馆各 1 卷，再加记事总目录 1 卷，全省预计 125 卷。

分步编辑出版的山西石刻研究成果，其资料价值、历史价值、学术价值和使用价值都将远远超过以往出版的石刻著作，将成为山西有史以来的首创之作，流芳后世，意义深远！

是为序。

序 一

李 尧

朔州，雄踞山西西北隅，北与大漠毗连，南、西、北三面环山蔽护，腹为大同盆地西南端。桑干河汩汩东流，广袤川原润泽沃野。凭山之根，得水之灵，距今2.8万年的峙峪遗址，已是华北细石器文化的摇篮。

朔州，为一方雄胜之地，屏藩华夏之北，安系中原之疆。内外长城南北对峙，城堡烟燧星罗棋布。历代金戈铁马，为军事要地。

朔州，历史悠久，文脉根深。秦筑城养马，始名马邑，北齐改朔州，至清皆为州郡府治，民国改朔县，改革开放初重建朔州。如今之朔州，凭煤电巨擎，腾飞猛进，一跃成为塞外耀眼明珠。

在亘古的历史长河中，原本丰厚的历史，由于传承的割裂，战乱的毁坏，人为的损残，自然的消失，有的变得模糊，有的演绎成抽象，留在历史文献中的只是凤毛麟角。幸而，那遗存下来的古迹，通过考古手段，使已失去的历史记忆，又复活起来。就石刻而言，它是古迹的重要组成部分，更是无可替代的历史不朽档案。

自汉以来，就以石代金，出现了镌刻文字的碑。随着时代的推移，碑的形式与内容逐渐变得纷纭繁杂。举凡兴建庆典、功德善举、重大事件、政令村规、死者立传和经文诗图等，都会以不同形态的石刻展示。历经硝烟兵燹，时代风云，而今幸存下来的石刻，多散落于村野民间。为抢救石刻文化遗产，2006年，朔州市三晋文化研究会编纂出版了《三晋石刻总目·朔州市卷》。之后，按省三晋文化研究会统一部署，又组织市属六区县编纂《三晋石刻大全》，每区县各为一卷。在《总目》的基础上，各区县重新筹谋，组织人员，深入村寨荒野，访碑觅石，广搜博采，复查辑录。有的挖地寻碑，有的甚至拆桥掘墙取碑。各区县辑录的存碑佚碑，远超《总目》之数。这种执着追求的精神，令人由衷钦佩。

朔州市境内有重要历史研究价值的石刻，朔城区的有：《北魏曹天度九层石塔》题铭、《大辽朔州陇西郡李公谨为先父翁祖母考妣建经幢铭》、金《朔州马邑县重建桑干神庙记碑》、明《修长城碑记》；平鲁区的有：元《整修黑虎庙碑》、明《灭胡堡》额；山阴县的有：明《通议大夫吏部左侍郎兼东阁大学士王宪武墓碑》、明《水利碑记》；怀仁县的有：明《王汝濂圣谕碑》、清《颂知县陈鸿翥记事碑》；应县的有：《宝宫寺断碑》、明《寂照圆明大禅师壁峰金公舍利塔铭有序》；右玉县的有：明《诰封特进光禄大夫麻公暨配夫人沈氏合葬墓志铭》、清《重修宝宁寺碑记》等。这一通通碑刻，或是历史事件的一面镜子，或是墓主人的一份档案，或是历史缺失的一个见证，或是地方民众的一块化石，或是书法卓尔不群的一种展示。还有不少碑中的只言片语，却有着重要的历史研究价值。如《唐故上柱国李君（行满）墓志铭并序》有"父文举上寿百一十有九岁"之句，唐《曲夫人墓志》有武则天造新字9个，辽《杭芳园》碑有"背倚金城（今应县）之戍楼（木塔）"之句，明《题奉圣旨雁门关》碑有"禁山""退革（草）还林"之句，明《复兴水利碑记》有"昼夜可灌田一顷"之句，民国《督军兼省长阎（锡山）示除贪官污吏劣绅碑》有"贪官污吏劣绅土棍为人群大害""非除了他不可"之句，凡此种种，不可胜举。所有这些碑文，对正史、补史、纠史，均有可信的史料价值。

每个区县一卷的石刻大全虽是零零碎碎，却是原原本本。若梳理引深，钩沉提升，自是本地区的一部原始历史文献。我们从不同视角，或鉴赏，或探索，自会有怡心育智，鉴证历史，感悟升华的禅益。

《三晋石刻大全》朔州市各县区卷的出版，是对朔州文化建设的重要贡献。6个县区各卷在编纂、出版过程中，得到了有关部门的襄助，受到了各级领导的重视，凝聚着田野和室内诸多工作人员的心血与艰辛，在此，我们一并深表谢忱。

序 二

中共右玉县委书记　马占文
右玉县人民政府县长　石生华

　　人类历史最早的文化记忆符号是岩画，以后经过发展出现了树皮、动物皮张、骨头、木头、纸张等材质，逐渐将文化衔接和赓续下来。而在文化的传承过程中，树皮易腐、泥骨易碎、纸帛易燃，只有石刻石雕易于保存而与天地共存，为后人留下了探究历史的重要凭据。

　　右玉地处晋西北隅，为古代一方雄胜的军事重地。长城蜿蜒似屏障，墩台寨堡如繁星，其北接大漠，南通中原，西口古道贯通其间，自古"南耕""北牧"两种文化碰撞交融，从而使这里的历史文化斑驳陆离，独具异彩。

　　石刻是历史的见证，将收集起来的石刻通过译介解读，进而使湮没的历史复活，被丢失的信息重新释放出来。那一通通碑碣，宛如一页页记事篇章，向后人述说着当年的烽火故事，展示着胡风汉韵的边塞风情；那一行行镌刻，印记着历史的本真，折射出不同时期的神秘灵光。

　　右玉古称善无，旧石器时代已有人类繁衍生存，从战国置雁门郡，至清代设朔平府，一直都是北方边陲重地，也是农牧民族交融的舞台。凝聚了长城边塞文化、军事战争文化、晋商西口文化、民族移民文化、宗教艺术文化等多视角、多包容的历史文化现象，所以历史遗存较多，碑碣石刻也十分丰富。然而，历史上自然和人为的损毁，许多碑石遭到浩劫，或风化漶漫，或雨打浸损，或压在桥下作了基石，或湮埋于废井内永无天日……

　　2006 年，右玉县委、县政府组织专人将散失于田野、村镇内的有价值的石碑全部收集到博物馆，并建成一座碑廊加以存放，利于当今，功在千秋。三晋文化研究会主持编纂的《三晋石刻大全》是一项了不起的文化工程，右玉卷作为其中一部分，所辑内容包括寺庙、墓碑、纪事碑等，反映了右玉各个历史时期特定的地方文化、政治、经济、社会风貌、风土人情，有着重要的历史价值，对于继承弘扬历史文化也将起到重要的推动作用。诚望相关人员从这卷右玉的石刻"百科全书"中寻觅史料，古为今用，助力右玉实现高质量发展。

　　是为序。

概　述

　　右玉县地处晋北黄土高原，北与内蒙古隔长城而望，西与朔州市平鲁区相邻，南与山阴县毗邻，东与左云县相接。面积 1969 平方公里，平均海拔 1400 米，辖 4 乡 4 镇 172 村，常住人口 8.7268 万。境内丘陵连绵，绿树成荫，林木覆盖率达 57%。

　　右玉县历史悠久，早在旧石时代即有人类繁衍生息，之后一直由鬼方部落居住。战国时，赵武灵王向北拓疆千里，在此置雁门北郡，右玉始称善无，纳入中原版图；秦汉沿袭旧制；北魏属皇都平城畿内之地；辽属契丹，金属女真，元属蒙古；明洪武二十五年置定边卫，永乐七年移住大同右卫，正统十四年移入玉林卫，合称右玉林卫；清雍正三年设朔平府于此，并改称右玉县，沿用至今。

　　特定的地理环境孕育特殊的历史文化。右玉县地处边塞，是草原文明与农耕文明的接合带，杀虎口雄关屹立，古道贯通南北，是中原行走大漠的必经之道，致使多元文化并存，长城军事、边塞贸易、西口晋商、古堡宗教、西口移民等，多种文化相融相存相生，孕育了豪爽大气、热情厚道、吃苦耐劳、百折不挠、英勇尚武的个性人群。因而产生了许多武将，如麻家将、沈家将、缑家将、李家将、蔡家将、范家将等，英雄辈出，青史留名。他们的墓地由皇帝敕建，规模宏大，墓碑众多，是研究时代历史和地方人文的重要实证资料。

　　边塞古堡是右玉的一大奇观。可以说作为边陲之地，建置古堡，既是军事必需，也是民生必要。经过多年的调查可知，右玉之地村村有堡，有的村有两三个堡子，因而古城堡的石刻石匾遗存十分丰富。2006 年 8 月，右玉被中国文艺家协会、中国民间艺术之乡评审委员会授予"古堡之乡"称号。

　　村村有庙又是长城人家的一大特色。边塞之地虽然尚武少文，但并不缺少宗教仪式和文娱活动，庙前有广场，广场建乐楼。一般而言，庙宇文化除了平时的信士拜谒，还有独自的庙会活动。庙会期间，庙内焚香，乐楼唱戏，广场赏戏，场外牲畜交易、物品零售，将宗教、经贸、戏曲、生活有机糅合在一起，丰富了边塞的民族交融活动。大的村子建有由较多的庙宇组成的庙宇群，城镇则更像是庙宇博物馆。据传，右卫老城、杀虎口堡都建有"全庙"，竟达 100 余座。所谓"全庙"，大概是中国应有崇祀的儒道佛、神鬼仙庙宇都可找到。皇家庙宇"宝宁寺"更是巍峨壮观，因存有"镇边水陆神帧"而闻名海内外。故而，建庙修庙，官府倡议，民间踊跃，为了彰显政权功绩和个人功德，往往刻石立碑，建庙碑、重修碑、功德碑……遍布城乡，数不胜数。

　　雄关杀虎口，春秋时称参合口，"扼三关而控五原"，自古称为险要。历两千余年，经历了无数的战争与和平的演变；北方重镇右卫城，战国时始称善无县，曾置雁门郡、静边城、右玉林卫、朔平府，建有无数衙署、庙宇、卫学、行营；威远古城汉设中陵，明置卫所，西达黄河，南近雁门，几废几兴。此三处古城堡，亦是右玉遗存文物古迹最为丰富的地方。

　　暗淡了刀光剑影，远去了暮鼓晨钟，历史已不复存在，留下的只有碑碣石刻，还像喋喋不休的老翁，向世人述说着曾经的辉煌。碑石，给了我们无尽的记忆，也给了我们无限的拓展，得以还原历史。2006 年，右玉县政府组织了一次大规模的抢救碑石活动，各乡镇将属地的碑石运送到右玉县博物馆保存起来，后建成了碑廊予以存放陈列，使现存的碑碣文字很好地存续下来，并汇集成册、纂成此书。

　　然而，历史上右玉的石碑，浩如林木，遍布城乡旷野，犄角旮旯，碑廊内石碑仅为九牛一毛。何因也？自然湮没，人为损毁矣。十年"文革"浩劫，无数碑碣或埋入地下，或垫作桥墩、屋基，或被盗或被毁，惨不忍睹。近如右卫镇河石牛，一夜消失；沈家坟将军墓碑群，皆龙首顼背，高大耸立，蔚为壮观，也在暗夜中丢失无踪，留下了无尽的遗憾和难言的懊悔。何时才能回归、何时才能重现天日？多少人扼腕痛惜、翘首以盼。

《三晋石刻大全·朔州市右玉县卷》共收录石刻 166 通。全书分上编"现存石刻",按时代划分,北魏 1 通、唐代 1 通、明代 52 通,清代 72 通,民国 5 通,中华人民共和国 5 通;下编"佚失石刻"30 篇。

总览全书,明清之际麻家一脉,人才辈出,碑刻存世较多。而作为塞外重镇,长城古堡也是右玉所特有的。为彰显这两个显著特色,特在卷末的常规索引外,另编索引(二),方便读者查阅使用。

盛世兴史,以史观今,知今启后。中华民族生生不息,连绵五千余年,是世界上唯一没有出现断裂的文化文明,先人留给我们十分珍贵的历史文化遗产,我们当细心地挖掘、解读,裨益社会、以利未来。由于解读石刻本身的难度以及我们水平所限,疏漏瑕疵在所难免。但本书付梓问世,当是一件十分高兴的文化盛事。

吴承山

目　录

上编　现存石刻

三晋石刻大全·朔州市右玉县卷

下编　佚失石刻

附　录

三晋石刻大全·朔州市右玉县卷

上编

现存石刻

北魏・唐

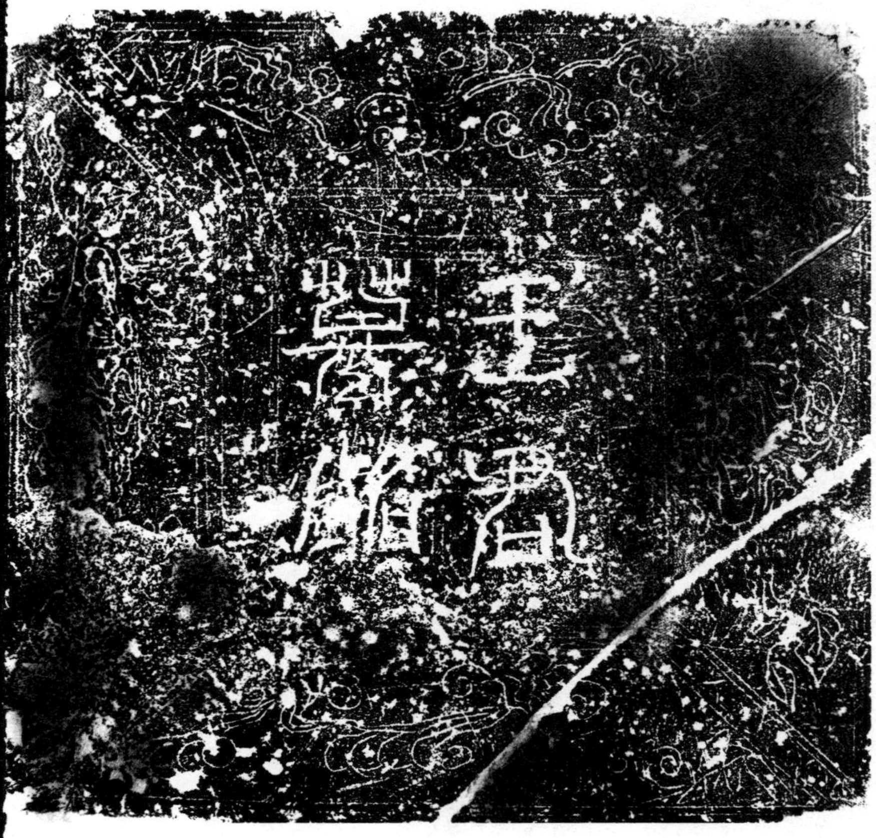

孝文碑

【简介】

　　北魏年间勒石,现存右玉县博物馆碑廊内。碑青石质,已残,现存略呈圆形,长65、宽61、厚18厘米。碑体残损严重,碑文漶漫不清,碑面阴刻楷体,残存11行56字。

　　据清《朔平府志·古迹》记载:大南山有孝文碑,碑文有"孝文"字样,山中有显明寺,但究竟是汉孝文帝还是北魏孝文帝,未曾说明。但汉孝文帝迄今将近2000年,碑在山中,风日所损,恐其字难存至今。而且佛教自汉明帝时传入中国,文帝时尚无佛法,不可能建佛教寺院显明寺。

　　北魏时期,右玉之地属"畿内",处于旧都盛乐与新都平城必经之路,北魏皇亲贵族于大南山上祭天拜佛。故此,应为北魏孝文帝时期所立。《朔平府志·方舆》曰:孝文碑残缺不全,字磨灭不显,以土粉印之,可辨者有"三宝显明……积侍郎内院……广武……郡太子侍……孝文石名李贺芯……光……年四月十日上孝文皇帝文明……百七十里……敦山造顶……天禄及七世所往前后……千百叶……国家和门……用之无匮……伯曾祖比……"字样。现在字迹更加漶漫不清了。

【碑文】

　　……是……尖化之……侍郎内院總……政笛伎十五人若……文曰名……爲呈文……山……如……

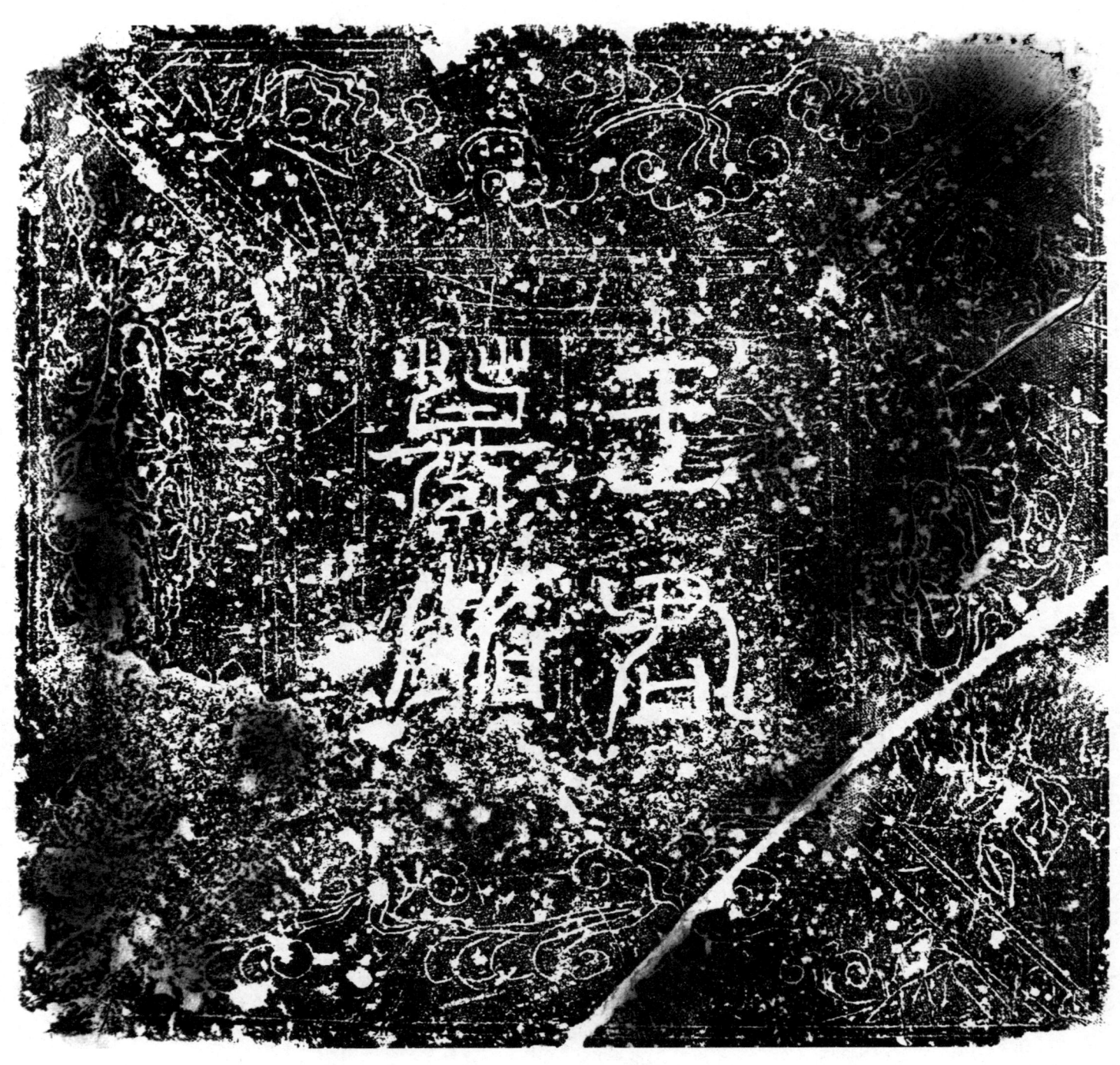

唐故清塞军副使骠骑大将军试少府监太原王公墓志

【简介】

　　唐元和十年（815）八月勒石。现存右玉县博物馆碑廊内。志青砂石质，方形，边长55、厚8厘米。志盖呈覆斗形，正中篆"王君墓铭"4字，碑盖四周线刻祥云纹。志文行书18行，400余字。

　　天宝四年（745），清塞军迁入静边城（今右卫镇），后王液与郭子仪配合消灭了安禄山的叛军，使静边城重归大唐。王液于元和十年（815）病故于官舍，葬于右玉。

【盖文】

　　王君墓銘

【志文】

　　唐故清塞軍副使驃騎大將軍試少府監太原王公墓誌

　　道有變動，膺時生賢。嗚呼，王公賁辰象之異，含鼎彝之器，博綜群藝，英雄強毅已。元和十年夏四月十七日，遘疾傾於清塞軍之官舍。由是君子乃喟然而嗟曰：王公之異可得而聞乎？賓對曰：僕鄙人也，好採邊事，頗聞其政諸歟。公沉毅果悍，百鈞集力，嘗攫搏虎尾，朱綬盈鞠，烏□爲駟，不衄裂龜，驊騮沛艾，紅旌高卷，力可磨單于壘，志可斷獫虜臂，加以恭儉仁孝，承顏彩服，禮義之性。因心懷盡遠大之量，因謀必成。公諱液，太原人也，曰善考古周之風。顯祖諱扰，皇左衛率府兵曹參軍。祖諱諒，皇寧遠將軍。考諱景山，皇靜邊軍副使兼節度討擊副使。公幼長遜悌，弓馬是襲，蠆蠆鳥跡，自公能辨，塹山淹谷，自公能固，以是著績東都遊弈副使，勤能也，克□黎庶，汰岬悍獨，茸綏郡邑，而成善政。改清塞知軍長羽儀也。如何大福忽至，府君已傾。洎公昆季四人，或擢上將，或位列諸侯，不能修書。公夫人衛氏，坤議合德，分輝重魄。遂以其年八月四日合祔，禮也。嗚呼哀哉，其詞曰：

蒹葭淒淒，白露未晞。唯此哲人，翩然成悲。

彼蒼者天，彼黍離離。長夜何苦，銷魂永歸。

明

□□宝宁寺记

【简介】

明成化十年（1474）勒石。现存于右玉县右卫中学院内，残破成碑块，拼合后高约266、宽约117厘米。碑阳所记是天顺四年宝宁寺建寺经过，碑阴所记是成化十年竖立建寺碑的经过。

【碑文】

（碑阳）

□□寶寧寺記

夫寺之爲名，其來尚矣。自漢明帝時佛法肇入中國，暫駐鴻臚。厥後，遂取佛教之居爲之寺，蓋白馬、青龍、寶坊、金刹、鷲嶺、□園，爲寺額者，或因物而名，或因地而取，或以佛而興，或以人而擬。儼於天下，名之不一，匪推南朝四百八十寺矣。今雲中距□北□六舍許，爲絕塞之域，有城曰定邊，寺曰畢在。故老相傳毀於兵，寺廢而名存，基址荒蕪，碑文剝落，罔知興刱之原，僧人之居，泥其庵、牆其壁，聖佛之祀，繪其像、圖其容而已。時則有欽差鎮守大同前太監韋公等職，斯耽久，恒見動□弗寧，間會僧祈佛於斯，□福於人，屢有□□□，惜無樓神之報。智慧之僧曰澄鑒、曰淨興者，久蘊重修，募緣不足，韋公篤好義道，不吝己有，率衆相資。是城指揮林、王倡首厚施，於是庀工掄材、陶甓輦石，次第興修。先正殿，高三丈有町，廣倍之，居金佛三身；次前宇，高二十五尺，廣五十尺。處天王四位，山門方丈備具。聿新單翼□模恢弘乎，地位黝堊丹碧焜煌乎，□強視之於昔大不侔矣。始事於景泰乙亥秋，落成於丙子冬。殿宇□□咸適其宜者，興與鑒之所措也。敦其工匠，則□僧矣。寺既成之，□□韋以澄鑒之有戒行，欲舉以持寺事。意舊名畢在二字之不祥，特請予勒賜寶寧寺，□得令澄鑒住持，且佛寺之廢弛□百□歲，始獲重修者非時□之使，則有待於人也。西方之教昧其真寶，即清淨以觀空妙法。□無百千億化不與物俱，蕩蕩乎人難能名。及至東行，華夷一致，歷代崇尚。今皇上以寶寧易畢在者，意有在也，一則以尊聖佛，一則以安生靈。澄鑒體朝庭之盛心，修典禮，率僧徒，昕夕飯依，祝皇圖之鞏固，□麗澤之無窮。不惟闡佛教於邊陲，而益振宗風於既墜。欲以所事之本末載諸貞珉，以傳悠久。介千戶鄧榮、張鑒請予書，因與俱往，覽其勝，而知中官、上人用心之勤。釋氏源流列繪於壁。予不復詳贅其説，姑紀修葺歲月之實耳。

天順四年歲在庚辰春三月戊寅

進賢□山□彰撰並書

欽差鎮守大同西路都知監前太監韋力轉　左監丞馬□

欽差守備右衛城都知監右監丞胡□

欽差鎮守大同西路右參將中軍都督府都督同知榮禄大夫盛廣　都督僉事周廣

山西行都司守備都指揮使范漢　管操都指揮毛永　張□　王諄　□整　焦□　朱諒　范斌　秦傑　王輔　庞昇

大同右玉二衛指揮使王榮　儲砥　周□　邵璽　完英　朱輝　孫瑛　緃謙　高瑀　王文　馬艮　李廣　郝昇　谷瑛　蕭□　□安　馬瑛　楊杲　蘇貴　蕭□　汪英　陳永　趙玉　谷弘　蔡芳　候□

第一代開山住持澄鑒　首座淨興　□瑀　清□　進於

書記智慶　正通　覺惠　□慶

箋王　淨□　清德　本王　進成　悟□　本通

維那　悟祥　清海　清林　清善　清曉　道賢

監寺　清永　道□　淨林　本王　念祥　清喜　本秀　道真　□□　道□　淨澄　道祥　道容　道壽　道本　□明

李復榮　章興鐫石

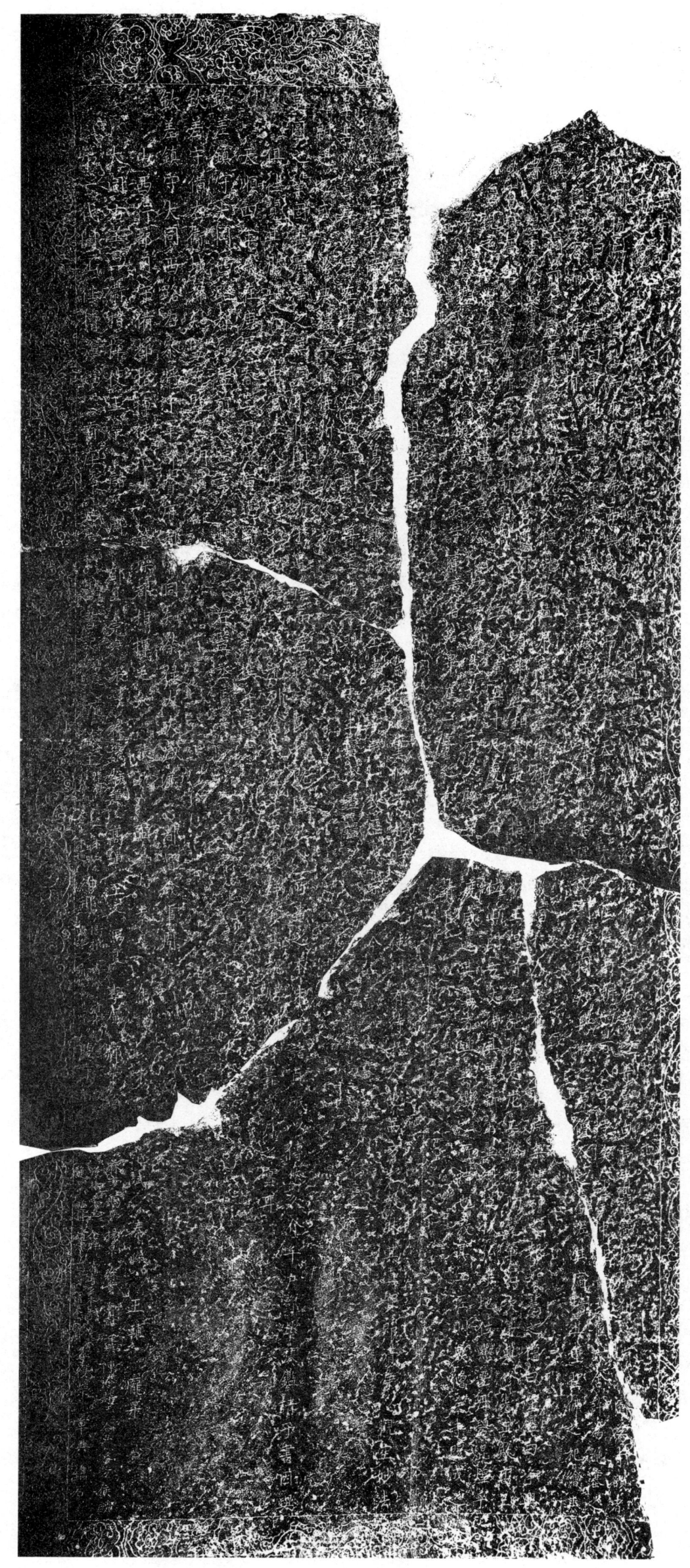

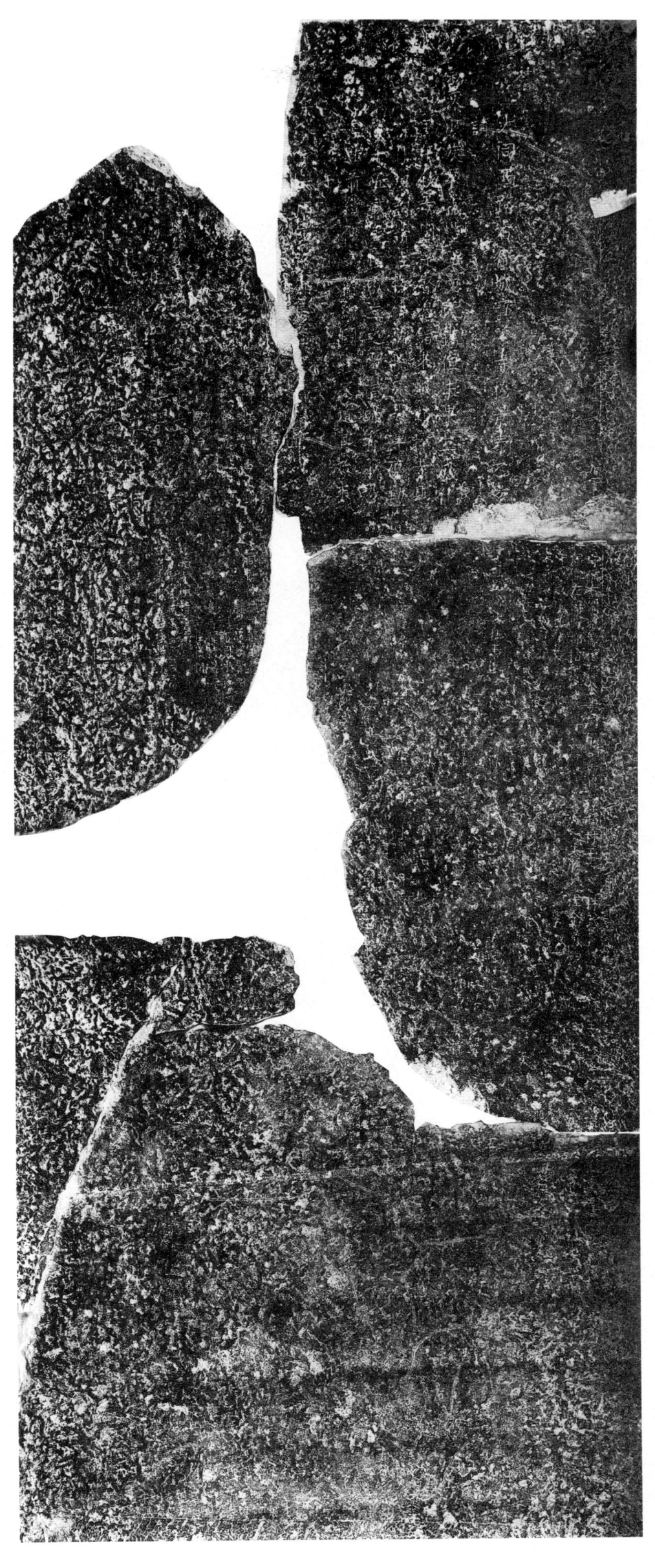

（碑阴）

　　大同西路右衛城寶寧寺於景泰乙亥請勒，天順庚辰蓋造，碑文既鐫，但未果立。成化甲午秋，予因提督邊儲來城邸，於寺見碑仆地，詢諸住持，僧清曉云：是碑磨勒□十五載矣，恒欲立之，微倡引者。予恐湮其前績，俾本僧繪圖謄文，道其始末，禀諸於：

　　　　欽差分守大同西路御馬監太監常正

　　　　欽差遊擊將軍後軍□都督府都督僉事緱謙

　　　　欽差分守大同西路右參將都指揮使李鎬

　　　　□曰是亦勝□□宜□□遂命□前築

　　　　址於正□前□□□一品，命石工修琢□□□□□高□合，擇吉建立，以垂不朽。予故庸書述此，以紀歲月云。

　　　　當大明成化十年秋月吉旦

　　　　承事郎大同府通判淮南曹靖書

　　　　守備右衛城都指揮僉事周□施□□□林玉　林茂　林□　林全　林□　□□瑛……

　　　　守備左衛城都指揮□鑒　□忠　關勝　程全　馬□　□□　王□　□□□……

　　　　守備威遠城□□僉事□□□……

　　　　守備懷仁城都指揮僉……

　　　　大同右玉林衛……

　　　　大同□□指揮王液……□幹……馬……陳琯　□茂　□□……楊□……□祥……

　　　　……□候剛　陳宣　□喆　□□　楊□　□武……□中　□清　秦□　劉□　□□　□安

　　　　□□……□安　楊順　李□……

　　　　大同府□□……

　　　　大同府僧網司□網□……

　　　　前副都網　覺明

　　　　副都網　淨貴

　　　　觀音寺住持　昌海

　　　　慶安寺住持　信□

　　　　通光寺住持　清淨　清明

　　　　善化寺住持清□　清喜

　　　　左衛城楞嚴寺住持　了□

　　　　□□□本寺□□清□……

　　　　威遠城住□　□□

　　　　本寺淨□住持……

　　　　□□□□……

　　　　□四□□□□□將開山□□□□……

　　　　天城……住……匠……

　　　　府……匠……

　　　　提調□把總指揮使　王文

　　　　府……

明赠昭勇将军蔡公墓

【简介】

明弘治五年（1492）勒石。现存右玉县博物馆碑廊内。碑青石质，长方形，长255、宽101、厚24厘米。碑阴额篆"蔡氏坟原"4字。碑面四周雕刻缠枝花卉纹。碑文楷体，13行，410字。此碑为昭勇将军蔡贵墓碑，由孙子蔡瑁勒石。

【碑文】

明贈昭勇將軍蔡公墓

賜進士出身□訓大夫户部署郎中事古洛畢孝撰文

賜進士奉議大夫山西按察司僉事白羊郡張琳篆額

國學生庚子科卿貢進士白羊蕭漢書丹

公諱貴，先世淮安塩城人。厥父諱旺者，洪武間屢有征進，功授玉林衛百户卒，公襲厥官，廉以律己，仁以撫下，素志嗜經書上禮義，不特熟兵家事而已，家教嚴肅，子姓不敢違越。常誨諸子曰：成立之難如升天，覆墜之易如燎毛，忠孝二字當銘心骨。年六袠曰：膂力衰矣，不可以攻戰矣，遂告致仕。繼嗣得人，心懷悅懌。壽考今終，偉哉！以子芳進爵賜昭勇將軍。洪武六年八月十三日，公生之辰也，於正統十年三月初六日，公卒之時也。娶曲氏，内助有道。生子五人：長曰芳，襲百户，壯年負義氣，屢立奇勳，升本衛指揮同知。成化初年，奮勇殺賊，歿於陣。都御史崞山梁公嘗爲撰墓表，以垂永久。次曰盛、宣、英、廣，咸克家。孫八人，嫡曰瑁，今爲都指揮僉事，守備威遠城，次曰琳、璟、玘、瑾、琛、琮、瑀，咸樂禮節。曾孫三人，森、杰、□，咸讀書習藝能，其餘諸孫尚幼。瑁有父祖風，能聲大著，他日□就未可量，兹以厥祖未墓碑，恐久而子孫遺忘，囑予爲文以記之。可謂知報本追遠之義矣。賢哉！故不辭□爲之。銘曰：

前有賢父，後有賢孫。人生得此，雖亡尤存。

大明壬子年甲辰月辛未日辛卯時立

鐵筆生後學武職子威遠王綱鎸

明贈昭勇將軍蔡公墓

賜進士出身

賜學生廩子 ⋯⋯ 奉議 ⋯⋯ 科

國 ⋯⋯ 訓大夫戶部郎中事古洛畢 ⋯⋯ 撰文

⋯⋯陝西按察司僉事 ⋯⋯ 白羊邵張琳 ⋯⋯ 篆額

⋯⋯鄉貢士 ⋯⋯ 白羊邵 ⋯⋯ 蕭漢書丹

公諱貴先世淮安鹽城人厥父諱旺者洪武間屢有征進功授玉林衛百戶卒公襲厥官廩⋯⋯

下素志嗜經書上禮義小特熟兵家事而已家教嚴肅子姓不敢違越常誨諸子曰成立之難如升天覆墜之勇如燎毛忠孝二學句銘心⋯⋯省年六歲曰猶力衰矣不可以攻戰矣遂告致仕繼嗣得人心懷悅悒懌壹遵隆⋯⋯

遺易偉武次子芳進 ⋯⋯ 道 ⋯⋯ 贈昭勇將軍洪武六年八月十三日公生之辰也於正統十年三月初六日公卒之 ⋯⋯

今也娶麴氏內助有 ⋯⋯ 子五人長白芳襲 ⋯⋯ 嫡白瑨今為都指揮 ⋯⋯

時也聚歿于陣都御史 ⋯⋯ 人 ⋯⋯ 壯年員義氣屢立奇勳陞本衛指揮同知成化初年都指揮 ⋯⋯

殺賊歿備威遠城次曰 ⋯⋯ 梁公嘗為撰墓表 ⋯⋯ 永久次曰盛宣英廣咸克家孫八人嫡白瑨今為都指揮 ⋯⋯

斂事守風能聲大著他日就 ⋯⋯ 琚瑾珠琮瑪咸樂禮節曾孫三人森杰 ⋯⋯ 咸讀書習藝能其餘諸孫尚幼瑨有 ⋯⋯ 本

父祖之義矣厥 ⋯⋯ 環玼 ⋯⋯ 為 ⋯⋯ 人生得此雖 ⋯⋯ 猶存

遠銘之曰前有父 ⋯⋯ 賢其攻不辭 ⋯⋯ 未可量兹 ⋯⋯ 墓碑恐久而子孫遺忘 ⋯⋯ 予為文以記之可謂知報本

大明壬子年甲辰月辛 ⋯⋯ 日 ⋯⋯ 孫 ⋯⋯ 時立 ⋯⋯ 人 ⋯⋯ 鐵筆生後學武職子威遠玉 ⋯⋯ 鐫

明赠昭勇将军都阃蔡公墓表

【简介】

　　明弘治五年（1492）勒石，碑现存于右玉县博物馆碑廊内。碑青石质，圆首，长方形，高230、宽88、厚24厘米。额篆"明赠昭勇将军都阃蔡公墓表"12字，碑体四周雕刻花卉纹。碑文楷体，16行，共520字。碑文主要记载了蔡公的祖籍、成长过程、官职及生平事迹。碑阴额篆"蔡氏坟原"4字。此碑为昭勇将军蔡芳墓碑，由儿子蔡瑁所立。

【碑文】

（碑阳）

　　明贈昭勇將軍都閫蔡公墓表

　　賜進士嘉議大夫都察院右副都御史崞山梁璟撰文

　　賜進士奉議大夫户部廣東司郎中鄩陽丁紳書並篆

　　公姓蔡氏諱芳，其先淮安塩城人。祖旺，以軍功陞羽林左衛百户，尋調玉林衛。父貴，繼承前職，能自勤厲不墜先業。公襲父職，當壯年，負義氣，每遇醜虜犯邊，隨總戎出戰，必躍馬犯鋒鏑，挫敵銳氣，或斬首、或生擒，累陞至本衛指揮同知。當煙塵不起，邊境清寧之時，則調理弓矢，磨綴鎧甲。暇日，又與僚友或行伍中之能騎射者演習武藝，不肯少休。成化二年歲丙戌夏四月，虜又犯邊，公率部伍，挽強弓、持勁矢，慨然誓衆，曰：賊虜侵掠，我輩可愧也，此報效之時！今日出戰，以使其匹馬無歸可也，遂與之交鋒數合，後賊數倍增，勢莫能支，部伍或有遁去者。公曰：死即死矣，可含羞以退縮乎？遂捨身向敵，而賊死於手者頗多，公遂歿於陣。年五十矣。嗚呼！生死人之常事，節義世所旌賞，公死於戰陣而不負朝廷，不愧先祖。可以勵士氣，可以垂竹帛，而傳後昆。與酣飲放蕩、沉眠室家而死於婦人女子之手者，不亦天淵乎哉？公娶呂氏，繼娶鄭氏，俱封淑人。子男曰瑁，曰琳，呂所出也；曰璟，曰玘，曰瑾，曰琛，鄭所出也。瑁襲公職，剛毅不凡，有父風，屢獲戰功，節陞都指揮僉事。公以子職誥贈如其官。噫，公歿二十五年矣，生氣若存，談及使人警策，雖死猶不死也。伊親國子生□□其所爲行實詣予，爲其子瑁求文□諸石，以垂永遠，予故爲之，歷敘而俾，表諸其墓。

　　大明弘治五年歲□□□□□□初一日辛未時值清明吉時立

　　鐵筆□□□□千長李選鐫

（碑陰）

　　蔡氏墳原

皇帝制谕后军都督府都督佥事缑谦碑

【简介】

　　明弘治六年（1493）勒石。原立于右玉县牛心乡缑家坟，现存于右玉县博物馆碑廊内。碑白石质，浮雕龙纹首，长方形，高335、宽94、厚30厘米。碑阳额题"大明制谕"4字，碑阴额题"皇帝简命"4字。

【碑文】

（碑阳）

　　皇帝□□□□□□□□□□□□□□□□□經戰陣，特命充遊擊將軍，代范瑾統領□選官軍三千員，各□□□□□□□□□□□□備就，於彼處用心操練，遇有達賊侵犯，不分左右衛等處地方，即便統領前項官軍往來截殺，以靖地方。如宣府、延綏地方或有報到緊急賊情，須用會兵剿殺，爾須星馳前去策應，併力殺賊，不許畏縮推避，致貽邊患。爾受茲簡任，尤須廉於律己，勇於克敵，圖稱任使凡有軍情重務，須與彼處總兵、巡撫等官計議而行，不許因循偏執，有悮邊務。爾其勉之慎之。故勅。

　　成化制語之寶八年五月十五日

　　皇帝制諭：後軍都督府都督僉事緱謙，今特命爾掛征虜前將軍印，充總兵官，與同太監韋郎鎮守遼東地方。固守城池，操練軍馬，遇有賊寇，相機剿殺，其副參等官照舊分守地方，所統官軍悉聽節制，如制奉行。

　　成化制語之寶十五年十二月十三日

　　皇帝制諭：後軍都督府都督同知緱謙，今特命爾掛鎮朔將軍印，充總兵官，與同太監孫振鎮守宣府地方，操練軍馬，固守城池，無事則振揚軍威，有警則相機戰守，其副參等官所統官軍悉聽節制，如制奉行。

　　弘治制語之寶二年正月初七日

（碑阴）

　　皇帝勅諭：都督同知緱謙，近得甘肅守臣奏，合密城池爲土魯番阿黑麻占據，擄去忠順王陝巴，殺死都督阿木郎，及繳到番文言涉不□□□□□邊塞之意，事下兵部會多宜議，已發遣其來朝史臣回還，就令彼齊勅責諭阿黑麻使其改過，及勅甘肅鎮守巡撫等官嚴督沿邊將卒隄備外，朕以邊方事重，百聞不如一見，難以遙度，仍令多官公舉文武大臣二員，親臨其地，會彼處守臣酌量事勢，講求安內制外方略，來上以爲久之計，僉以爾二人名聞，今特勅爾等委以一方安危之寄。尔等須念朝廷此舉非但尋常按行故事而已，盖以本朝建都于燕，邊境惟甘肅爲最遠，亦惟甘肅爲最重。祖宗於此屯兵建關，非但制馭境外之生夷，亦以撫綏境內之熟羌也。承平日久，邊備不無廢弛，內之依附者，非我族類其心叵測，外之朝貢者，恩澤既厚怨□易生。阿黑麻於迤西諸番中最爲奸黠，乃敢公行番文肆爲借妄，若今次降勅諭之，萬一違命，邊釁將從此始。故特擇尔二人，於百寮之中付以酌量講求之任。尔其體朕憂深思遠之意，徐觀事勢，密爲經略。在內者，安定之分背之，使不萌外向；在外者，消弭之震疊之，使不敢內侵，如此斯爲經久之計矣。且甘肅地方，自蘭州渡河而西，其中僅通一路於番簇、土達兩界之間，西至肅州、嘉峪關一千五百餘里，其間番夷與軍民雜處，種類非一，往來住坐或耕或商，老子長孫處處有之，久成家業，難盡驅遣。又自哈密失守之後，隨卒慎內附者處之苦峪，既而復返，今又來奔，中間未必皆出自哈密，或有別種豈無異心？奄克孛剌，不知其心向背如何，使居其地，一旦有事，足以拒守否乎？其行都司在外，七衛二所並嘉峪關外，近邊之地，更有堪以屯聚耕牧之處，可以開創營寨，擢用頭目，分統其衆，如苦峪者否又苦峪，近地其間，有無前古廢城遺壘，可以興復建置，使如峪事例，

大明制諭

皇帝簡命

皇帝制諭後軍都督府都督僉事綵謙今特命爾掛鎮朔將軍印充總兵官與同太監孫振鎮守宣府地方操練軍馬固守城池無事則振揚軍威有警則相機戰守其副泰等官所統官軍悉聽節制如制奉行

弘治二年正月初七日

皇帝制諭後軍都督府都督僉事縯謙今特命爾掛征虜前將軍印充總兵官與同太監景朝鎮守遼東地方固守城池操練軍馬遇有賊寇相機勦殺其副泰等官計議而行不許畏縮推避致貽邊患爾受茲簡任尤須忠勇以克敵因循偏執有悞邊務爾其勉之如制奉行

成化十五年十二月十三日

皇帝制諭後軍都督府都督僉事綵謙今特命爾掛征虜前將軍印充總兵官與同太監景朝鎮守遼東地方固守城池操練軍馬遇有賊寇相機勦殺其副泰等官照舊分守地方所統官軍悉聽節制

成化八年五月十五日

散處夷衆者否，一一仔細詳加詢訪踏勘是實，熟思審處，必有利而無患，酌然可以爲安內方略來上，以俟朝廷再加審處，伺便乘機而行之，以爲制外之張本。然必安徐慎密，勿使機徵彰露，恐事未必成或生他変。若夫制外之策，尔等至彼，不可虛張聲勢，惟宜按常而行。凡甘肅一應邊務如軍馬、甲兵、城堡、關隘、溝塹、墩臺、斥堠、屯田、糧草等項及管軍戍守頭目人等，宜照常例，同彼處守臣從長計議，酌量停當，便宜施行。事有合更改者，更改；人有合調用者，調用；事體重大有合奏請者，奏請。亦不可偏執太甚，務圖經久無弊。此外，尤須密切用心，詢問延邊一帶退閑宿將、經戰老卒，與凡曾出境和番、越關私販番漢之人，及雖本胡種生長內地無復外心，而爲衆所孚信者，多方召集，因事討論，所以制禦懾服，萬全無弊之策，潛遣間諜招徠降附，審實其強弱分合之勢，緝訪其向背虛實之情，疆界與某番相近，糧馬資何處供給？道路從何方經行？番簇之中，所與同謀者是何姓名？相爲仇隙者是何種類？所用者何人？所恃者何國？我中國人有無與之交通？向繳番文是真是僞？果欲依言而行，或是虛言□喝，既得其實畫圖，具由來上。朝廷必有以處之者，尔以武胄，屢專邊閫，朕於常例外，特加簡命，託以講求邊方經久之計。所謂經久之計者，必須經常久遠，此舉之外不復再舉也。大抵制外非難，安內爲難，而爲經久之計尤難。朕姑以己意料之，尔等宜因朕言推類以盡，其餘，委曲以通其変，不必於行，亦不必於不行，惟其可而已。勿聽人言，謂彼囘囘，惟事商賈不習征戰而輕忽之。蜂蠆有毒，古人善喻。自古禍患何嘗不起於細微，寧過慮而不用，毋後時而生悔。古人有言：大丈夫不遇盤根錯節，無□別利器。又云：幾事不密則害成。尔其勉之、慎之，樹功立名，政在此行。苟徒虛應故事，按蟇一行，疏陳數事，便以爲事竣請歸。異日不幸而有意外之，□□將誰歸哉。尔其勉之、慎之，以副委任，須必綽有端緒，然後奏聞待報回京，故諭。

弘治六年五月初四日

大明谕祭恩典碑

【简介】

明弘治十八年（1505）勒石。原立于右玉县牛心乡缑家坟。现存于右玉县博物馆碑廊内。碑白石质，浮雕龙纹首，长方形，长290、宽93、厚28厘米。碑阳额题"大明谕祭恩典"6字，碑阴额篆"大明故特进荣禄大夫都督缑公墓铭"15字。系墓主人去世后，由后人把以前的谕祭恩典刻于碑阳，把墓志铭刻于碑阴。碑断为两截，部分字迹漶漫不清。

【碑文】

（碑阳）

大明諭祭恩典

維弘治制誥之寶八年歲次乙卯八□□ □□朔月初六日丙辰，皇帝遣山西行都司都指揮□□蔡瑁諭祭于前軍都督府帶俸□□□缑謙妻夫人張氏。曰：惟爾早配武臣，克遵婦道，嘗因夫貴受茲恩封，今既亡歿，特賜以祭，爾靈不昧尚克。

維弘治制誥之寶十六年歲次癸亥□□月戊辰朔越十七日甲申，皇帝遣山西行都司都指□□事閻福諭祭于前軍都督府□□□督同知缑謙。曰：惟爾蚤承武蔭，累樹邊功，受知先朝歷官都府荐躋顯秩，□□歲年，頃遂休間，胡遽長逝，訃音忽至，良爲悼嗟，追念往勞，賜葬與祭，爾靈不昧，庶克享之。

維弘治制誥之寶十六年歲次□□月戊辰朔越二十八日乙未，皇帝遣山西行都司都□□僉事閻福諭祭於前軍都督府□□都督同知缑謙。曰：念爾云亡十旬奄至，特茲遣祭，用示恤恩，爾其有知，尚克歆服。

維弘治制誥之寶十六年歲次□□六

月丙申朔越十一日丙午，皇帝遣山西行都□□□僉事閻福諭祭於前軍都督府□□都督同知緱謙。曰：念尔云亡，葬期奄至，特兹遣祭，用示恤恩，尔其有知，尚克歆服。

維弘治_{制誥之寶}十六年歲次□□□□□□□一月甲子朔越十三日丙子，皇帝遣山西行都司都□□□□□□閻福諭祭於前軍都督府□□都督同知緱謙。曰：念尔云亡，周朞奄至，特兹遣祭，用示恤恩，尔其有知，尚克歆服。

維弘治_{制誥之寶}十八年歲次□□□月丙辰朔越二十四日己卯，皇帝遣山西行都司□□□□□□□□閻福諭祭於前軍都督府□□□□□□，曰：念尔云亡，禫除奄至，特兹遣祭，用示恤恩，尔其有知，尚克歆服。

（碑陰）

大明故特進榮禄大夫都督緱公墓銘

惟……銘

……王菴人篆

□進……大夫大同府知府前戶部郎中溧陽胡汝□撰

賜……郎兼修國史官吉安徐□□書

弘治壬戌……午都督緱公之□□□

聞土爲震，勅賜祭……綿衣……六月十一日，舉公柩藏於大同左衛白羊城西留仁之原，持其□□致仕榮縣知縣，爲狀冨予誌□……乃爲副帥□□賞加□士知□不□靳也，嗚呼！按公諱謙字遜之。其先仕歷金元，爲北方之龍山縣丞。莫考其□。父彥舉，洪武初……武功至大，□□衛

□□將軍指揮僉事。考信天順初，斬虜酋把禿王於黑石崖，超進昭勇將軍指揮使，政以公繼□安……時所□……功至武德將軍三千户，充□唯任昭勇而不録武德，時人惜也。己卯以還延綏之安邊營、大同□□□坪、三城墩胡柴溝，□……山西行都同□指揮使。成化癸□，進大同游擊將軍，以授延綏功進後軍都督僉事。丙申進鎮守寧夏副總兵、征虜前將軍。□……東時三□遺孽有伙，當加旨使三邊協，奉命督師往平之，□……聞誥封公榮禄大夫……三□祖考妣及母□夫人、配張夫人，盛如恩列，癸卯賜金蟒襲衣一，乙卯……終優沐卹典。弘治乙酉，佩□鎮□……鎮宣府雍□戌召選蒞前軍都督……賜五彩飛魚襲衣一……命往定哈密還。乙卯□……左衛展掃。己未再老乞閑而□。有是□爲樂。方□而疾心作此□□，無一私語，但云朝廷厚恩未能補□……賢哉。公生宣德戊申二月二十一日，年七十有五，無□留涸苦之□，□人以全福歸之。公賦性簡重，尚恩信通，古將略以足官，□……馬將士戚樂□□而翼其成功。□遭列聖殊數。終□……□人先公六年□卹典有加……今果竁知生死，進退而能，念其所天，是不持長，於□之一事而已。於呼賢哉！子男四：綸，錦衣百户，娶千户馬昱女；次□，□……百户周□女，子女三，山西行都指揮李源路、恭□經爲之壻。男孫五，鎮娶騰衛指揮王通女；女孫五，長衛指揮□……大靈□……□并流其□，集其情，咨其史，收其名，工其成，録其功。

重修宁福寺碑记

【简介】

明正德十一年（1516）勒石。现存右玉县博物馆碑廊内。碑青石质，平首，长方形，长 158、宽 87、厚 19 厘米。碑面四周雕刻祥云纹，碑文楷体 16 行，约 520 字。

【碑文】

重脩寧福寺碑記

……廩生杜林

……指揮柴盛

寧福寺在恒陽東北隅，弗知肇創於何時。弘治中，□遊道□人□□□指此觀，其規模陿隘，基址宗下，□爲城中之偉觀。於是協衆善人裴公恭白字印楷、□完公玉是，求鄧林之木，旁招公輸之匠。是□□重建正殿三間，禪堂、廚庫、門樓及繪塑佛像畢訖□，跂立矢急，鳥革翬飛，輪哉奐哉，允矣一成之。但舊有遺碑，因兵燹歲歉未勒焉。殆正德丙子，年豐物阜，國泰民安，遂請於皇明宗室樂□王□立，名寧福，賜以懸牌，衆皆□之，併□財用勒碑記事，且住持此寺僧人圓秀師於□，今一塵不染，五戒銘心。凡士君子亦景慕之，稱曰□謹。雖然世人有絕異端者，然竊以爲不可絕□明倫釋無人倫乎。觀其爲皇明祝釐，未嘗無君臣也；誦報父母恩重經，未嘗無父□也；求男女，生福德，端正有□婦矣；曰師曰弟□幼矣，異姓同居，道誼相契，豈無朋友乎，五者之倫，□無實有則其不可絕此明□□，清幽佳景□□。昏衢巨燭於斯焉，而聽講苦海慈航於斯焉，而理□祝延聖壽，祈禱雨澤，與夫求禳災捍患弭盜安邊又不於斯□。後人遊此寶地指而歌曰：巍然峨然，猗歟盛□。焚香以拜禮，俾一方之人興起善念也。立碑於正德丙子孟秋。書此以爲記。

欽差分守大同中西路地方御馬監太監李環

欽差分守大同中路地方右參將都指揮麻循

守備大同右衛城都指揮僉事周岐

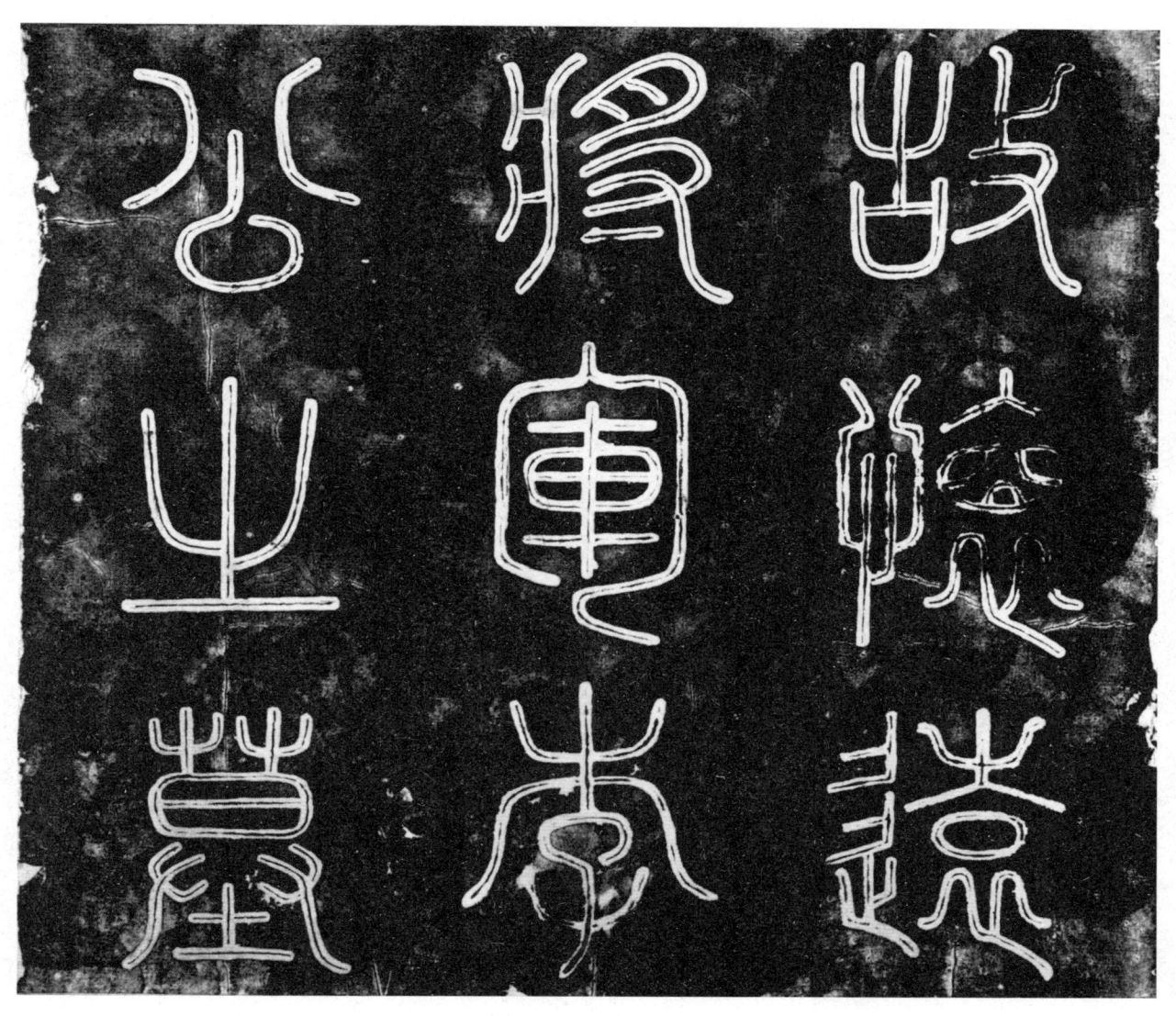

明故怀远将军李公墓志铭

【简介】

　　明嘉靖八年（1529）勒石。现存右玉县博物馆碑廊内。志青石质，正方形，边长 75、厚 8 厘米。盖篆"故怀远将军李公之墓"，志文楷体，30 行，约 830 字。碑文主要记载了李公的祖籍、成长过程、官职及生平事迹。

【盖文】

　　故懷遠將軍李公之墓

【志文】

　　明故懷遠將軍李公墓誌銘

　　欽依守備馬邑城行都指揮事指揮柴盛撰

　　大同右玉林衛儒學生員南陽白經書

　　范陽燕鎮篆

　　公諱剛字世堅，其先江西南康府都昌縣望族，高祖安，以武功階小旗，調戍大同右衛，歷傳至公。父曰淮，屢建奇勳，陞指揮僉事。至公蔭前職，賦性耿介，不恃浮靡、不苟交、不苟取，與人接談而無驕肆態。壯歲司行伍，臨陣有禦戎之能、必勝之勇，懿行芳名，騰沸於内外。配蔡氏，乃先任糸戎公瑄之女，温静柔淑，克盡婦道。子男四，長曰蓁，字德美，乃今驍將李侯也。侯性慈孝，酷嗜詩書騎射，蚤年當有志於安邊，乃尊翁志趨林下，欲謝政以安閑。侯遂領嚴命，以承祖蔭，每遇虜賊犯邊，侯嘗當先破敵，勇敢人莫能及。獲奇功，陞指揮同知，撫按奇其才，先用把總而後階巡捕。是時政聲益著，第薦欽依廣靈守隨，捕殺礦賊不下百餘，於是礦穴依封，軍民以安。嘉靖七年夏奉勅充右叅將，分守大同中路，律以出師，德以撫衆。年來斬賊首數十級，敗賊陣十餘次，邊陲無虞，軍民樂業。配潘氏，前衛鎮撫良之女，有内助之賢。次曰蘭，原室胡氏，蚤卒，繼杜氏，右衛指揮文之妹，有雞鳴之德；次曰滋，配胡氏，天城守鎮福之女，善事舅姑；次曰蕆，配楊氏，都指揮輔之妹，克相厥夫。孫男四，曰巍，蘭之子；曰嵩，曰巖，滋之子；曰岱，蕆之子，俱幼。女七，長曰李大姐，適前威遠守鎮呂侯璽之胤嗣，曰鎮；次曰二姐，許配大同右衛掌印指揮陳侯良之胤嗣，曰策；曰三姐，未許配；曰五姐，許配威遠掌印指揮張侯翔之胤嗣，曰威，俱潘所出也。曰四姐、七姐，滋之女，曰八姐，蕆之女，俱幼。曾孫女曰廣靈，甫能步，乃故嫡孫春之女。嗚呼！公之光前裕後，流芳衍慶，子孫振振，恒郡之人實鮮能與之仿佛也。公生於成化乙酉二月十二日丑時、卒於嘉靖八年七月初一日寅時。疾篤，詔諸子孫曰：吾年六裘有五，平生不爲一毫越理事，惟忠與孝也，汝輩子孫當繼之。言竟，卒於正寢。其子蓁痛曰：有榮吾父不復見，有禄吾父不獲享。悲哀懇至，凡附身附棺之禮，悉誠信以盡之。噫！公之子顯親揚名，生養死哀如此，公殆無遺恨矣。是月廿七日葬於城東南祖塋之原，從先兆也。爰述其槩，以誌壙前，用垂悠久云。銘曰：

惟公純厚，朴而不華。忠以報國，孝以傳家。寵錫清朝，爵膺三品。爲國効勞，立身之本。積德淵弘，賢子篤生。爲邊良將，大有佳聲。壽踰六旬，以正而斃。生順死安，公厥克俻。敬作銘文，勒於堅石。堅之幽堂，永垂百世。

嘉靖八年歲次己丑孟秋望日

孝子李蓁等泣血勒石

明故淑人李母蔡氏墓志铭

【简介】

　　明嘉靖九年（1530）勒石，现存右玉县博物馆碑廊内。志青石质，正方形，边长70、厚10厘米。盖篆"故淑人李母蔡氏墓志"。志文楷体，共38行，1408字。首题"明故淑人李母蔡氏墓志铭"，落款"嘉靖九年十月十二日立志"。

【盖文】

　　故淑人李母蔡氏墓誌

【志文】

　　明故淑人李母蔡氏墓誌銘

　　太原蓮峯子王鎮撰文

　　前馬邑守儵柴盛書丹

　　金風西起，海燕東歸，斯時也，萬寶告成，蓮峯子與二三合簪者，坐宇軒聴高柳之蟬嘶，目平簷之霜，注心宋子之心，更相吟和。俟咸返内而復曰：糸戎李侯綦，服杖持雷山李君杲行狀，爲母奄忽泣血請銘其志。予聞訃驚悼，既而欲辭，久不工文之陋，因侯與予有姻戚之好，予遽忘其蛟睫蟭瞑之微，見效學步邯鄲者，以志之按狀記。李母蔡氏乃先朝西陲名將第一蔡公珝之仲女。幼從母訓，静居

閨壼，不疾不妬，剪描契於心手，及笄，歸大同右衛懷遠將軍李公剛字世堅，必從必順，無纖芥驕傲氣，禮事舅姑，德相夫子，恤咸獲寬，僕價慈忍，寬恕懿行，眾難悉舉（舉）。公性誠朴，自拜人爵以來，禮賢下士，積德攄忠，司行伍數年有餘，每臨敵必身先士卒，奮兼人之勇，以冒鋒以故威寒虜膽，名振邊陬，第因齒衰力倦，志逸林泉，命子蓁以蔭之。先歲仲秋朔一日遘疾而終。子男四，長即蓁，字德美，娶先撫軍潘公良之季女，有雞鳴之助，有乳姑之賢。侯也，蚤承庭訓，醉飽詩書，心上有甲兵之運，眼中有犀角之懸，屢遇人曰：大丈夫當遵馬將軍死邊野，之言轟烈於世可也。僉亶其言。後蔭職不年之一二，果斬酋首，懋賞指揮同知職，采風者奇其才之不夥，筆小試以司總，出師有丈人之吉。繼擢之以巡捕，則道不遺拾，邑犬夜睡。由是政聲函著，當道之耳，臺憲交彰上薦，以專城於廣靈。蓋聞廣靈之地不易守也，何以言之？有礦存焉，礦之蓄財，蠹寇欲盜者蜂起，設非見大心太不以民心動心者，礦穴必不能封，賄賂必行於昏夜矣。侯知擢任非常，秉公廉，遠銅臭，風霆號令，一皷遂執其䫏，封其礦山峪林麓雪潛賊之蹤踪。上因大才，不可久覉，復薦於嘉靖七年五月奉勅充大同中路叅戎，任署都指揮僉事。縣此智以行師，信以孚眾，仁以恤軍，勇以破敵，嚴以激士，剉虜鋒不下百餘，陳剿虜首不下百餘顆，其獲夷器戰馬有沙算之多也。馴致晝息狼煙，夜息燹火，軍民有安堵之樂，老稚無剽掠之嘆。人皆曰：韓范復生長城西北也，將來大有光於今日，殆未可量。若此者，豈侯之能，誠由乃翁之德、乃堂之賢而成也。次曰蘭，先娶胡氏，蚤卒，繼娶杜氏，右衛揮帥文之妹；次滋，娶胡氏，天成守鎮福之女；次菠，娶楊氏，都閫輔之妹。斯三子者，咸不以功名為心，而以耕鑿幹蠱分務，諸婦不惟内相之賢，而且有一氣之好。孫男三，曰嵩、曰巖，滋之子，曰岱，蒣之子，悉韶之以下。女七，大姐適前威遠衛守鎮呂侯璽之胤子鎮，二姐許右衛掌印指揮陳侯良之胤子策，三姐未許嬰，五姐許威遠衛掌印指揮張侯翱之胤子威，俱潘所出也；四姐、七姐滋之女，胡所出也；八姐蒣之女，楊所出也，尚皆幼。曾孫女一，曰廣靈，始克言步，乃故嫡孫春之女，故孫婦諸氏出也。淑人之子女子孫，所娶所歸者，閥閱名門，人世之榮，而於李門之見，而由李母之源也。嗚呼！李母有如是端莊靜一之賢，宜乎踘耄耋、躋期頤，是不然期頤之壽不足以言壽也。若侯易今，封功畫像，勳著汗青，褒淑人於地下，百世稱揚其壽也，孰長而孰短哉。李母生於成化丙戌清和月廿日寅時，卒於嘉靖庚寅仲秋望後一日未時。其窆以禮殮棺，卜吉孟冬十一日引柩佳城。請予言以銘於壙左，予也一介寒酸，粗知章句，謹述其梗槩以誌云。銘曰：

崑山產玉，麗水生金。五德玉良，百煉金真。惟侯老母，不金不玉。節操冰霜，離倫出類。

賢可宗孟，惠廣擬楊。三二母德，異口同彰。相夫持廉，名馳塞上。琴瑟和鳴，皓首禮讓。

教子干城，兵提朔漠。掃蕩妖氛，造生民福。後嗣瓜瓞，世及繁衍。文武爭光，易今迭顯。

有天先終，僅越一歲。鶴逝堂空，訃臨萬彙。壽延古稀，内歉五齡。母儀婦道，指日褒旌。

形空窀穸，名鐫墓表。壟樹風香，同天地老。

嘉靖九年十月十一日立誌

孝子李蓁等泣血勒石

明故安人卜氏墓志铭

【简介】

　　明嘉靖十二年（1533）勒石。现存右玉县博物馆碑廊内。志青石质，方形，边长60、厚7厘米。志盖残缺"安"字一角，篆"明故安人卜氏墓志铭"9字，四周线刻祥云纹。志文楷体，27行，623字。首题"明故安人卜氏墓志铭"，落款"大明嘉靖十二年岁在癸巳季春廿有七日"。四周线刻祥云纹。

【盖文】

　　明故□人卜氏墓誌銘

【志文】

　　明故安人卜氏墓誌銘
　　賜進士第中順大夫山東按察副使雲中李翰臣撰文
　　恒陽處士樂安蔣椿書丹
　　大同右玉林衛儒學生員燕鎮篆額

　　嘉靖十二年二月初七日，安人卜氏以疾終正寢，含斂如禮。其子松泣血執狀，請予銘其石。予與迺尊武舉將材戶俠李公朝用，相知最稔，義弗容辭。按狀安人卜氏，恒陽積善名家，父諱泰，任大同右衛中所百戶，授昭信校尉，生安人，少聰慧，擇良配得本衛所戶侯李公朝用。既歸，孝敬舅姑，和睦宗族，事上待下，禮度出於自然。及公襲承祖職，相之以讀武子書、講百將傳，遊於泮水，肆武舉業，歷任提學僉憲，累試策署，考居優等，繼選管操，恭勤惠愛，善撫士卒，同僚皆讓其賢，下人咸仰其德。歷官三十餘年，以勤慎見稱而無內傾之憂，皆安人之內助也。朝用既歿，安人孀居守節，教

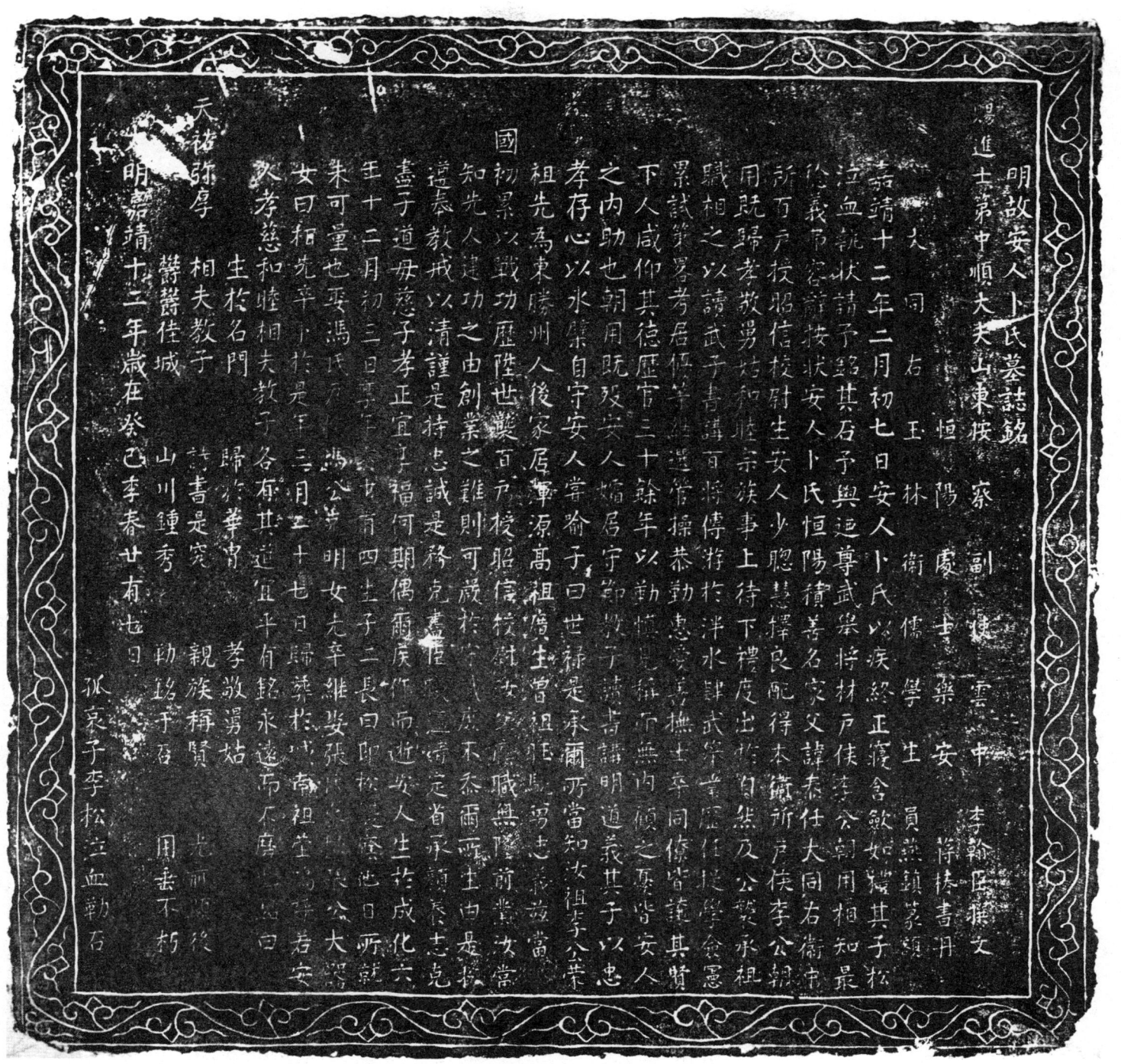

子讀書，講明道義，其子以忠孝存心，以冰檗自守。安人嘗喻子曰：世禄是承爾所，當知汝祖。李公榮祖，先爲東勝州人，後家居渾源，高祖廣生，曾祖旺，號勇忠義。茲當國初，累以戰功歷陞世襲百户、授昭信校尉，汝父廕職無墜前業，汝當知先人建功之由，創業之難，則可嚴於守職，庶不忝爾所生。由是，松遵奉教戒，以清謹是持，忠誠是務，克盡臣職，溫情定省，承顏養志，克盡子道。母慈子孝，正宜享福，何期偶爾疾作而逝。安人生於成化六年十二月初三日，享年六十有四，生子二，長曰即松，襲廕他日所就未可量也，娶馮氏，户侯馮公克明女，先卒，繼娶張氏，糸掾張公大器女，曰相，先卒。卜於是年三月二十七日，歸葬於城南祖塋。嗚呼，若安人孝慈和睦，相夫教子，各有其道，宜乎有銘，永遠而不磨也。銘曰：

　　生於名門，歸於華冑。孝敬舅姑，天佑弥厚。
　　相夫教子，詩書是究。親族稱賢，光前顯後。
　　欝欝佳城，山川鍾秀。勒銘于石，用垂不朽。
大明嘉靖十二年歲在癸巳季春廿有七日
孤哀子李松泣血勒石

明威将军李公茔墓志

【简介】

明嘉靖十六年（1537）勒石。原在右玉县白头里村北李家坟，现存右玉县博物馆碑廊内。志青石质，圆首，长方形，志文四周阴刻祥云纹，高182、宽80、厚17厘米。额篆"李公墓陵"，志文楷体，21行，约600字。部分字迹漶漫不清。白头里原为"白头李"，因先祖李将军头发花白而得村名，后渐传名为白头里。

【志文】

（志阳）

明威将軍李公塋墓誌

大同右玉林街儒學增廣生員董錦書丹

大同右玉林街儒學服闕生員聶珍篆文

大同右衛指揮僉事李公亨，欲表其先祖功德於墓誌之石。時維邊方逐末，厥願未遂，茲告謐矣。公祖曰海，立功明威將軍，姙恭人陳氏葬於城南白頭李堡先祖之塋次，禮也。於是向陽之地，足以趨依神魂，背山面水，足以享祀春秋。迄今百五十年，悠久之福也歟。貫乃河南府洛陽縣之□家也。厥祖自我朝開創之始，東伐西戰，南征北討，累獲功蹟。陞指揮僉事之戥，榮莫大焉。即知自奮其勇，大丈夫不轟烈於世，而光前顯於後耶。傳至公父曰杲，任明威將軍，姙彭氏，贈恭人。生子有二，長曰朗，襲授是戥，不幸早卒；次曰亨，任指揮僉事，贈恭人師氏，素掌衛印軍政，兼管屯堡，蓋有年矣。自是，益知臣子赤心報

國於朝廷，酬德報功，□不我棄也。女曰大姐，配董釗，二姐配閏真，三姐配劉寶，各事於耕讀矣。孫曰幹，娶張氏，嫡長，應襲，精熟武藝，善學策業；次曰植，娶王氏，勤於耕讀；三曰楨，定衛鎮撫劉公鉞女，未婚，幼學詩書，蚤入黌宮。孫女曰小姐，婿曰千戶席鎮，管理衛事。噫嘻，凡一家者，人生兩間，始終罕全先祖之功德既若此，公之功德又若此，子孫之功德亦若此也。公與叔曰景、曰顯議曰：固心協力，豎碑於先祖之塋，使後世之子孫者，男則精於詩書，女則善於針工，田庄萬倍，粟麦滿盈，繼子繼孫耿耿之不磨也。雖然徵予文書篆之耳，不特有光於先塋，抑且揚名於後世耶。他日黃麻榮身，鐵券載碩，不日而見之也。是爲誌。

大明嘉靖十六年丁酉歲孟秋吉日立

朔州衛劉□□□□

李成

曾祖李子威

武大公

本高祖純　　立功祖公

武雲　　　明威將軍

劉氏

武二公

曾祖李興

曾祖李通

李廣

付氏　李俊　周氏

賈氏

李友　馬氏

李榮　梁氏

李祥　田氏　明威將軍　李海

贈恭人　陳氏　　伯叔考

李貴　石氏

鄧氏　李旺　趙氏

吳氏　李順　蔣氏

宋氏　李全

李剛

李顯　譚氏

李景　馬氏

李原　李氏

李正　馮氏

李整　李氏　明威將軍　李杲

贈恭人　彭氏

李端　賀氏

李鈞　陳氏

李見　仝氏

李謙　劉氏

李敏　徐氏

李寬

李漢　高氏

李宣　岳氏

李豪　姚氏

李淮　馬氏

李鐵　張氏

李鈇　王氏

李信　王氏　明威將軍　李朗

贈恭人　師氏

李亨

李義　段氏

李英　劉氏

李雄　閆氏

李朝　張氏

李傑　石氏

釋子圓惠

李洪

馮氏

李龍

李閣　王氏

李麒

李庫

李大經　陳氏

李文舉　林氏

李宗　吳宗

李植　王氏　　應襲

李幹　張氏

李楨　劉氏

李堂　布氏

李倉

李

李環　董氏

李大綸　史氏

李大継

李大紀

李麟

李大紹

李虎　李大純

李大緒

大南山古刹显明寺重修碑记

【简介】

　　明嘉靖十七年（1538）勒石。现存右玉县蔡家屯。碑青石质，长方形，高178、宽50厘米。此碑是20世纪50年代蔡屯村人从大南山显明寺旧址拉回村放在油房用来辅助榨油，后土地承包到户，生产队撤消弃置不用。此碑是嘉靖十七年大南山显明寺僧人德明、德玉重修显明寺所立。碑文为西园翁蒋廷梁所撰，刘廷宝镌刻。

【碑文】

（碑阳）

　　大南山古刹顯明寺重修碑記

　　鐫字劉廷寶

　　大同右衛郡，曰恒陽，去雲中六舍許，昔古定邊衛也，風氣剛勁，人尚勇敢。去城南一舍許，有

名山曰大南山，山之陽，古刹勝地一區，肇自漢孝文曾駐兵於此，因墓於山，遂建寺，名曰顯明寺。供佛，命僧梵修，舊碑存焉，歷唐宋以至於今日。成化間，僧人淨廣、悟隆，因佛殿年久頹敗，發心誘掖四方善衆人等作福，庀工掄材重修殿宇三間，內塑金佛三尊，兩壁繪佛功德。正德間，本寺僧人德明，乃前淨廣弟子也，出家蓋亦有年，苦行而無虛日，默思之曰：爲空門弟子，而無功於空門，奚足以爲空門弟子哉？慨然捐己之財及化同志善士，翕然相從。富者效其財，貧者輪其力，工者致其巧，農者獻其食。修蓋東殿一間，內塑伽藍給孤長者；西殿一間，內塑三代祖師；前殿三間，內塑四大天王，壁繪諸天菩薩，俱金碧粧修。居僧十餘人，朝夕祝延聖壽。若德明心志堅誠，功勤苦行，宜勒諸石以垂不朽。予因請姑書，是以紀歲月云。

　　嘉靖十七年歲在戊戌夏和月吉旦

　　西園蔣廷梁書併□　僧人德明德玉立

　　欽差分守大同中路前任參將都指揮李蓁

　　欽依守備大同右衛城行都指揮事指揮張璽

本寺僧人圓□ 圓華 德林 明□ 明實 圓林 真□ 圓恕 圓□ 真□ 明春 圓定
善人 □□

（碑陰）

大同右玉林衛掌印軍政指揮儲臣 李亨 胡錦 胡玥 柴盛 劉輔 葉昂
功德主
善人 利正 陳鼎 陳林 劉見 劉欽 劉鎮 劉鉞
都闔舍人 左緒 楊鎮 楊録 楊洪 楊免 楊緒 楊洪 劉甫 閆林 凡三
蒲州營 石玉 閆銃 閆潮 撒堂 張淮 閆華 撒玉 王景
致仕 楊虎 白刽 楊雄 楊鎧
丁家村 呂□ 呂鐶 董榮 呂仲義 呂錫 王章 王寶 張鏜 呂仲仁 張虎 樊欽 呂強
李鎮 王秀 呂端 吳海 呂
經 寇讓
千户 呂欽 呂仲廠 呂
鏊 呂贇 張欽 呂鉞 呂恭
呂溢
致仕 蔣鉞 程禄 胡璧
程熱
大蔣家屯 王浩 胡杲
程受 趙禄 程欽 胡大良
胡昇 胡寶 胡欽 趙璽 郁
澄 趙廣 李真
小蔣家屯 張忠 楊仲
馬廷恕 陳玄 張清 陳愧
王堂 常奉 張□ 陳華 丁
寧 楊仁 葉勝 陳進 周欽
楊河 墩軍 李鋭 楊仲 陳
寧 楊璽 楊江 史雄 黃虎
董□
蔡家屯 趙安 辛仲 張
孝 辛寶 袁游
善女安人 彭氏 王氏
燕氏 呂氏 曾氏 齊氏 胡
氏 利氏 蘇氏妙貴 葉氏妙
果 張氏 蔣氏 趙氏 焦氏
辛氏 劉氏 曹氏 陳氏
右衛善士 譚海 呂明
黑木匠 郇□ 趙宗 高見
石海 段鼎 趙鎮 賈寬 田
華
石油匠 李寧
塑畫匠 □□

重修关王庙碑记

【简介】

　　明嘉靖三十四年（1555）勒石。现存于右玉县右卫城南街路西居民院内。碑青石质，长方形，高218、宽80厘米。额篆"重修关王庙记"6字。碑文楷书，20行，约1200字。首题"重修关王庙碑记"。

【碑文】

（碑阳）

　　重修關王廟碑記

　　文林郎直隸保定府定興縣知縣東泉王賓撰

　　武備將軍己酉武舉玉林衛千户印山王相書

　　玉林□官□蘭麻□□篆

　　嘉靖壬寅冬，重修關王廟告成，旨參將李公朝陽謁廟，願施碑石，然未建也。□□歲乙卯，信士李文輩始建碑徵記，從先願也。余承命敢稽首拜□，窃惟人臣，而神而廟食而重修□無疆者，大興倖致也，□載□尚忠義焉而已矣，人臣而苟忠義，則吾心之□定田，是□可以動天地，猶可以□勝□□□□石，□□可以□□貊面，況於人乎？況於天下後世乎？余會稽古史高下，三國之人材，然後知士之精忠大義，□天地質鬼神，固百世之維也，是以浩然之氣，冲□鍾聚其顯面爲神也，固宜盡忠義之天下皆有之，以王之天，□□天下之天則天下應，應則廟斯。建以王之天面觸後世之人，則後世應，應則修□重。今觀王廟之建也，自唐宋迄今，星□遍滿我朝，戚表忠□，別有白馬廟焉，蓋嘗見王白馬助陣，故爾右衛□邊城，蓋沙場用武之地，事王尤謹，爲廟亦多。南倉街西其一也，且倉街之廟，創始者誰？永樂間都指揮袁整也，重修者誰？弘治間分守太監□能參將蔡瑁也。□建且修，□往是□助我威武，固我皇圖，則知忠義之誠，物無不動精一之心，神亦有孚然整時。僅有正殿，單時增置馬殿，而廟□猶未之備也。嘉靖庚子，信官周賢、周俊，信士鄭□、王玘，住持僧□昌修造，僧開惠者陋其規模之未□也，爰持雲中廟，本欲增置□殿而弘廠之□，諸□同歡然樂從。既而男女□向□椽珍財碑材既系群工斯樂□之，□□且修且改，登登馮馮，以版以築。慮始於庚戌

之夏，樂成於壬子□冬。曰正殿，曰中殿，
曰馬殿，諸殿間□，正殿爲最雄，畫棟
雕樑，翼簷山節，木扉閃耀，□瓦參□，
曰東廊、曰西廊各拾間，而粉□以爲絢絢，
王之□□□□皎贊王以詩金□玉□，左
碑亭，右鐘樓，□舍五齋廚二矗其□塘
迴其臺階，繞以欄檻，繚以□□□□
高□□□繪事精則人□仰，詩頌工則善
惡□□，則制度全壯哉，廟□至於……
焚修也歲時□□處……泰國安民默相於
冥冥之中也，非忠義之至感，其孰能興
於此？嗟呼！……囚而吕蒙之奸□□成
□焉，……人之天也，而其不可然，實
氣數之天也，人心之天不可泯，氣數之
天□□可……以不克，恢復漢室於當時，
而□以享廟……人臣也，……□於曹瞞
且當授□□區區阿蒙其如荆王何先王曰
天假數年壽……歸晉，余於□亦云。

　　衛廩生徐……
　　嘉靖三十四年歲次乙卯十有三日建
　　梵修住持□□　徒正玄　功德主
郝芳等□……

（碑陰）
　　吏部聽邊□□劉經 林鳳□ 楊□ 周湘
王保 王儒
　　□臚寺□班袁璽 黃意 宋□ 李欽……
　　儒學訓導　安通　生員馬……
　　欽差守備大同右衛以都指揮□流衛
軍指揮同知徐陞於□……
　　欽差宣府西路參將丁濤……
　　欽差山西代□參將李良臣 轅門中軍
□家……
　　欽差陝西遊擊將軍黃……
　　欽差大同□□參將□江……
　　欽差大同東路參將□□相……
　　欽差威遠東□牛心分守楊□……
　　……大同□地方……王珪……
　　……都指揮□□……鎮守□□玉林
衛掌□軍政裴……
　　……
　　……代住持□□　道士馬……

明故骠骑将军麻公讳禄墓志盖

【简介】

　　明代嘉靖年间（1522—1566）勒石。现存右玉县博物馆碑廊内。志青石质，长方形，长 71、宽 57、厚 7 厘米。仅存志盖，盖文为"明故骠骑将军麻公讳禄墓志"。

　　麻禄，号松山，官至宣府副总兵，于嘉靖年间去世。后因子功勋，谥赠一品。生三子：麻锦、麻富、麻贵，均为国之栋梁，边陲柱石。

【盖文】

　　明故骠骑將軍麻公諱禄墓誌

诰赠镇国将军麻公讳富墓碑

【简介】

　　明嘉靖年间（1522—1566）勒石。现存于右玉县博物馆。碑青石质，上部两角作连弧状，座下两侧各置一个抱鼓。长方形，高28、宽20、厚5厘米。

　　麻富，号东泉，嘉靖十四年（1535）生于右玉，三十九年（1560）卒于家乡，享年二十六岁。

【碑文】

　　诰赠镇國將軍麻公諱富墓

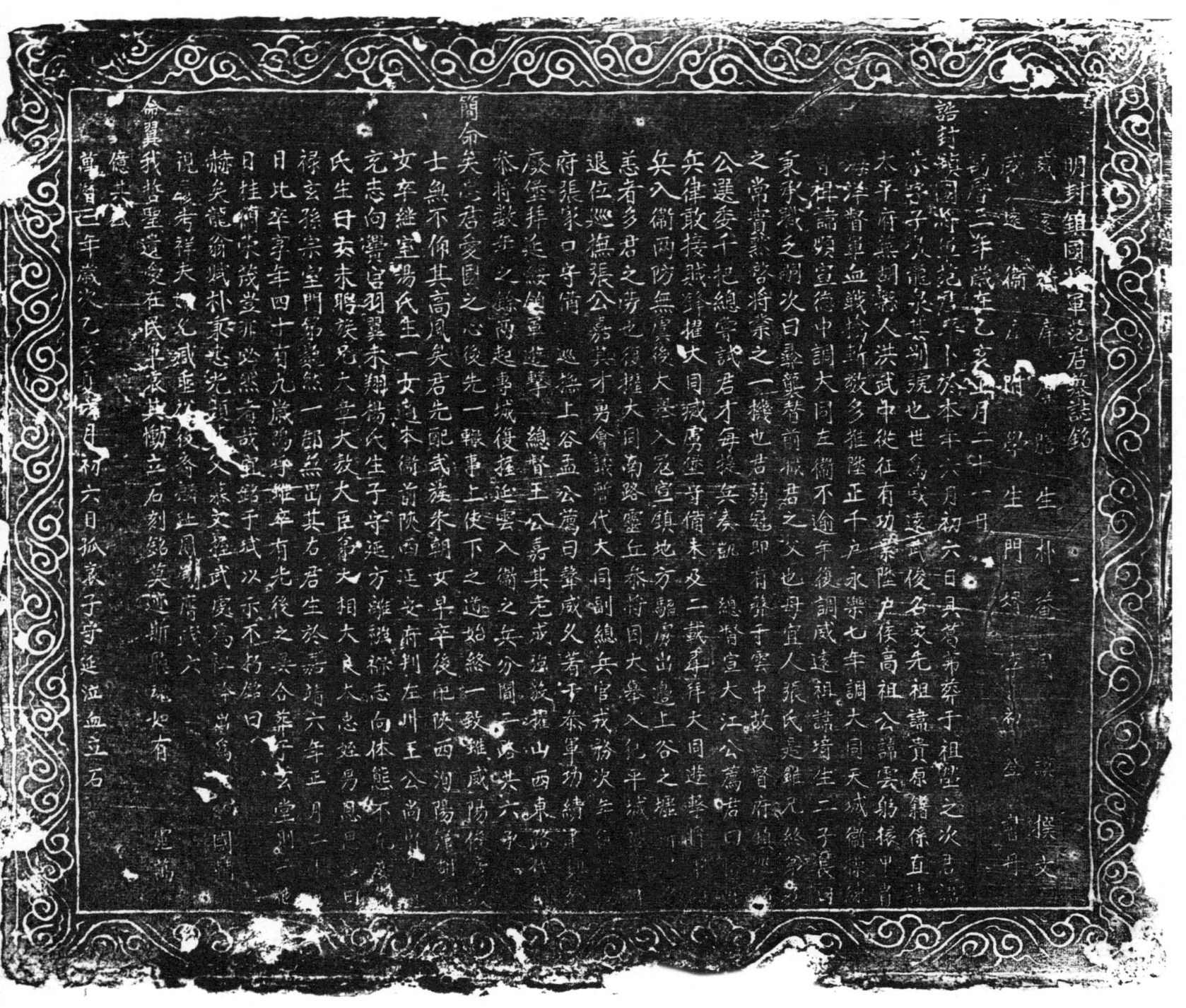

明封镇国将军范君墓志铭

【简介】

　　明万历三年(1575)勒石。现存右玉县博物馆碑廊内。志青石质,长方形,长 67 、宽 59、厚 12 厘米。边框四周阴刻祥云纹,志文楷体,29 行,约 800 字。

【志文】

　　明封鎮國將軍范君墓誌銘

　　威遠衛庠廩膳生朴菴周謨撰文

　　威遠衛庠附學生門婿李初登書丹

　　萬曆三年歲在乙亥正月二十一日,誥封鎮國將軍范君卒,卜於本年六月初六日,具葛第,葬于祖塋之次。君諱恭,字子敬,龍泉其別號也,世爲威遠武俊名家。先祖諱貴,原籍係直隸太平府蕪胡縣人。洪武中,從征有功,累升户侯。高祖公諱雲,躬擐甲冑,海洋督軍血戰,擒斬數多,推陞正千户,永樂七年調大同天城衛操練。曾祖諱順，宣德中調大同左衛，不逾年復調威遠。祖諱琦，生二子，長曰：秉，承職，乏嗣；次曰：彝，襲替前職，君之父也。母宜人張氏。是雖兄終弟及之常，實默啓將業之一機也。君弱冠，即有聲於雲中，故督府鎮巡諸公選委千把總，嘗試君才，每提兵奏凱。總督宣大江公薦君曰：恪守兵律，敢接賊鋒，擢大同滅虜堡守備。未及二載，尋拜大同遊擊將軍。領兵入衛，兩防無虞。後大舉入寇，宣鎮地方驅虜出邊，上谷之墟所以無恙者，多君之勞也。復擢大同南路靈丘粂將，因大舉入犯平城被事摔退位。巡撫張公嘉其才勇，會議暫代大同副總兵官，戎務次年，復徵宣府張家口守備，巡撫上谷。孟公薦曰：聲威久著於參軍，功績建興於廢堡，拜延綏領軍遊擊。總督王公嘉其老成強毅，擢山西東路代州參將。數年之餘，兩起專城，復握延雲入衛之兵，分閫二路共六承簡命矣。忠君愛國之心後先一轍，事上使下之道始終一致，雖威陽俊彥義士，無不仰其高風矣。君先配武族朱朝女，早卒，後配陝西洵陽簿胡綱女，卒。繼室湯氏，生一女，適本衛前陝西延安府判左川王公尚賢子，道充志向，黌宮羽翼未翔。湯氏生子守延，方離襁褓，志向體態不凡。妾□氏生一女未聘。族兄大章、大敖、大臣，弟大相、大良、大種，姪男恩思，孫曰禄，玄孫宗室門第巍然，一郡無出其右。君生於嘉靖六年正月二十九日，比卒享年四十有九歲。嗚呼！雖卒有先後之異，合葬於玄堂則一，他日桂蘭榮茂，豈非必然者哉。宜銘於球，以示不朽。銘曰：

　　赫矣龍翁，賦朴秉忠。光顯上父，慕文握武。處爲祖幹，出爲國輔。視履考祥，夫婦允臧。
　　垂裕後裔，麟趾鳳翔。應踐六命，翼我哲聖。遺愛在民，軍哀其慟。勒石刻銘，莫跡斯聽。
　　魂如有靈，萬憶其盛。
　　萬曆三年歲次乙亥夏六月初六日
　　孤哀子守延泣血勒石

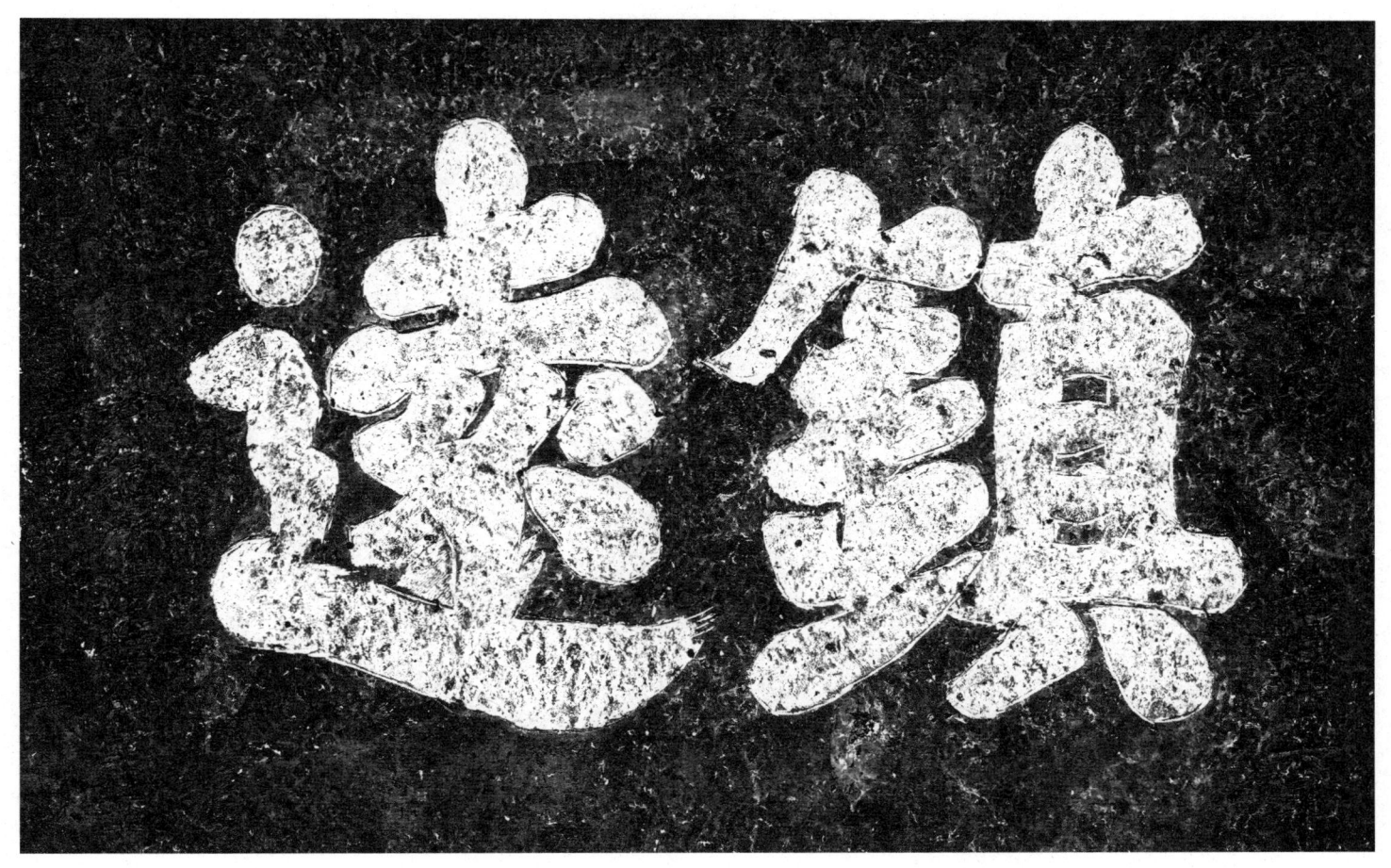

"镇远"匾

【简介】

　　明万历三年（1575）勒石。现置右玉县右卫城北门上。匾青石质，高77、宽119厘米。右卫城始建于明洪武二十五年（1393），万历三年包砖，东南西北四座城门各镶嵌石匾额，东曰"和阳"，南曰"永宁"，西曰"武定"，北曰"镇远"。现只存南北门匾额。

【匾文】

　　钦差分守大同中路糸将都指挥吴昆

　　镇逺

　　钦依守備右衞城地方指揮僉事王江

　　萬曆三年夏五月吉日立

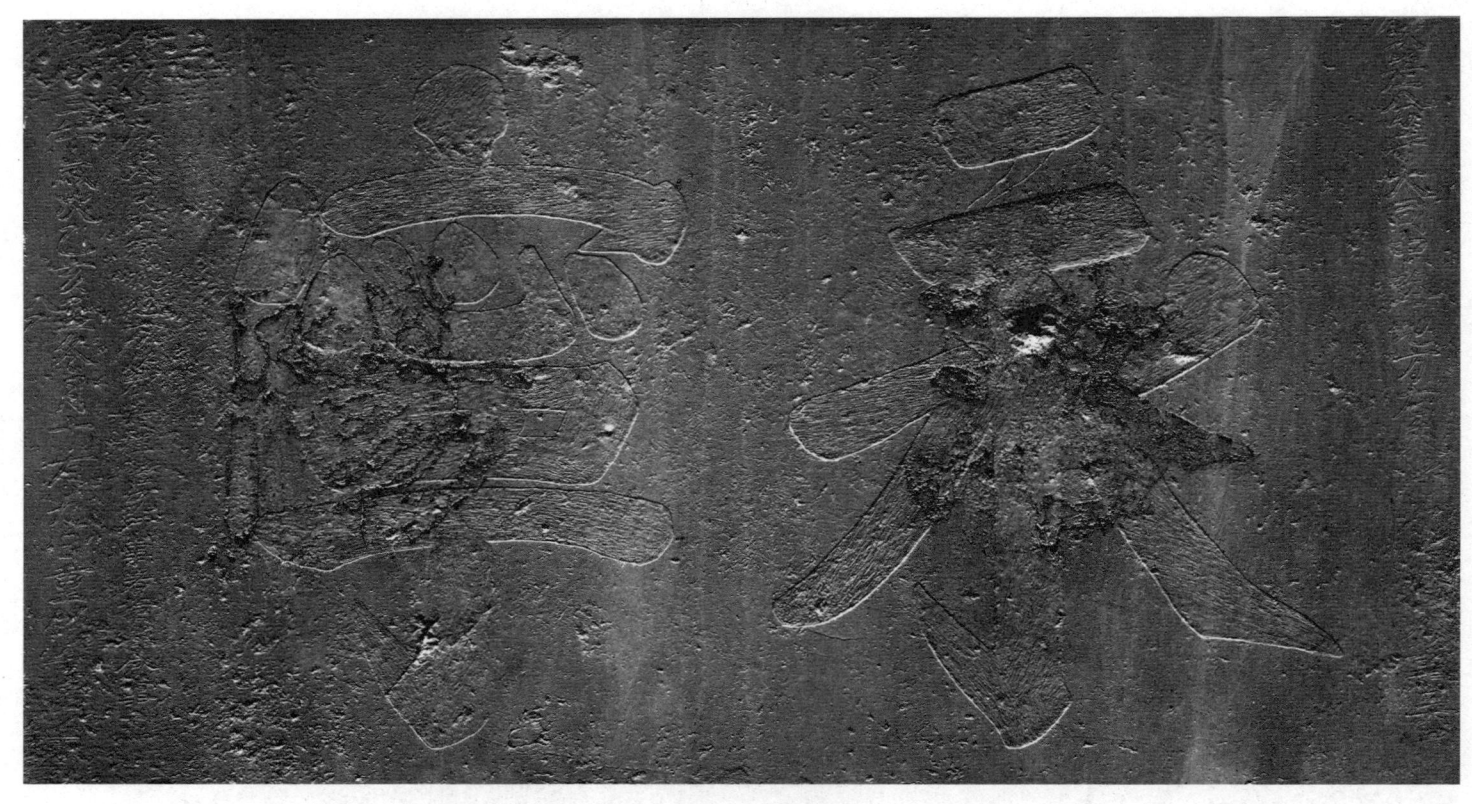

"永宁"匾

【简介】

明万历三年（1575）勒石。现置于右玉县右卫城南门上。匾青石质，高110、宽175厘米。

【匾文】

钦差分守大同中路地方右糸将都指挥佥事吴昆

永宁

钦依守备大同右卫城地方指挥体统行事署指挥佥事王江

萬曆三年歲次乙亥孟冬月十有九日　重修書□□

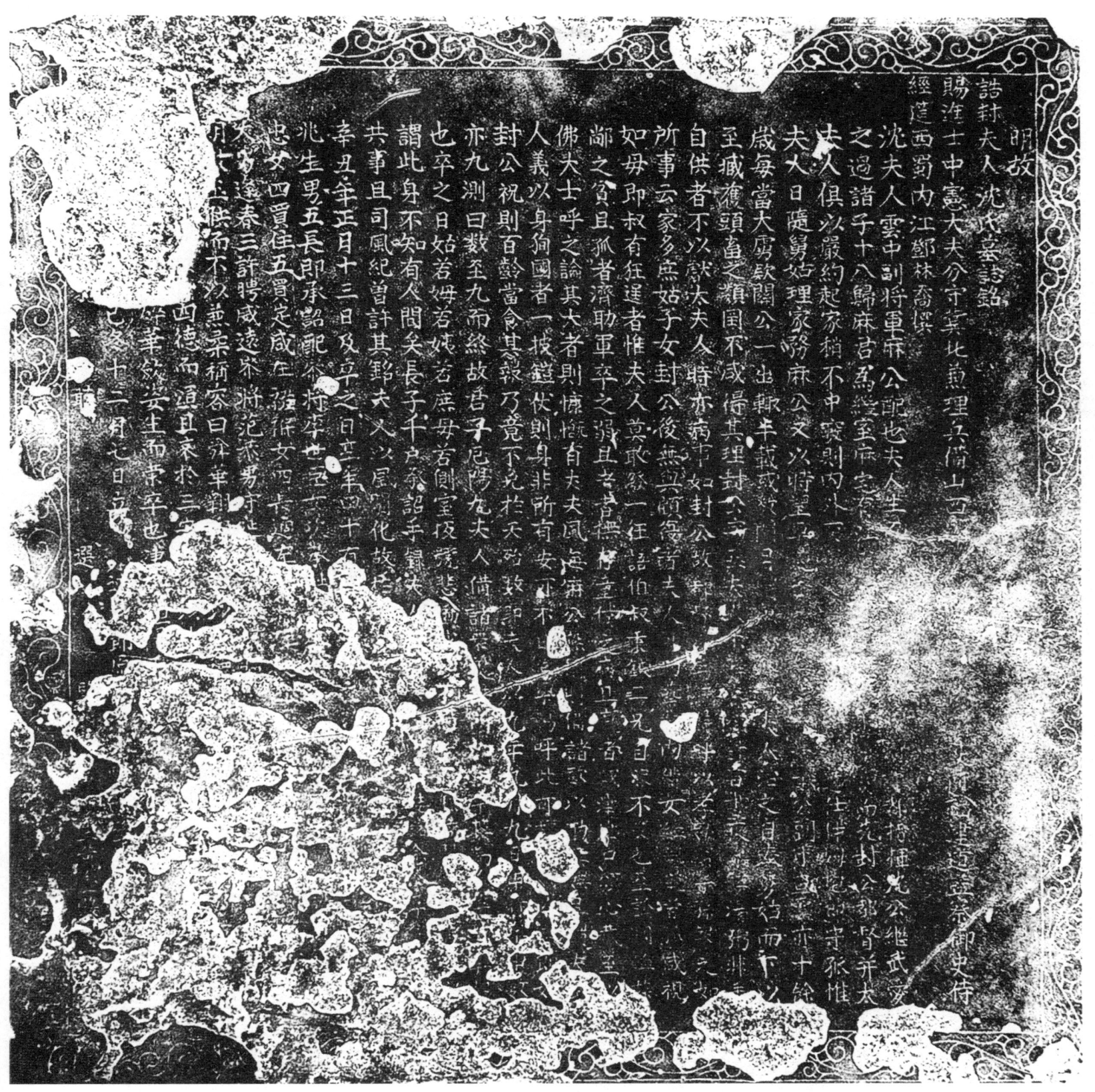

明故诰封夫人沈氏墓志铭

【简介】

　　明万历九年（1581）勒石。现放置于右玉县右卫镇东门外居民院内。志青石质，方形，边长64厘米。志文记载的是麻贵夫人沈氏的生平。

　　另据麻贵墓志铭记载，沈夫人生于嘉靖二十年（1541）正月十三，卒于万历九年（1581）九月九日。

　　明故誥封夫人沈氏墓誌銘

　　賜進士中憲大夫分守冀北兼理兵備山西……前建道監察御史侍經筵西蜀内江鄧林喬撰

　　沈夫人雲中副將軍麻公配也,夫人生而……都指揮沈公繼武,愛之過諸子,十八歸麻君爲繼室。麻宅,有江……而先封公都督並太夫人俱以嚴約起家,稍不中竅則内外交……仕仲□抱節守孤,惟夫人日隨舅姑理家務,麻公又以時望……公副守宣雲亦十餘歲,每當大虜欵關,公一出輒半載或數閱月……夫人治之,自奉舅姑而下,以至臧獲頭畜之類,罔不威得,其理封公□□夫人下□□□計者,□□□□湯粥非手自供者,不以獻。太夫人時亦病,事如封公故都督□爲□□呼以孝棠□子孫,報之如所事云,家多庶姑子女,封公後無與顧復者,夫人□□□□内能女紅□□首孤,咸視如母,即叔有狂逞者,惟夫人莫敢發一任語,伯叔秉鉞二兄,自非不□也。至於□恤族郎之貧且孤者,濟助軍卒弱且老者,撫存童僕之病且□者,咸津津□頌,心恭至以佛大士呼之。諭其大者,則慷慨有丈夫風,每麻公燕□則備諸□以助公,且□夫□人義以身殉國者,一披鎧仗則身非所有,安可不日□□。嗚呼!此可……封公祝則百齡,當食其報,乃竟不免於天殀數耶。夫人以九年九月九日甲,□壬申數亦九測,曰數至九而終,故君子厄陽九夫人,備諸衆美……也。卒之日,姑若、姆若、姨若、庶母若,側室扳號悲慟……謂此身不知有人間矣。長子千户承詔,手録夫人……念及子□……共事且司風紀,曾許其銘,夫人以風□化故於……辛丑年正月十三日,及卒之日,享年四十有……兆。生男五,長即承詔,配氽將李世臣女,次承……忠女,四買住,五買定,咸在襁褓。女四,長適左……大男逢春,三許聘威遠參將范恭男守延……□□玉映而不以兼柔稱容,曰舜華翺……四德而頌且哀於三……碎華斂姿生而榮,卒也淨……巳冬十二月七日立□□□即原……

　　……聽選……生黃□一殿……

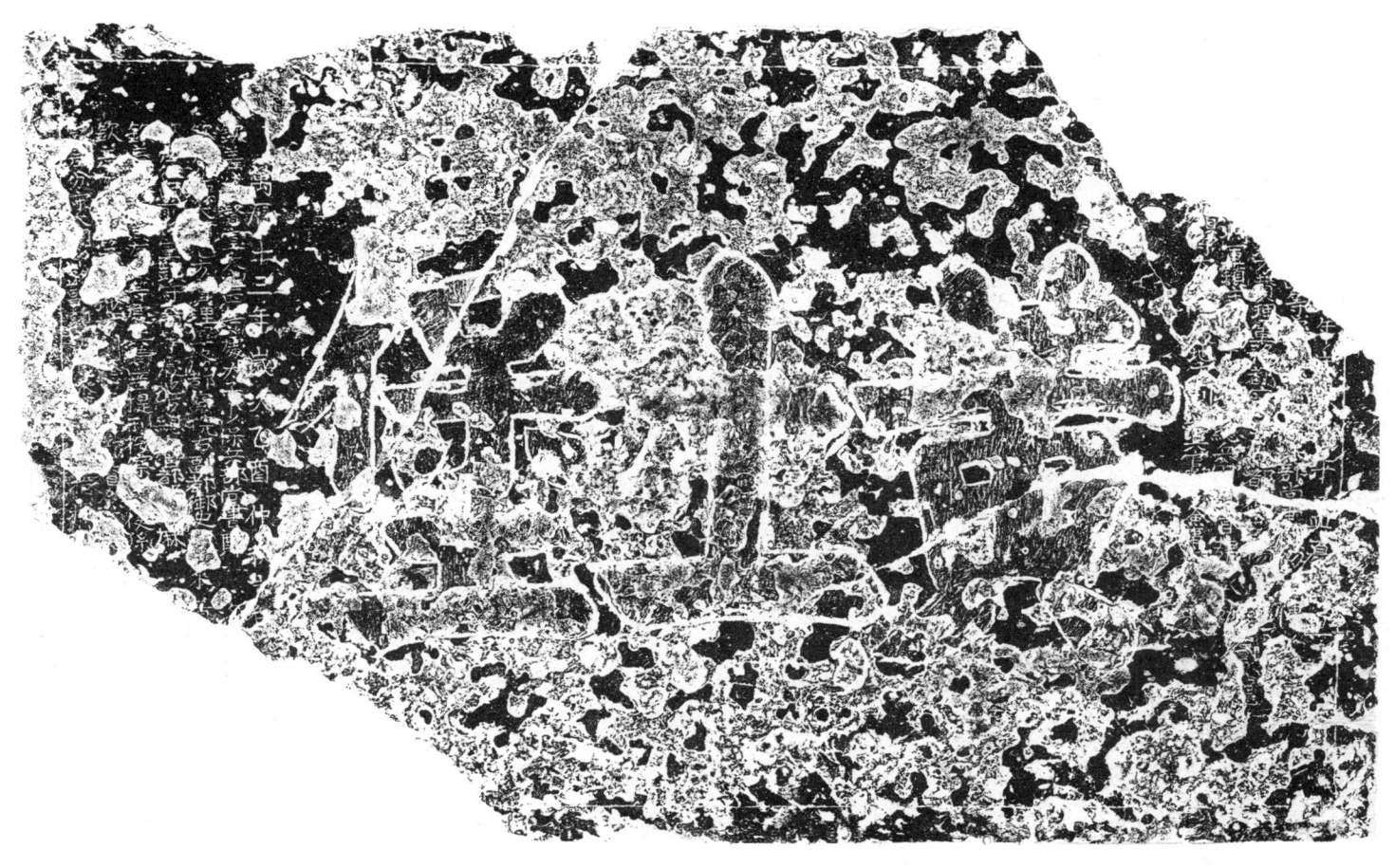

"黄土堡"匾

【简介】

　　明万历十三年（1585）勒石，现存右玉县牛心乡黄土坡村。匾青石质，长方形，已残缺，残长155、宽97、厚8厘米。石匾残损严重，文字漶漫不清，经仔细辨认，石匾正中横向线刻"黄土堡"三个大字，左右两侧竖向阴刻楷体字共12行，其中右边5行，左边7行。

【匾文】

　　……年……孟夏……旦

　　……等處……兵部尚書……

　　……方贊理軍務部都察院……都御史……

　　……將軍鎮守……總兵官……都督张承□

　　……鎮守大同等處地方副總兵官□□僉事……

　　黄土堡

　　萬曆十三年歲次乙酉仲秋吉日

　　欽差總督宣大山西等處太子少保兵部尚書鄭洛……

　　欽差巡撫地方督理軍務都察院右副都御史□來……

　　欽差□□前軍鎮守備等處地方總兵官都麻……

　　欽差……等處……提刑按察司副使孫……

　　欽差……等處……地方部督僉……

　　欽差分守大同中路副總兵官……指揮……

圣贤庙碑

【简介】

明万历十三年（1585）勒石。现存右玉县博物馆碑廊内。青石质，长方形，长173、宽58、厚20厘米。碑面四周线刻龙纹，碑文阴刻楷体字19行，570字。

【碑文】

　　嘗謂天下之至靈者，莫如神，神之所以稱靈者在能感人心，蓋神與人幽明懸隔，而心相通者也。漢廷關公，其忠義塞天地、貫今古，扶炎劉之祚、奪吳魏之魄，覷凜凜生氣。覷廟像而信有如在者，神之靈使之也。顧萬事而下，感靈而建之祠，無貴賤、無軍民、無男女，仰祀所而焚香告虔者，天下然也。吾以是知人心之靈通于神，神之靈因人之祀而益神耳，司事者可漫然爲哉。

　　大同右衛之南街有聖賢廟，能爲軍民捍大災禦大患。一方每以忠義稱神，實相之也。時奉香火勤祈禱者往往不絕，吾以是知神之果靈也。萬曆辛巳，延綏尤公來鎮茲土，其設施注措，舉自一念，忠義中出誠，與神之忠肝義膽，有不甚相違悖者。越明年，政暇，尤公謁其祠，見廟宇傾圮日久，惻然欲新之。迺爾，鳩工集本，捐俸資不恤，即門下操總兩衛官旗等官，咸奔走効力之不違，以故不數月而廟貌巍然，棟宇煥然。置鐘樓二座，設賽享亭兩楹，又建方丈一所。意嘻，尤公之心顧不誠哉？其功顧不偉哉？後世仰廟貌之輝煌，僉曰：尤公之誠，于妥神也，如此，其護國庇民之心，可櫫見矣。夫聖賢素以忠義扶漢，尤公即以忠義許國，其交相應感有不爽者，神之靈果信然哉，果信然哉！予綏人也，叨訓衛學，嘗感神之靈而日存肅肅在廟之心，第以職居寒微，不能報稱神明于萬一。適遇尤公正情忝里戚之雅，遣官告予，而欲紀其事，予以謭薄庸愚，不能悉聖賢之所以爲神，而能述尤公以聖賢之心爲心。後之紀事者方其事神之際，又當以尤公之心爲心可矣。予躬逢其盛，願勒石以垂不朽之功德云。

　　萬曆十三年歲在乙酉季夏吉旦

　　欽差副總兵管大同中路參將事關中都指揮尤繼先重修勒石

　　山西大同右玉林衛儒學訓導關中方正謹撰

嘗謂天下之至靈者莫如神神之所以稱靈者在能感人心盖神與人幽明懸隔而心相通者也漢

壽亭侯關公其忠義塞天地貫今古扶炎劉之祚奪吳魏之魄凛凛生氣覿

廟像而信有如在者神之靈使之也顧萬世而下感靈而建之祠無貴賤無軍民無男女御祀所而益神且司事者可漫然為哉

大同右衛之南街有□□□吾以是知人心之靈通于神神之靈因人之

聖覽廟貌有為軍民捍大災禦大患一旁每以忠義稱神實栢之也時奉香火勤祈禱者往往不絕吾以

鍾樓二座談賽亭兩楹如此其意嘻尤公求鎮茲土其設施措舉自一念之忠義中出誠與神之忠肝

俸資不恤即門下操總兩衙官咸奔走効力之不遑以故數月而廟貌巍然棟宇焕然炳置

聖賢之靈扶漢尤公之誠于建官方犬一所顧不誠哉其功果信然哉報信然哉予綾人

聖覽素以忠義許國庇民之心可歎矣神之靈果信然哉報萬一遇遇尤公

也切訓猶神之護國庇民居者不寒微不能報恐

聖賢之靈因於紀事神之誡薄愚不能�

朽之心以為此後之紀事神方其事神以誠又當以尤公之心為心可以奉下的於

欽差副總兵官大同中路參將事關林部楷□尤

萬曆十三年歲在乙酉季夏宣武右衛儒學訓導閏中方正謹立二石

山西大同右衛王林書

山西大同右衛重修立石二樓

五岳庙碑记

【简介】

明万历十四年（1586）勒石。现存右玉县右卫城南门外。碑青石质，长方形，高185、宽98厘米。

从碑阴所署官职及碑文中有"丙戌岁姑洗月穀旦"和"工未告成，兵氛叠作，饥馑洊臻"字样来分析，可以推断应是明代万历时期勒石，而此期间"丙戌"年，则为万历十四年。

【碑文】

（碑阳）

五嶽廟碑記

□宇内大觀名山，稱最嵯峨□□□□人農寶地，維□壯天柱恒必□之，然説者謂山不在高有……□□□□之，有廣成雲□之，有□□是也，乃知山以□面比以神重也，檠可知矣，維山有嶽，維嶽有五，四方錯列，萬嶂朝宗，尊莫尚焉。□聰明正直靈應，昭然物宜於祭，不合於非其人不歆……帝之巡狩也躬，後方□肇稱股禮望，秩之典載在尚書，歷代封禪明禋之舉，亦未可殖□禮以義，起祀有常，經煌□鉅……□□如新矣。右衛五嶽廟，肇建於南門外，曩因城□披塌以致宇殿傾摧，壁廊騈裂，觀者蒿目動坵墟禾□之□，□特□……移建於南關以東，鄉耆李□強等捐己募□，鳩工庀材，一時紳弁□民、農工商旅，靡不雲起鴿聚……景從，棟宇森聳，雕飾鮮姝，務著□爲改觀，無何工未告成，兵氛疊作，饑饉洊臻，人鮮……功罔繼成，務幾隨會衆張光斗慨然曰：一簣尚可爲，□九軔忍不及泉耶？後人之不逮□……結未結之分，以了未了之願，極力經營，勞□罔恤不枚，月百務底績聿觀厥成，從□□……英靈陟降有常，俎豆馨香未焚，神功呵護之澤，□□名山之物，色恒新罔陵並永夫豈待再計，而□……澤，屬文於余，鐫石……余生也晚質，且猶敢不詳核顛末，揚萬盛事□□樂善不倦之……亦俱誌於不朽云爾……

儒學廩膳生員□……

同庠生員周……書

……丙戌歲姑洗月穀旦

（碑阴）

□差鎮守大同右衛城地方叅將都指揮鄭良弼　援兵營加□□官社友成

欽差守備大同右衛城地方以都指揮體□行事指揮僉事劉布項　老□司把總信官張士□

遊擊將軍原任大同右衛城守備陶國泰

□任大同□衛□□地方□總兵後軍都督□都同知關崇光　□鄉書　原汝棟　李遇宰

原任鎮□□路將都指揮柴奇

欽差分守大同右衛路地方叅將都指揮張成功

□催衞司□備指揮司馬化麟　□士符

信官指揮　馬應舉　劉廷棟　劉進才　周於政　王棟　馬應登　馬□麟　范仁民　史慶　□士□

本城信士　□應蛟　賈承爵　何□　儲光祖　鄭重麒　麻樹　張廣葉　張天才　侯科　胡□筆　史□　史忠……

本廟合會信士　李日強　李進□　張□□　史□臣　周之輔　白碧　李廷棟　王□　陳寅　儲復元　吉永慶　劉金□……

介休孝義縣合會信士　孫守信　周國化　郭斗翼　牛承福　田汝秀　賈胡貞

□□□　張財□　郭九寧　張問山　靳登□……李三友　郭海　王宗湯　嶽汝亮　王應成　盧玉史□　□九　高□　吉□　岳世泰　宋□□……郭演　郭立

本廟南關合會信士　王明德　毛春方　□應枝　陸元　王廷官　□□明　□保　□□□　靳友福張登　靳友才吉……史煌　劉□葉　閆順　張友伏　常一龍　楊守俊　馬□□　梁明　張貴寶　□□

楊應科　王……

　　本城十方信士　岳登高　張□孝　洪□騰　王遇堯　□鴻勳　翟光□　□才　李朝希　田朝陽
□□峪　王□□……張永春　□□全　魏登魁　杜文禮　許承葉

　　儒學庠生　王者□　王者勝　儲秀翔　李□榮　吳世英

　　勒賜寶寧寺住持僧　如□　如寧　□會

　　五嶽廟信僧　圓□　本廟瞻僧房□□間　棚□間……

　　東嶽廟道會司住持　王陽□　徒　吉來珠

　　馬神廟道士　吳陽□　彭清慶

　　城隍廟道士　許陽□

　　石匠　高□暨子……

　　□□信女　吉門賈□　李門化氏　史門□氏　吉門張氏　□門□氏　胡門□氏　□□劉氏　孔門
崔氏　徐門王氏　張門張氏　□門陳氏　謝門吳氏　□□□氏　張門田氏　□□□氏　□門施氏……

重修云阳堡记

【简介】

明万历二十四年（1596）勒石。现存右玉县博物馆碑廊内。碑青石质，圆首，长方形，长 195、宽 94、厚 20 厘米。额篆"重修云阳堡记"6 字，碑面四周雕刻祥云纹，碑面文字损坏严重，大部分文字患漫不清。碑文楷体，18 行，约 750 字。

【碑文】

重修雲陽堡記

欽差整飭大同左衛等處兵備山西提刑按察司副使郎□□書並□

雲中，東枕白登，北連沙漠，從古稱要害地。□國家都燕，遂與上谷，俱爲神京肩背。正統以來，數要□□，嘉靖間□□□……不可勝，每戰輒不利，款不可成，不但□而議。□□無高山□□之……八月城□幅會用寨設。楊公……而雲西，雲陽諸堡建矣。雲陽距左衛東十三里……六十一匹芻糧□是蓋站然一保障焉。然……使……堡之建，權以制□□□一時之……以□□不以此特繕城塹壕□□遂脫□□何……使……維廖景樑輩董其事董□鳩工裦以……里□三丈……不來脫來疾入牲保強弩飛□□冒美□與走□□以□□曰……野以老者。師輕騎以擊其歸，彼進不能，攻□無□□□□□護雲中……特□無恐已於□，徐君爲邊民，父子慮何其是也。□□於乙未春三月□經畫，既就……年九月。竣後，先是孫大夫捐地給軍，俾懷土耕牧□□堡者，苟□腠削，亦足爲守戰備，而況……之計久遠乎？不佞則伐石紀之，且以告夫後來者。徐君名立□，直隸任丘人，馬君名椿，蔚州人。

萬曆二十四年歲次丙申孟冬吉旦立

议修关厢管工碑

【简介】

　　明万历二十五年（1597）勒石，现存右玉县破虎堡南门洞东壁墙中。黑石质，长方形，长53、宽34厘米。四周阴刻缠枝连理纹，碑面磨灭严重，部分字迹漶漫不清，竖向阴刻楷体，18行，约180字。

【碑文】

　　重議修関厢管工□役

　　把総二員　蕭江　鄭心民

　　掌房全城□頭　四名

　　□□□　金国志　鮑国　常国礼

　　□工□官一名　于江

　　管修門生官一名　許朝

　　管理修工管隊　二十七名

　　鄒相　戴柱　張二豆　姬樹　李廷　王京　王大林

　　付世官　梁鎮　□本　文嘉春　石紀　陳邦安　岳文□

　　鮮風　□国智　陳戎　陳棟　嚴一信　江工朝　姚尚倉

　　□登　韓生　姚大林　□會　曹儒　秦国忠

　　原管□工寫字　曹大工等

　　泥匠二名　鄭義　□天豆

　　石匠　龐天才　十一名

　　鉄木匠　□思月　聶建住　李□

　　萬暦二十五年八月吉旦立

明威将军范君墓志铭

【简介】

　　明万历二十六年（1598）勒石。现存右玉县博物馆碑廊内。志青石质，长方形，长55、宽50、厚12厘米。碑文磨损较严重，部分文字漶漫不清。碑文楷体，满行19行，约420字。志文记载了范君的生平事迹。此碑为镇国将军范恭（号龙泉）之子范守延之墓志铭。

【志文】

　　明威將軍范君墓誌銘

　　君諱守延，號壽庵，范姓，其先太平蕪湖人。始祖曰貴，從軍有功，陞昭信校尉，繼始祖曰雲，仍任前職，有□海才，歷調雲中天城左□，有功陞武德將軍，再調戍。遂高祖曰順，曾祖曰琦，伯祖曰秉，祖曰彝，咸襲前職。至父龍泉君曰恭者，方大顯。嘉靖間，先延綏遊擊，後代州糸將，四承命官，至鎮國將軍，以疾卒於正寢。君□三歲，而孤母太夫人湯氏撫而教之，年十六仍襲高祖之職，任事未久，

歷任破虜、殘胡二堡守備，戎務井坪所。在有老見之，皆欣慕感仰，謂龍泉君爲不死。後以平西夏功
陞明威將軍。時將望其大振不應，天奪其□於萬曆二十五年十一月二十三日卒於官，得年□□有□。
妻恭人麻氏，乃征西前將軍都督貴之季姐，生男二，□歲曰銘鉅；五歲曰銘□。女二，長大姐，三歲；
次二姐，□歲。篢族孫范宗扶柩而歸。於次年四月初七日，葬於郡西祖塋之穆序，禮也，銘曰：

    嗚呼哀哉！人之生也，壽夭皆天。有生必□，誰獨不然。古今所里，□然□□。□□之者，唯吾守延。

    守延定□，兩任方簇。克承父志，□□大振。屢授明威，有□元德。子□孫□，□以爲式。

    謁儒請誌，述其行焉。鐫銘于石，永永萬年。嗚呼哀哉！

    萬曆廿六年四月初七日郡□□儒□□

明诰封一品夫人尹氏墓志铭

【简介】

明万历三十二年（1604）勒石。现置于右玉县右卫镇东街路南居民院内。志青石质，方形，边长78厘米。四周阴刻祥云纹。此碑为麻富之子麻承恩夫人尹氏墓志。

【志文】

明诰封一品夫人尹氏墓誌銘

余奉天子符命，飭戎雲塞，瑤臺麻將軍爲雲西世將，余舊屬也。一日衰絰來過，容深墨身，癯癯若柴，毀然泣余而言曰：不肖無良，速戾余母夫人忍此一息不相從地下者。以祖母家嚴，具在所恃，代先夫人善事，惟余不肖尔，儻施賁先夫人一言庶幾肉九原之骨乎，恩不朽矣。余聞而悲之，夫爲生也者，則爲死也者，余何讓。按狀夫人尹氏，即前提督鎮守昌、宣、延、大總兵官、右軍都督府都督同知承恩別號祁山公之妻，父國臣，爲白羊世胄，受命專城。夫人少即聰慧肅懿，女史書箅悉攻之，虜事父母，敬睦兄弟，胥以閨秀稱，公遂委□，以隆慶庚午歸焉，時齡甫十四。太夫人王氏幼孀，艱楚賴以百年者，僅公與公女弟、夫人，事姑三十五禩無異。新婦時，諧戢公之女弟，視同胞有加，而謹於事公，雖昔孟德，耀未多遜，姑益悅，適愛之如女，未嘗御以新婦禮。姑善病，夫人親哺視藥，晝夜弗離，至就榻邊宿之，起必掖，行必負，巾櫛不飾、衣帶不解者三月餘，姑病賴以愈，夫人則萬狀辛勞矣。當其時，公以勳績晉階，夫人誥封一品，豈無媵婢足供頤指？顧自盡瘁，如此天性然也。公父，上騎都尉東泉翁富，以奇勇知名，虜當之，必辟易無敢向者。嘉靖間，禦大虜於水坡寺，進出重圍如飛，俗號黃鷹以狀之。戰還，汗方漱漱，以解甲受風死。遺公纔九歲，撫成之者，大父伯叔諸都督也。時大父與伯既宴世，獨叔右都督西泉翁貴，春秋鼎盛，功成身退，公亦以角巾□第，儼然安石謝玄，共收東山之春，公孝事等於父。夫人猶慮，以燕居稍失嚴憚，所箴戒於前者，不容已以故，終得叔心公族排繁，即外親亦盡名閫，恩義未易覃浹。夫人於尊卑長幼施予有差，靡不歡戴，子姪中有嗜讀者資之於燈筆，尚武者助以弓矢，甚而貧不能娶者，多藉以成禮。夫人不以有出自滿，勸納後陳，綽有南國風，而肅雍示範，同舌賢。公善俠，意氣相投，千金一擲耳，遇橐裝或盡欲，就公名，嘗脫簪珥佐之，安公於俠也。國恩虜讎公薪膽以之故，捐資所得死士以千計，其醳纊之者至矣，會歲時伏臘，夫人亦羅諸健兒之婦於秘閣，宴犒盡歡，死者恤之，疾者問之，舉號公爲男平原、夫人女孟嘗。嗚呼，其亦難已，公法令嚴明，人不敢犯，間有梗者必置之軍令，夫人爲庇露最多，繼三尺不盡貶，所謂不廢法、亦不廢恩也者。一時鼓刀兒疇不願爲効死，公威名張大，勳級纍纍，夫人助相之力也。方是雞鳴關雎，當無溢美。胡竟早世，使親疏遠近聞且見者，罔不出涕哀嘆。余聞仁者必壽，嗟嗟覘之，夫人不足徵天道矣。疾將革猶瞑目，問姑瀰瀰，次握公手，屬早求繼，不及他事，豈非以姑無托夫無相，雖一線之氣尚存，而孝姑愛夫之誠，耿耿未滅。公以兒女子婦人之情也，涕於前曰：而子女幼，奈何忍捐之。良久曰：吾肉君肉，吾捐君收，奈何言忍噎，達觀丈夫能發此語乎？無論今稽古載籍不多睹記，公嘗變悲且忘生，然非奉倩之溺於情者，爲大營隧竁不惜南山銅厚錮之，有壁立不顧意夫義妻賢兩無愧哉。夫人生以嘉靖三十六年正月二十五日，卒以萬曆三十二年三月二十七日，享年四十八歲。生子一，即將軍崙，娶指揮王世勳女；女一，納聘於指揮應襲萬鍊，未歸。孫男三，長胤奇，指揮應襲，次胤傑、次胤俊，俱舍人；孫女二。卜於八月初七日歸葬城之東北祖塋。銘曰：

嗟彼天道，胡然不全。夫人至德，不假大年。四十有八，吉歸九原。無良而壽，壽亦枉然。
齡慳德茂，形萎名延。此長彼短，亦何憾焉。百世而後，陵谷變遷。緇衣君子，無暴於田。

欽差整飭陽和等處地方兵備山西提刑按察司副使劉汝康謹撰
欽差整飭延綏中路兵備陝西布政司右叅議兼僉事劉餘澤書并篆蓋
孝男崙勒石

大明诰封一品太夫人王氏暨荣禄大夫东泉麻公合葬墓志铭

【简介】

　　明万历三十五年（1607）勒石。现存右玉县博物馆碑廊内。志青石质，正方形，边长86厘米、厚14厘米。志与志盖面四周雕刻祥云纹。盖篆"大明诰封壹品太夫人麻母王氏墓誌銘"16字。志文楷体41行，满行41字，共1600余字。部分漶漫不清。此碑为麻禄次子麻富与夫人王氏的合葬墓志铭。

【盖文】

　　大明誥封壹品太夫人麻母王氏墓誌銘

【志文】

　　大明誥封一品太夫人王氏暨榮禄大夫東泉麻公合葬墓誌銘

　　余頃撫上谷，祁山麻大將軍□□金印於彼，從而相輔車者，裘葛凡六更，政無鉅細，悉鼎賴焉。

臭味之蘭，即一家一身事，亦露肝膽於尊俎間。故麻氏家聲殊，時習而仰止之，此於世誼良不薄矣。庚子秋，套虜寒盟，聖天子宵旰西顧。僉謂非大將軍不可。遂移鎮延州，未幾，播寇平，余尋亦總制川貴，經理新疆，雖相南北而蒼頭緘素不乏也，因知太夫人矯健善匕箸。丁未夏，余徒跣先大人之艱盧守無間，忽蒼頭白衣突來，持狀揭誌曰：不孝承恩，罪可彌天，竟速禍先慈，未及相從者。不忍先慈志終漫滅，延息一激恩泉□耳，且先大人前塲四十八年木拱矣，將合葬，並可一言爲九鼎。余嘆曰：賞鑑奇物亦人情也，況世間奇男婦哉。按先將軍諱富，別號東泉，家世大同右衛，以父松山公戰伐起家。爲兒時便能聚沙石作營戰戲，時松山公協守上谷，心奇之，壯厥志也。當北虜俺答跳梁，非時飲馬長城，先將軍方弱冠，來輙當之無不捷，雖創體飲羽而猶縱橫搴斬歸。世以黃鷹狀其勇，夫亦漢飛將軍之號乎？大虜圍右衛，垂陷復全，先將軍兄弟之功也，勒坊忠義有以哉。總首尾三年，身數十戰功，晉指揮僉事。假使生當秦皇漢武，又使壽同其德，即興王翦、衛霍分茅土何難？寧止如兄近坪公、弟西泉公，節鉞方鎮，已歉奈何。庚申歲，虜大舉闖入水坡寺，先將軍血戰退之，免甲冑，風崇汗不起矣。初，松山公及母劉夫人，以先將軍廉孝勇，三子中爲最愛，今知不療哭之哀。先將軍素負剛腸，雖自知垂盡，雅不作兒女態，獨以不及侍二親心怦怦，泣下數行曰：兒不能偕兄弟起共居矣，死有餘罪。九歲之孤，政如李密險釁，方恃劉祖母善保，又安墅兒晨昏之，天亡兒也！嘷天者三，隨盡。嗟嗟，惜哉！太夫人王氏，爲所尉斌女，生而慧婉，以十五歸先將軍，僅配十二春秋，遺大將軍幼寶，先將軍線線一脈也。太夫人哭先將軍，痛且忘生，惟不忍割大將軍，更思先將軍不瞑者——此孤耳，微我疇撫盖而殉夫矣，孤孰若生而保孤，慰夫志可決也。於是終依先將軍爲命，深記先將軍臨訣語，事劉夫人孝謹一如先將軍，方之共姜梁氏歸無兩。大將軍長襲世祿，驍雄有父風，且時服母訓、志父不忘，尤愛健兒良馬，俠交友之勝己者，即空橐裝不惜遇匱絀，太夫人嘗解簪珥拓其遊，自或服粗啖粝所甘焉，終身不御脂鉛，爲飾性使然也。風節棱棱，足比蒼松勁柏雨露之，而嶷如冰霜之而挺如也，娣姒蟒玉交輝時相過從身與之接，曾不著目。自是大將軍勳猷振起，四捧元戎之毅，與伯叔先後鼎峙其榮，先將軍亦贈秩如之。太夫人始色喜曰：而父生前不得者賴而充之，豈天生李恩使西平有子乎？母亦籍而叨封一品，足慰此生辛苦。兒其勉之，無忘國恩。大將軍持而泣曰：人亦有以母爲天報完節者，兒則以母不得表節於世爲竹帛不朽，徒以兒宮故也，兒罪深重，兒敢自多耶。於此可以觀慈亦可觀孝矣。太夫人以勞薪，他日嘗善病，至是爲二豎困者爲兩月，大將軍皇遽侍床褥、供湯藥，衣不釋體，夜不交睫，聞母呻吟作苦，心膚欲裂，至以身默禱於天，爲是不得已之舉，烏知其終歸大造哉。革之日不及它語，但手大將軍曰：兒，有今日，吾與兒父不死亦面而父共遊之地下矣，無以我稿損而軀。雖氣息奄奄而尊夫人卹兒一念初終無改，太夫人其聞道矣。嗚呼，母既抽身，兒益孤子，於今竟不能顧耶，大將軍踊絕數四有死孝焉。余聞堅貞者壽，純懿者壽，慈惠者亦壽，何太夫人才未見岡陵也。天吾不敢問，命吾不可解，豈令名壽考非所得兼乎？雖然裹革疆場之謂忠，茹苦不變之謂節，顯視揚名之謂孝，余志太夫人夫妻母子間者，此物是也。先將軍生於嘉靖十四年九月二十二日，卒於嘉靖三十九年七月二十七日，享年二十有六。配太夫人生於嘉靖十三年七月二十六日，卒於萬曆三十五年六月十七日，享年七十四歲。生子一，即大將軍承恩，娶指揮李錦女，故；繼娶指揮尹國臣女；繼娶貢士仲呂女。孫男一，崙，娶指揮王世勳女。孫女一，納聘於指揮應襲萬鍊，未歸，並尹出。曾孫三，長胤奇，指揮應襲，聘都司滕國相女，未迎；次胤傑，次胤俊，俱舍人，未聘。曾孫女四，未子女，一適參將侯雄。生甥男二，長國勳，太學生，次國藩，舍人。甥女二，長適指揮邵志疆，次未字。八月二十二日眠於祖阡。銘曰：

鴈門而北，恒陽之阿。氣會湸毓，剛風太和。有男忠幹，有女節娥。百年同盡，歸眠夜窩。

松楸霜肅，月滿前坡。華堂翠閣，已矣如何。玉振金聲，永廑永歌。塵埋雙璧，千古嗟哦。

賜進士第通議大夫奉敕總督川貴地方軍務經略播州兼理糧餉兵部右侍郎兼都察院副都御史王象乾撰

賜進士第資政大夫協理戎政兵部尚書茲奉敕總都督宣大山西地方軍務兼理糧餉兵部左侍郎兼都察院副都御史王世揚撰盖

鎮守昌平宣府延綏大同四鎮總兵官右軍都督府都督同知孝男承恩勒石

残胡堡为议修吃紧工程碑

【简介】

　　明万历三十五年（1607）勒石。原存右玉县残虎堡村，现存右玉县博物馆碑廊内。黑石质，长方形，碑高67、宽81、厚9厘米。碑文四周阴刻祥云纹，碑文磨损严重，大部分碑文字迹漶漫不清。

【碑文】

　　殘胡堡爲議修喫緊工程以固保障事。切照本堡於嘉靖二十三年建設，隆慶六年包修建券門洞。因而年久不堪保障，今於萬曆三十四年呈請議庀重修，永固邊塞，鎖鑰一方。因將綜工民役刻記于左：

　　大同中路操守殘胡堡地方陝西榆林衛指揮郭雄藩

　　坐堡左衛百户吳大山

　　把總玉林衛正千户白官

　　綜正委官把總左衛正千户張桂

　　掌房中□□□四名

　　李惟春　陳□□　張□□　左進

　　官頭二名　賈□　□□

　　□□□□□□□

　　□□□□□□□

　　頭目七名□□□

　　□□□□□□□

　　管□□□□□□

　　□□□□□□□

　　萬曆三十五年歲次丁未季吉日立

重建修券各项人役匠作刊刻碑记

【简介】

明万历三十五年（1607）勒石。原存于右玉县残虎堡村，现存右玉县博物馆碑廊内。碑黑石质，长方形，长84、宽48、厚17厘米。四周阴刻祥云纹，碑文楷体，共16行，约160字。刊重建修券各项人役匠作数量、人名。

【碑文】

重建修券各项人役匠作刊刻碑記开列于后

管石塘管隊一名　馬登秋

管磚窑管隊一名　李有官

管隊十一名　王松　孟有倉　馬宇　吳國智　蘇應登　張國寧　趙汝青　郭体仁　王天才　邢朝相　楊宗儀

管工寫字一名　鞏效泗

石匠五名　張峚　趙相祖　刘栢　蘇守雲　高玄

泥匠山西文水縣二名　鄭儀　鄭汝洪

窑匠一名　張邓先

木匠三名　王天寵　李寫　邓思班

鉄匠四名　張尚金　李應秋　刘汝江　李雲寧

萬曆三十五年歲次丁未季夏吉　　日立

大同威远路分属东界碑

【简介】

　　明万历三十七年（1609）勒石。现存右玉县杨千河乡十三边村西圣山的长城内侧南面坡上。碑青石质，长方形，高215、宽87、厚25厘米。碑文楷体，正文"大同威远路分属东界"9字，落款"万历三十七年季秋吉日立"。

【碑文】

　　大同威遠路分属東界

　　萬曆三十七年季秋吉日立

大同中路分属西界碑

【简介】

明万历三十七年（1609）勒石。现存右玉县杨千河乡十三边村西圣山的长城内侧北面坡上。碑青石质，长方形，高 215、宽 87、厚 25 厘米。碑文楷体，正文"大同中路分属西界"8 字，落款"万历三十七年季秋吉日立"。

【碑文】

大同中路分属西界

萬曆三十七年季秋吉日立

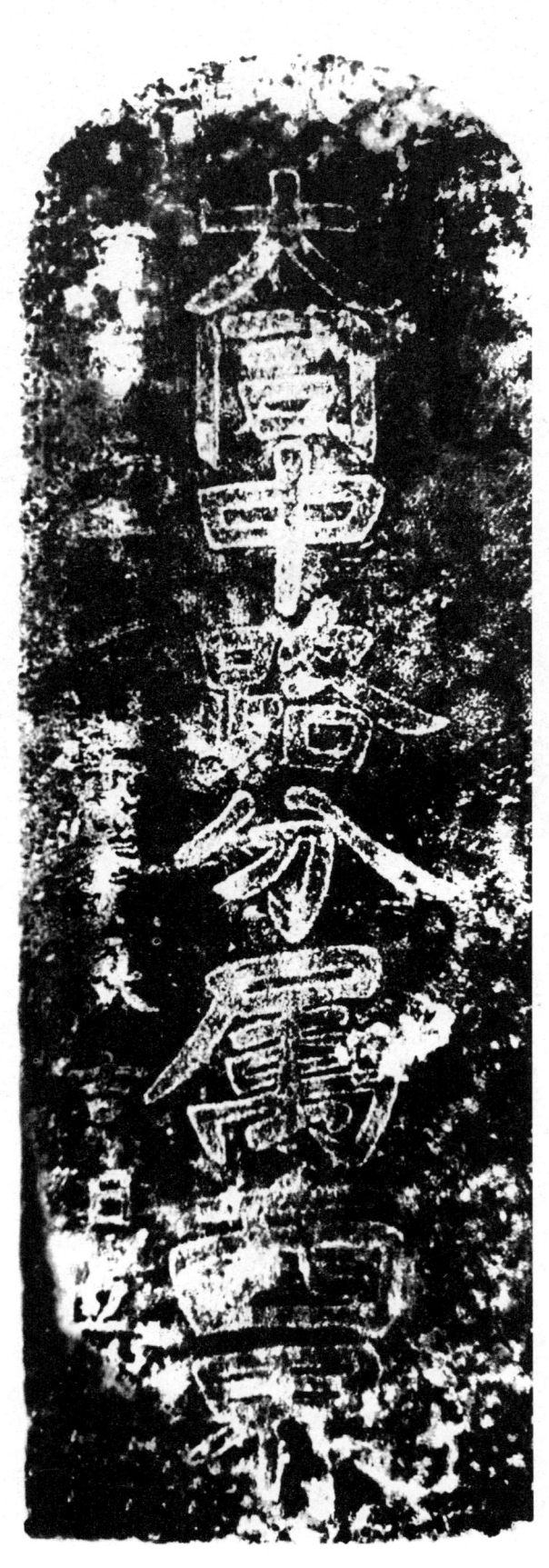

明故协镇蓟东副总兵都指挥使少泉麻公墓志

　　明万历三十八年（1610）勒石。现存右玉县博物馆碑廊内。志青石质，方形，边长92、厚10厘米。四周线刻云气纹。志文记载麻贵次子麻承训的生平事迹。麻承训号少泉，万历三十七年六月二十九日卒于辽东，直到次年四月二十七日才枢归家乡，葬于祖茔。

【志文】

　　明故協鎮薊東副總兵官都指揮使少泉麻公墓誌

　　漢伏波詧平並以垂老任征伐，銅柱金城，彪炳千古，近代未聞也。邇遼之患，在奴兒哈慎，非若交趾、先零易與耳。天子起西泉麻大將軍於雲中，謂其年逾兩臣，望媲汾陽，是以畀之全通，屬意甚厚。余窃壯其躍馬食肉，無異鴻門樊噲，爲賦少年行贈之。西泉公泪盈盈曰：亡兒卒於官，枢歸即拜兹命，未遑覆土三號，雖非樂羊之忍，深愧延陵之高，□冀徹□□□肉其□骨，寔未敢請。余服其義，夫亦何辭。按先將軍諱承訓，別號少泉，爲都督松山翁孫，今遼東開原光□□督，近屏公、東泉公侄，少都督祁山公、祁川公弟也。西泉公舉四子並□虎稱，先將軍居□□，有父風，甫離襁褓，喜揉蓬揚爲弧矢，聚群兒戲戰陣，入群兒中，對者便奔北，以故群兒求附之。松山公□其□曰：吾家小亞夫。弱冠呼爲猿臂兒，美其善騎射艺，以制不得。襲父秩，□劍口勵曰：□之物在，丈夫不分茅土，當梟可汗頭，飲匈奴血，期不墜家聲，何事先勳作氣色。自摹鼓刀兒數十輩從戎，延寧馬首，所向無不捷。不二載而授所尉，□隨西泉公犂埽虜庭，功蔭指揮使，又□載，協鎮薊東以斗大金，索寄之易也，率中射工還。時西泉公平倭新歸，如裝晉公於午橋莊掃壁杜門，祁山公亦歸自延州。先將軍喜與承歡，奉瀹瀡山頭射獵，瑪底□尊，方之謝家東山無兩。尋以五路酋長數飲馬邊城，推先將軍才氣無雙，虜所素憚，以新平任之。俾佐全□砥柱，果馴服無擾，功在不戰，外侮消然，爲楚宮眉之蛾也，舌下鋒甚於楚龍淵。當事稔知先將軍，垂中山篋不發，轅軸未敗，傾令囊中頻不□□一見爲□□之會，酋長白渾大虔，劉薊塞移節燕河，是在己酉春，王□先將軍慷慨赴之，□□□□西泉公，公以其氣可食牛，欲得一當匈奴色，津津勉好爲之。先將軍亦自深期許，新麾一剀諸首，輒或曰此前被讒去麻都督兒也，毋輕犯。居浹月，三遇三披之，殺首虜甚衆，薊之積弱漸有起色，蓋薊主撫所，從來也將不習戰，□□是驕，自先將軍振威如拉朽，觀者、聽者錯愕焉，吒諸酋亦兢，徒幕謂避曳落河。朝庭願爲左臂，如李將軍兵右北平時，□大將旗鼓，旦暮望一變色，弦朔僅五易，忽動薤露，聲哀愁遍窮谷。夫豈謬化龍歸，天不欲滅匈奴耶，果厄同李廣不令封侯耶，抑亦良將云殂有關國運耶。不□赳赳□□，容德垂垂無天理，歲非龍蛇，日非庚子，胡遽玉碎且草之日，猶曰匈奴未滅，白髮在堂，夫忍□之子拊膺長歎而逝，□傷心哉。語有一死重於泰山，輕於鴻毛者，用不同也。即瀕訣數，言政忠君孝親一念生死若泰山也者。星斗可沉，岱岳可摧，而先將軍之心不可滅也。嗚呼惜哉！使其齡齊充國，有如□□□□則碞燕石封狼居、圖雲臺，直唾掌事也。何天不壽，令彼鹿鹿無奇柔可繞指者，翻享大年謂天道，何計至西泉公哭，□□明客不喻意，慰解備至。公曰：兒死非吾痛，痛未如陶越騎酷，沒沙場，非兒志□□□，有是父有是子，語非虛也。初，柩自薊來，路人攬酸祭者，織於途，觀者夾於道，非賢將軍耶，鶴化後誕一□相異凡兒。三郎並列，盡稜稜頭，角自是赤汗連錢。天尚有意先將軍，付未盡者於諸郎乎？造化於先將軍□不薄也。西泉公視仲季孫，過於掌上珠，遇哭先將軍慟，侍兒捧著膝前，□似荀氏文若公□□□。嗚呼，先將軍□入薊也，余得接威容，髯如戟、腹如瓠，體如山立，兵行雷電，吒合風雲，神理鑠鑠稱王，□知□□□。余效春蠶吐絲而歌，白楊蕭蕭客且和，以紅羅書姓字，黃土盖英雄，余泪堪比萇弘血□。先將軍生於嘉靖四十五年十月初四日，卒於萬曆三十七年六月二十九日戌時，享年四十四歲，配副總兵潘忠女。男三，長岩，指揮僉事，配糸戎朱朝臣女，次巍，指揮應襲，次生哥，舍人，俱未聘。庚戌四月二十七日宿於城東北祖塋。

　　欽差整飭岢嵐等處兵備山西承宣布政使司右布政劉餘澤撰
　　欽差整飭大同左衛等處兵備山西承宣布政使司左布政樊東謨書
　　萬曆三十八年四月二十七日□旦立
　　男岩　巍　生哥　勒石

修葺右卫城工经管官碑

【简介】

明万历四十四年（1616）勒石。原镶嵌于右玉县城南城门洞墙上，现存右玉县博物馆碑廊内。碑青石质，长方形，高801、宽58、厚15厘米。四周边框阴刻缠枝纹，碑文楷体，35行，650字。

【碑文】

钦差整饬大同左衛等廳兵備山西　　承宣布政使副左布政使　韓
　　　　　　　　　　　　　　　　提刑按察司僉事　袁

钦差協守大同等廳地方副總兵都督僉事　　張
　　　　　　　　　　　　　　　　　　　　畢

大同府西路通判　李

钦差分守大同地方　中路地方右糸將都指揮僉事　閻
　　　　　　　　威遠帶管中路糸將事都指揮僉事　周

钦差分守大同中路地方右糸將都指揮僉事　　錢
　　　　　　　　　　　　　　　　　　　　許

　　　　　　　　　　崔承恩
守備右衛城地方指揮僉事　宋　偉
　　　　　　　　　　張可大

以上議呈
參院會
題脩葺右衛城工經管官於後

綜工委官　奇后營千總　于宗堯
　　　　　玉林衛正千户　李維忠

經收石灰紅土堡操守　葉世雄
經理錢糧右玉林衛掌印官　李濂　楊拌
買發石炭官二員
原任雲岡堡操守一員　馬應科　三屯堡老家營把總一員　朱富
管脱磚坯官二員
中路援兵管把總一員　孫継志　殘胡堡老家營把總一員　張桂
管收石炭官二員
右衛空閑指揮僉事一員　耿良才　玉林衛空閑正千户一員　劉國□
管燒灰鐵山堡老家營把總一員　張麟
管燒磚官一員
玉林衛鎮撫官一員　劉國珍　右衛城站官一員　李慈元
經管工器　右衛空閑正千户一名　林時雨　管打石條　冠帶官一員　樊崇恩
一調到中北西威遠三路脩工軍夫匠役共貳千四百貳拾貳名
中路□千五百九十四名
援兵營一百三十名　右衛城九十八名　右衛雜役三十名　玉林衛二十名
鉄山堡一百三十八名　紅土堡一百三十四名　黃土堡一百五名　牛心堡二百一十名
雲陽堡一百二十名　左衛城七十八名　三屯堡一百四十一名　破胡堡二百一十五名
馬堡九十五名　殘胡堡一十四名　殺胡堡四十六名　馬營堡六十名

北西路五百名

援兵營一百二名　破虜堡八十五名　滅虜堡一百六十四名　威虜堡三十名

雲西堡一百二名　雲岡堡一十七名

威遠路

援兵營五十九名　威遠城三十名　雲石堡七十名　威胡堡七十四名　威平堡五十七名　祁家河堡
二十八名

各行匠役一百二十九名

石匠八十名　泥匠三十名　窯匠一十六名　鉄匠一名　木匠十一名

萬曆四十四年六月吉日書識李翰輔

石匠　高双　王東湖

包修右卫城计开碑

【简介】

　　明万历四十四年（1616）勒石。原镶嵌于右玉县右卫城南城门洞墙上，现存右玉县博物馆碑廊内。碑青石质，长方形，长 164、宽 79、厚 16 厘米，四周线刻缠枝纹。

【碑文】

　　計開

　　包修右衛城城頂欄、馬□牆、肆門、甕城、馬道，原議動項，

　　都司官庫銀兩并節省数目及脩完工程丈尺開列於後：

　　一、原議領都司官庫

　　炭價、塩、菜銀貳千陸百叁拾肆兩叁錢壹分貳厘。

　　口糧米伍千捌百壹拾壹石玖斗叁升。

　　實用過炭價、塩、菜銀壹千柒百玖拾捌兩捌分貳厘。

　　口糧米叁錢肆百玖拾陸石肆斗肆升。

　　節省炭價、塩、菜銀捌百叁拾壹兩捌錢叁分，玉林衛掌印衙門經收，觧交都司官庫。

　　口糧米貳千叁百壹拾伍石肆斗玖升，跌扣廣足合作正支銷。

　　一、工所截扣迯、故軍士並匠役，幫糧截日，布花月銀，共銀玖拾肆兩捌錢叁分，本城守府衙門經收，觧交銀□官庫。

　　一、工所燒造熟磚積出燎炭煙煤，内除鐵石及工位補給地租各項領用過銀不開外，實变共銀玖拾玖兩捌錢壹分，内奉文給領吳家窰議修公館木植銀柒拾玖兩，零餘者亦交都司官庫。

　　脩完原議工程

　　城頂肆面周圍沿長壹千伍百陸拾捌丈柒尺，寬貳丈柒捌尺。肆門甕城頂長壹百捌拾肆丈，闊貳丈肆尺。護門貳屬，長貳拾玖丈捌尺。肆門接臺基叁拾叁丈柒尺，闊肆丈柒捌尺。

　　裏口攔馬小墙，長壹千陸百玖拾捌丈，高叁丈伍寸。

　　拆脩包砌完鼓肚城墙，長壹拾叁丈叁尺。

　　肆門甕城肆座，南門翅兩壁，共長壹百伍拾捌丈捌尺，俱高叁丈伍尺。

　　肆門馬道四屬，長貳拾貳丈，斜高叁丈伍尺。

　　增脩完工程

　　南北門右壁馬道貳屬，長壹拾陸丈柒尺，斜高叁丈伍尺。

　　東西北叁門馬道内，除原議丈尺外，增脩出大墙長壹拾丈，高叁丈伍尺。

　　鼓肚、敵臺大墙除原議丈尺外，增脩出大墙，長壹丈陸尺，亦與大墙相齊。

　　大城裏面添砌立水口柒屬。

　　肆門馬道下又砌照壁四堵，隨門并大門兩傍用磚實砌簡角，磚表明灰，蜈蚣墙長壹百貳拾伍丈。

　　北門外安砌大照壁壹堵，長肆丈捌尺，高貳丈。

　　一、留議動脩建沿城舖房肆拾玖座，存留。

　　炭價、塩、菜，銀壹拾壹兩肆钱玖分，見在玉林衛收貯。

　　在倉未支口粮：米貳拾壹石貳斗柒升，聽領变價抵償買炭應用。

"平集堡" 匾

【简介】

明万历四十六年(1618)勒石。现置于右玉县杀虎口平集堡南门上。匾红石质，高95、宽228厘米。

【匾文】

钦差整饬大同左衛等處兵備山西政使司右……

钦差協守大同地方副總兵都指揮僉……

平集堡

萬曆歲次戊午孟秋吉……

明诰封特进光禄大夫麻公暨配夫人沈氏合葬墓志铭

【简介】

　　明万历四十七年（1619）勒石。现存右玉县博物馆碑廊内。志长方形，高91、宽165、厚16厘米。为麻贵与原配夫人沈氏的墓志铭。

　　麻贵将军，一生战功卓著，北战蒙古、东驱女真、东征倭寇，明史有传，称"果毅骁捷"，与辽东李成梁并称"东李西麻"。家族为将众多，战于长城内外，保家卫国，堪称国之栋梁。

【志文】

　　明诰封特進光禄大夫麻公暨配夫人沈氏合葬墓誌銘

　　賜進士第資善大夫奉

　　敕经略兵部左侍郎前巡撫遼東等處地方贊理軍務都察院右副都御史中州楊鎬譔

　　賜進士第嘉議大夫奉敕整飭榆林等處兵備陝西布政使司右叅議兼按察司僉事雲中張爾基書篆

　　余奉天子命，撫巡三韓，共厥事者麻大將軍，一德和衷，稱善相屬。無何，將軍控辭。上嘉苦勞功高，乘傳入王門。余不佞，亦尋交初服、狎瀨盟鷗。丁巳春，公子若孫，宗、宣、岜、岌輩，走伻持訃以告，即祈一言，以誌幽堂片石，期垂不朽。余聞之驚悼，移時泣數行下於邑，天乎！胡折江臺一柱乎？余固恂愗不文，然知公大凡莫余若耶，忍鼎愛吾言，不爲莫逆者罄顛末。按狀：公諱貴，字崇秩，別號西泉。其祖政，未仕，父禄，官協守，僉贈一品，封昆玉者三：長錦、次富，季即將軍。伯氏官右都督，仲氏贈都督同知。嘉靖庚戌，匈奴以射雕萬騎，困恒陽旬餘，城中食盡，羅雀掘鼠，酷似睢陽狀。賴將軍父子兄弟倡義效死，傾困賑旅，以奮士氣。虜見堅守如石，齒指宵遁，孤城璧完。厥後將軍以擒斬虜級陞本衛揮使，備守赤城，再更東馬營，歷任宣府遊戎，叅新平、獨石二路事，所在多有斬獲、捍禦之功。惟獨石，雅號孤懸，偪近陵寢，外环黠虜，内集屬夷，其震奢撫處最爲不易。公當其任，内順外威，裕如也。尋遷宣鎮副帥，各處提旅勦殺有功。未幾，當衛者以得勝封王，大事欲籍彈壓，非將軍不可，竟移之雲塞協守。建節日左，覽頑首交壁款關，帖然無嘩，樞部議任寧夏都護，未果，綸音倏下，命總雲中兵柄，一任九載，封事二竣，振飭兵戎，繕葺圍壘，銅鐶宣寂，鐵騎塵清，咸公之力也。不虞，含沙影射之，楊翅月餘。銀夏劉哱，逆戈指天，敓城据堡，勾虜屠殺，大瀍彤庭西顧之憂，詔起將軍于田間，征勦叛逆，拜表輙行，至則同諸大帥進兵，有勁敵難挫者，當事即令公迎之。公慷慨遄遑，略無難色，惟是，將全難敓則敓之，海寶塔北門難堵則堵之。血戰张亮堡，血戰小塩池，血戰沙撑，血戰小沙井，皆以寡敵衆。屢建異功。恩廕至再飲。至之後，特擢延綏總鎮。當常樂堡與虜大戰，報捷，廕子；神木復與虜大戰，報捷，廕子。于此，下馬關對敵、葉家岔對敵、石沟驛対敵，斬獲无算，空幕南、泣陰山，不减古之虎頭猿臂者。累戰積勞，抱恙告歸。不三禩許，海上鯨横，倭警檄飛，聖念東注，承命提督水陸官兵，征討倭寇，拯援朝鮮。公統兵偕諸帥三路迎敵，惟清正乃倭營勁寇，公值其敵，血戰蔚山寨，躬冒矢石，擒斬數多，大勝清正，縛沈惟敬，禦行長，猶其末耶。倭平，振旅輶輶。加升右都督，廕子。聽推已而韓地缺出，朝議宿帥，共推穀公。俞旨，冉冉出五雲，遂建大將旗鼓于遼左。率兵鎮安堡，與虜大戰，毒逐至白雲山殺之，暴骨如莽。可可毋林敵遇大虜，公誓師奮勇，無不以一當百，竟獲奇捷。其大清、大冒、穆家堡三戰，宣足破呼韓之膽，褫老上之魄，此中之功，皆余目擊之，與有榮施焉。二三年來，彼中塵恬燧息，軍若民無不加額稱快，尸祝之者比比耶。斯時，公年七十有六，不欲效据換鞍顧眄態，上疏乞休。聖天子慰念勞臣，照總兵郭虎事例，欽賜馳驛，書錦榮歸。屈指平叛征倭及擒斬北虜五千六百餘名顆，捷報者五。以此月旦之，謂公勳拍汾陽肩，業高營平壘。伊曰：不然，若夫純孝爲心，友愛成性，周姻戚、惠子姓、敦交誼、尚早牧、恤孤獨，行衆便之途，施不報之德，載在家秉不俟。余喙生平尤不喜發人隱惡，自卑員届極品中，歷五十餘稔，官場中未嘗有片紙只字鋒端中人，漢大所以付全名完節以報之耶，奕世雲仍赫赫烜烜，更有昌者，公之食報寧有既哉？余聞易簣之日，目攝諸孤，一無他及，惟曰：爾叔侄弟兄，誓報國恩，沙場上捐軀

裹革我志耶！遂含。承宗等扰泪，循例撫其疆場戰扞實蹟上請。帝心惄焉，惋卹。旨俞造葬給祭，以酬金戈鐵馬之勞。配夫人沈氏，端懿淑慎，佐公内政，罔論洪纖恰合，肖付無一舛錯，女中之傑，問之翁姑堆婦，問之媦婭藏獲，雙合吻曰：賢德無兩人耶。以產中症，先公註冥籍。覬置哉！可爲千古之闔範，與公同沾御典。繼配武氏、景氏，俱先卒。今主中饋者張氏，理家鑿鑿有條，侍公之疾惟謹，属續時刺痛昏仆幾絕復甦，其襄公身後之事，皆其力也。將軍生於嘉靖十七年九月初八日，卒於萬曆四十四年十一月十三日，享壽七十有九。夫人生於嘉靖二十年正月十三日，卒於萬曆九年九月初九日，享年四十有一。丈夫子四，長承詔，娶李氏、曹氏，俱世宦女，任西夏路帥，終於王事；次承訓，娶協帥潘忠女，任薊東副將，卒於任；次承宗，娶總兵馬棟女，見任遼東高平遊擊；次承宣，娶援遼總兵馬林女，原任陝西孤山副總兵。女三，一適協帥張國將，一適糸將葉逢春，一適都閫唐國良。孫六，長㠺，娶糸將周易女，蚤世，繼娶庠生丁弘毅女，見任殺胡堡守備；次炭，娶遊擊沈應奎女，見任雲陽操守，承詔出；岩娶朱糸戎女，見任遼東開原副將；巍娶知州徐應麟女，本衛指揮，承訓出；崒尚幼，未室，承宗出；嵞娶糸戎趙雲龍女，承宣出。孫女五，一許指揮沈鯤，未娶蚤世，承詔出；承宗女二，尚幼未許，一適指揮使葉如蘭，一適應襲樊秉鉞，承宣出。曾孫二，長胤麟應襲，次應鳳，曾孫女一，俱㠺出。侄承恩，原任宣府總兵官、都督同知，富出；承勳，官南京左府都督，錦出；侄孫崑，原任遊擊，峃，原任守備，嵐，國學生，承勳出；崟原任遊擊，承恩出。詹于己未之二月十八日，軸將軍夫人柩合窆于龍泉崗之原。余敘其事而系之以銘。銘曰：

天挺義陽，紫電青霜。碧漢河鼓，金壇上將。東箴長鯨，西俘逆黨。北犁庭穴，斗南名彰。

帝鑒其赤，帥服其良。像繪麟閣，功揭旂當。楓宸寵渥，勒誥輝煌。封配廳胤，前榮後光。

生躋拯品，歿濡御殤。素形雖萎，丹心未亡。英風凜凜，萬劫垂芳。

萬曆己未仲春穀旦

承宗　承宣　孫㠺炭等泣血勒石

敕封骠骑将军摆公神道碑

【简介】

　　明万历年间（1573—1620）勒石。2023年7月出土。现存于右玉县右卫粮仓。碑青石质，圆首，长方形，高223、宽92、厚22厘米。额题"大明"2字，周围阴刻云气纹，四周阴刻缠枝纹。

　　据考证，摆赛将军是归顺大明的蒙古将领，一直在大同右卫任职，屡立战功，与解生、颇贵、杨登山号称宣（府）大（同）地区的"四大鞑将"，于万历二十五年（1597）以游击将军身份随备倭总兵官麻贵入朝抗击倭寇（随从还有右卫籍提督沈栋）。"打仗亲兄弟，上阵父子兵"，这些宣大勇士几经生死苦战，终于将侵略者赶出了朝鲜。可惜摆赛将军积劳积疾，感患痰火，于万历二十六年（1598）三月二十六日病逝于朝鲜（今韩国京畿道平泽市振威面）振威馆。归葬原籍右卫，旨赠"副总兵职衔，儿男升本所五千户，世袭"，并封"骠骑将军"。

【碑文】

　　勅封骠骑将军摆公神道

光禄大夫麻公墓志铭志盖

【简介】

　　明万历年间（1573—1620）勒石。现存右玉县博物馆碑廊内。志盖青石质，长方形，高84、宽91、厚7厘米。

　　麻承恩乃麻富子，号祁山，生于嘉靖年间，卒于万历年间，谥赠光禄大夫。此为麻承恩墓志盖。

【盖文】

　　大明诰封光禄大夫祁山麻公墓誌銘

谕祭赠大理寺卿忠愍碑

【简介】

明天启五年（1625）勒石。现存右玉县博物馆碑廊内。碑黑石质，圆首，长方形，长126、宽60、厚15厘米。额题"圣旨"2字，因破坏严重，漶漫不清。碑文楷体，9行，约950字。此碑为纪念为国殉节的何廷魁而立。何廷魁全家于天启二年殉节于辽阳任上，荣葬于右玉县牛心乡何家坟村。皇帝加赠大理寺卿，谥"忠愍"，特在北京、晋阳、威远三地建祠表彰。威远昭忠祠于天启五年八月二十六日建成。

诏祭赠大理寺卿忠愍碑

【碑文】

维天启二年岁次癸亥三月辛卯朔越二十八日戊午，皇帝遣□山西布政司参政汪元功谕祭赠大理寺卿，谥"忠愍"，原任辽海东宁道山东按察司副使兼布政司右参议何廷魁。曰：惟尔光嶽，炳灵乾坤，正气奋身，辽海壮志，可以吞胡虏血，戎行侠骨，常存裹革。招降纳叛，谁寔贻开门，延寇之端，士溃马夺。尔独劲与城俱没之志，临难不忘君父，誓一死以殉疆捐躯，及尔室家，矢三忠而报国，□肠□石，峻节如山。椎结毳幕之人，皆知叹息；鼠窜狼奔之辈，能无汗颜？烈丈夫□女丈夫，君垂千古。为人臣与为人妇，义萃一门，业经□麈，其伏以□。赐祠死所，更俞陈情之请，特祀生乡眷乃明灵，歆兹足数。

重修大同右卫城礼拜寺碑记

【简介】

明崇祯六年（1633）勒石。现存于右玉县右卫城清真寺院内。碑长方形，高138、宽63厘米。四周阴刻缠枝纹。

【碑文】

重修大同右衛城禮拜寺碑記

提督禦倭掛征虜征西鎮西將軍印左都督麻貴

鎮守昌宣延大總兵官右軍都督府都督同知麻承恩

協守薊鎮台頭營副總兵都指揮麻承訓

遼東□州副總兵管參將事指揮僉事麻承宗

協守陝西孤山地方副總兵都指揮同知麻承宣

遼東強兵營遊擊將軍指揮□□□

原任守備都指揮同知麻蓁　子麻承□　麻承□　大同右衛指揮僉事麻桓　弟麻太　子麻承錫　侄麻承獻　麻承文　原任殺胡堡守備大同右衛指揮□□

大同右衛都指揮麻同　子麻承仁　麻承義　麻承禮　麻承智　麻承信　麻承廉　麻承節　麻承愛　孫麻峻　麻畢

欽差都司管中路殺胡堡地方守備事大同前衛指揮同知李思孝　弟李思恩　原任掌印指揮僉事麻進忠　弟麻進國　子麻登科　麻登元　孫麻世用　麻世傑　重孫麻應□

欽依守備大同右衛城地方以都指揮體統行事署指揮僉事賈廷棟

大同右衛副千户麻經倫　子麻應麒　麻應川　麻應平　麻應德　孫麻汝林　麻汝桐　麻汝禎

大同長教麻守言　蕭真　蕭官　副□□馬現　會長□會　田登科　馬小江

大同右衛指揮同知馬臣

先輩長教　劉□□　李□□　馬仲□　陶相　趙仲仁

會長　馬良　陶禄　陶廷志　馬維仁　陶貴　麻承衆　陶廷恩　麻天福　麻承印　劉汝秀　麻承德　陶廷弼　張明　□汝相　麻承儒　麻嵩　陶廷德　馬繼□　麻承會　趙仲義　麻龍　張業　馬然　麻承□　麻承惠

現輩長教　劉君蒼　陶應□　馬松　馬柏

會長　麻應德　□景河　陶夏　馬聚寶　馬思月　劉一科　馬騰雲　張名仕　馬鳴儒　陶玉振　趙奇　馬雲　陶春　白寶　麻天受　楊宗學　麻登選　張平　趙世獸　殺玉　□□　陶玉成　麻嶂　馬槐　麻承義　張禄□　陶杏　馬志選　馬思明　馬橋　張國忠　劉君州　白養粹　張明俊　劉家選　馬棟　馬宇　麻進寶　陶應元　麻登峯　馬思才　趙世勳　陶科　麻俊　張國威　陶玉節　劉家詔　馬椿

崇禎六年歲次癸酉季秋吉旦立

重修城隍神庙碑

【简介】

明崇祯十年（1637）勒石。现存右玉县博物馆碑廊内。碑黑石质，圆首，长方形，高132、宽67、厚15厘米。碑面四周线刻水波云纹，额篆"重修"2字，碑文楷体，9行，约200字。

【碑文】

舊置城隍神廟，卜基東隅。正殿三楹，東西叒曹公署，左方丈，右雲厨，門樓一座。鎮坎向離，水環山拱，誠本堡第一形勝。緣年遂日久，棟宇傾頹，牆垣損壞，住持志□謀諸商耆馬見能、馮頂、□明孝、周登科、閻汝光、任自月等，起意弘修，捐金相助。肇自崇禎八年季春一日，告成於崇禎十年季夏。廟貌重鮮，輝煌非舊，由是觀之，寧特見龍輩屭，□照成寶，神力有所感召耳。仰知非神之靈，無以動人之誠，非人之誠，□感以徵神之靈，禮固然也。予謹抒鄙言，代傳不朽云。

嘗崇禎十年歲次丁丑丁未月吉旦立

西河布衣杜鴻春頓首撰文
漢中逸士寂顯耀頓首篆額
住持僧桐門作裱
法孫洪
西安　白水□　□□刊
黃石

重修东岳庙碑文序

【简介】

　　明崇祯十一年（1638）勒石。2023 年 7 月出土，现存放于右玉县右卫粮仓。碑青石质，圆额，长方形，高 100、宽 57、厚 12 厘米。碑阳额题"垂世碣"3 字，两边刻龙凤纹，四周线刻缠枝纹；碑阴额题"碑阴之记"4 字，两边线刻云气纹，四周线刻缠枝纹。

重修东岳庙碑文序

【碑文】

（碑阳）

　　重修東嶽廟碑文序

　　粤稽天地闢而兩儀生，山川社稷種種，各奠其位，故嵩岱衡恒華，分列五方之鉅鎮。況東嶽天齊仁聖，掌東方生氣，爲五嶽四瀆之首，豈容無祠□、豈容殘敗哉？昔創建于東郭門外，不必殫述，至景泰年間，遷移東郭甕城中，棟宇峻起，檐阿煥彩。豈不如跂斯翼，如矢斯棘，如鳥斯革，如翬斯飛。迨邇來，米珠薪桂，致令牌坊傾欹，山門頹圮，亦當今缺典□。守廟道人王陽禄群聚合會人等，復議重修，衆僉曰善。一時鳩工積材，牌坊增爲二空，山門倏爾改觀，丹堊輝煌，廟貌維新。其人力耶！其神功耶！詩曰：明明在下，赫赫在上。又曰：天監在下，要非神人共貫，曷克臻此？故不可不勒石以垂不朽云。

　　崇禎十一年歲次屠維攝提格姑洗　吉旦

　　廩膳庠生許承祚沐手丹書

　　欽差副總兵管大同右衛路參將事後軍都督

府都督同知焦埏
　　欽依守備大同右衛城地方以都指揮體統行事都指揮僉事賈應試
　　遼東標下買馬參將　王鳴喜
　　大同右玉林衛□指揮　馬化廊　周之湞
　　軍政指揮　李明行　聶起蛟　周世忠　趙允中
　　經歷鎮撫　嚴龍　金應高　張公畏　劉國忠
　　原任山東兗州府嶧縣告致知縣郡人　喬崙　暨子國學監生　喬日躋

（碑陰）
　　重修泰山廟各會善信芳諱開列于後
　　耆老　張宦　張武　□□□　楊崇恩
　　玉林衛左所官旗信官　王大用　喬登第　王汝聰　蘇夢武
　　馬思龍　董承惠　韓福通　寧□□　郝永富　范惟孝　喬日騰
　　本廟一會信官
　　喬應選　張武　范登科　蘇夢麒　陳登科　喬鷹元　喬廷璧
　　劉世爵　周道呂　吳世英　褚昺
　　本廟一會信士
　　王國恩　孫國俊　吉宗智　原文燦　原文通　喬鷹鳳　火應蛟
　　閆汝□　陳寅□
　　信官　胡来貢　張士範　李枝秀　張士符　楊日蓁
　　本廟一會信士
　　李友庫　靳成順　吉一豹　柴天賜　董希武　蔡友庫　洪雲騰　賀天禄　王瀚儒　寶福　吳良官
安吉　郝登選　朱□利　李思恩　史旺　王秉仁　丁世亨
　　殺胡堡客人　閆汝光同室人常氏　女閆氏　閆二姐
　　殺胡堡朝山會信士
　　李應賢　張一通　高會　宋家□　孟德節　田汝秀　李汝科
　　賈朝真　田奇珍　孟國珍　李友德　杜雄　趙九德　牛承庫
　　孟國玘　牛作龍　牛作奇　郝好智　左自奇　溫尚寬　任德新
　　溫養禎　宋克孝　梁一好　張世英　羅俊良　閆繼斗　李三畏
　　張一舜　張國寶　李一安　燕一興　馬廷元　馬現龍　張福志
　　尹明長　孟朝輝　李三友　張大儒　尹世雄　王應寧　郭正紀
　　宋□□　吳閾順　張應富　黃大亮　穆應魁　徐順　周登科
　　高登　任俊才　趙九旺　孫守信　石稍　亢福安　閆增福
　　靳永廉　靳登瀛　郭斗翼　田林
　　僧人　覺善　德賜
　　鐵匠　白璧　木匠　張秦德　張明
　　石匠　高雙　男高文科　高文夆
　　信女　賈門張氏　付門吳氏　鞏門崔氏　劉門崔氏　白門鞏氏　王門田氏　王門王氏　史門高氏
　　□□徐德拜膽
　　畫匠　段文德　安慶
　　焚修道會司住持　王陽禄　弟常陽裕　王陽初
　　三教廟焚修道人徒　薛來馨

修右卫城东北坊三官神庙碑记

【简介】

明崇祯十二年（1639）勒石。现存于右玉县右卫城，破损严重。碑体残高 133、宽 84 厘米。

【碑文】

脩右衛城東北坊三官神廟碑記

嘗謂創建易而守成難，亦難於鮮克有□□□□……心失人終□如……太祖高皇帝掃蕩胡元，統一區宇，三百年來，四□□平。自遼啟難，兵戎……國家事漸蕭索，概可知也。唯右衛忠義尚在，□□寧康，感民人誠□……三官廟規模邃奧，殿宇巍峨，且其中榆柳交□，同樹喬木秀色，倉……守若是哉，陡發願心，約同志千户白公官居士、李公日……喜行，喬公應元、董工維元放下諸緣，頓忘家務，夙夜□□□修……聖宇。於是兩廊告成，遂建道舍，丹堊輝煌，廟貌煥彩，非督理……檀施然，倡始如□，任勞如喬，其功德更有卓卓者乎。……天必從之賜福延齡，報如□應又何疑哉？時奴酋犯燕，掠至□□……

皇上憂之懇□上帝慈憫，救□赦宿世之罪業，解刀兵之苦厄，佑我上國……不孝，非禮非義，此與鮮克有終垂戒之說，殊無二旨，人□□……矣，難……神明乃致。祝頌曰：

慈悲教主三大聖，經傳人間號保命。福庇萬國九州中，惟□□……國大明□義邦□……三元呵護人按堵，烽銷煙息邊境靜。

龍飛崇禎十二年歲在單閼姑洗月之吉

右玉林衛儒學次……撰書

欽差副總兵管分守大同右衛路叅將事後軍都督府署右……

欽依守備右衛城地方以都指揮體統行事都指揮僉事賈應試

大同右衛掌印指揮僉事馬化麒　軍政巡捕李明行　經歷張公畏

玉林衛掌印指揮使周之禎洪雲路　鎮撫劉國忠

總鎮標下都司署大同右衛路叅將事康鎮邦

欽差分守副總兵管山西北樓等處地方叅將事都指揮使加偏頭……守□原任陝西鞏昌府通判周汝慧……

范鸣珂父母碑

【简介】

    明崇祯年间（1628—1644）勒石。现存于右玉县威远西。碑长方形，高195、宽77厘米。此碑为崇祯年间，时任直隶淮安府东河船政同知的范鸣珂为其父范思孝所立。范思孝曾任山东兖州府嶧阳县主簿。

【碑文】

    ……

    直隸淮安府東河船政同知范鳴珂

    誥命道

    奉天承□，皇帝制曰：士績學脈，官□□自，表究且伏巖川而不竟，厥□乃毋後克昌榮，名爲養此國家錫類之典，所欲顯揚而光大之也。爾原任山東兖州府磁陽縣主簿范思孝，乃直隸淮安府東河船政同知鳴珂之父，表儀黌序，孝友家庭，腹簡五經，蝌□辯□，□□□問，笈負千里，桃李滿秋，公之門翰，欲舉□登天飛不至而控地不□，枳棘岡憚，烽烟方期，製錦十同，乃□格□□徨然□爾不私藏，故子方治宦存已□鐵已□之思，亦惟爾不枉道，故子能守官負汝楫，汝霖□具。是用封爾□奉□大夫直隸淮安府同知，楊□蘭之龍光，永椿容於駱耇。制曰：誠封人之純孝也。君賜之食，歸以遺母，夫其所遺者，□君之淡耳，乃若列□庭□而獲，邀國華以進匕箸，其爲遺也侈矣。爾封孺人馬氏，乃直隸淮安府東河船政同知范鳴珂之母，勤儉克家，孝慈著閭，白華致養，嚴櫛縱以，奉高堂□案，脩清氣和美，□調中饋，早佐□而□誨子，忍解佩以九熊，日煖□城不愧，憑輿之樂，春浮萱徑，猶傳聰□之仁，是用加封爾爲宜人，遊承倫續之恩，益表河山之範。制誥。

    崇禎□年二月……日

    ……

曹总兵墓碑

【简介】

明崇祯年间（1628—1644）勒石。现存于右玉县元堡子镇南花园村北曹家坟。碑长方形，高225、宽99厘米。碑文漫漶不清。

当地村民称为曹总兵墓碑，从碑文中不能判断究竟是曹文诏墓，还是其侄曹变蛟或其弟曹文耀墓。三人都曾任总兵，与"闯军"血战，殉职于崇祯年间。但从文中叙述征战"东奴"事实来判断，应为曹变蛟墓碑。曹文诏与"闯军"战死于甘肃正宁，曹文耀与"闯军"战死于山西忻州，只有曹变蛟殉国于辽东地区。

【碑文】

……所□，安定之……知□軍□□軍……塞□募，偵□即□威極即霜，□□□噓即□雨風，□楹□□因是□□□，□□有□□佈□日□義者，□□□以也，昔漢□初，□味始定，□雄兢以膽□報□，而留侯良噲輩，益□甚究司習□門□，□□仲雀……名而□仲卿……其要平守節□康之□客，教化大行，上封爲□德侯而……是□，有忠義之臣，□所有□□之君，無拘文武俱加寵渥，方今南北交訌，文武各奮其志，□明年圖治安亦有如漢淮□□侯鄉第，□德□時值艱難驅除，□女□凡□内土宇□被躁躪。朝庭怒其叛逆，聽名焦勞，每欲求平常日，□□□六部□科則道幾日天年，棟棟多事矣，上夫命我爲生民主一民安，我安之一民□□危，我危之兹值危□之，□解奇□□，凡派□未常□□□在國門，每網天下奏見，有生齒腹流離載道之語，朕甚惘焉，此□天災□提回難□□力聯□政。自來□轉□□其流寇乃中國土著之人，驚贊至此，寧可任其恣縱，不爲殖滅者哉，至於東奴時叛時服，後□□東□□西遭腹患，然更□此□□斯，於清奴尤當出其大力靖我封疆，是以調餉征兵，起林泉之豪傑□□□，甲子興□□荷戈持賊，□監執□者北征西討，賊當上□校旗所□，有聞風波麻者，復有大將軍曹公以忠勇起自田間，匹馬赴遼□□東奴於鋒鏑之下，東奴□或再□一間曹公，師衆皆落膽。督撫知其名，□相攜重，迫受都督秩爵。仍□□□浚，公□愈……傷爲其勛，□總□中不期年□仍奉討賊，統問□□□必□□鈞豈斯耳，□□□□□封□□□□□，誠爲急用，果激切之，□拒□場進，□馬革裹屍也。□□□□□感公忠，褒封四代□聖焉，□□身□日□□命享榮，名□□□□榮施焉，夫人□□愛名至曹公□名盛矣，孰不愛榮至曹公而榮極矣，公備是極至之□名，滿□□錄□常□□，然唯□□公是務，由此生徽君惠殁，廣令聞寧有愧乎。余諸上時與公誼信霞孚恒，喜公之浩譽重□，大異尋常，及公功□□□□分舉之□生□公者，殊有合也，恐□公美，敬用是俚言，上以識明主，加惠功臣之恩，下以記功臣忠愛，朝庭之德。勒之於□，以□□□。

峕崇禎……

進士□四川副使□……時泰頓首拜撰

兵部……

山陝……百拜□□

敕封镇国将军范公讳恭墓碑

【简介】

　　明代勒石。现存右玉县博物馆碑廊内。碑青石质，圆首，长方形，碑体下部残缺，残高93、宽44、厚17厘米。周边雕刻缠枝花卉纹图案。碑文楷体。

【碑文】

　　敕封鎮國將軍范公諱恭□

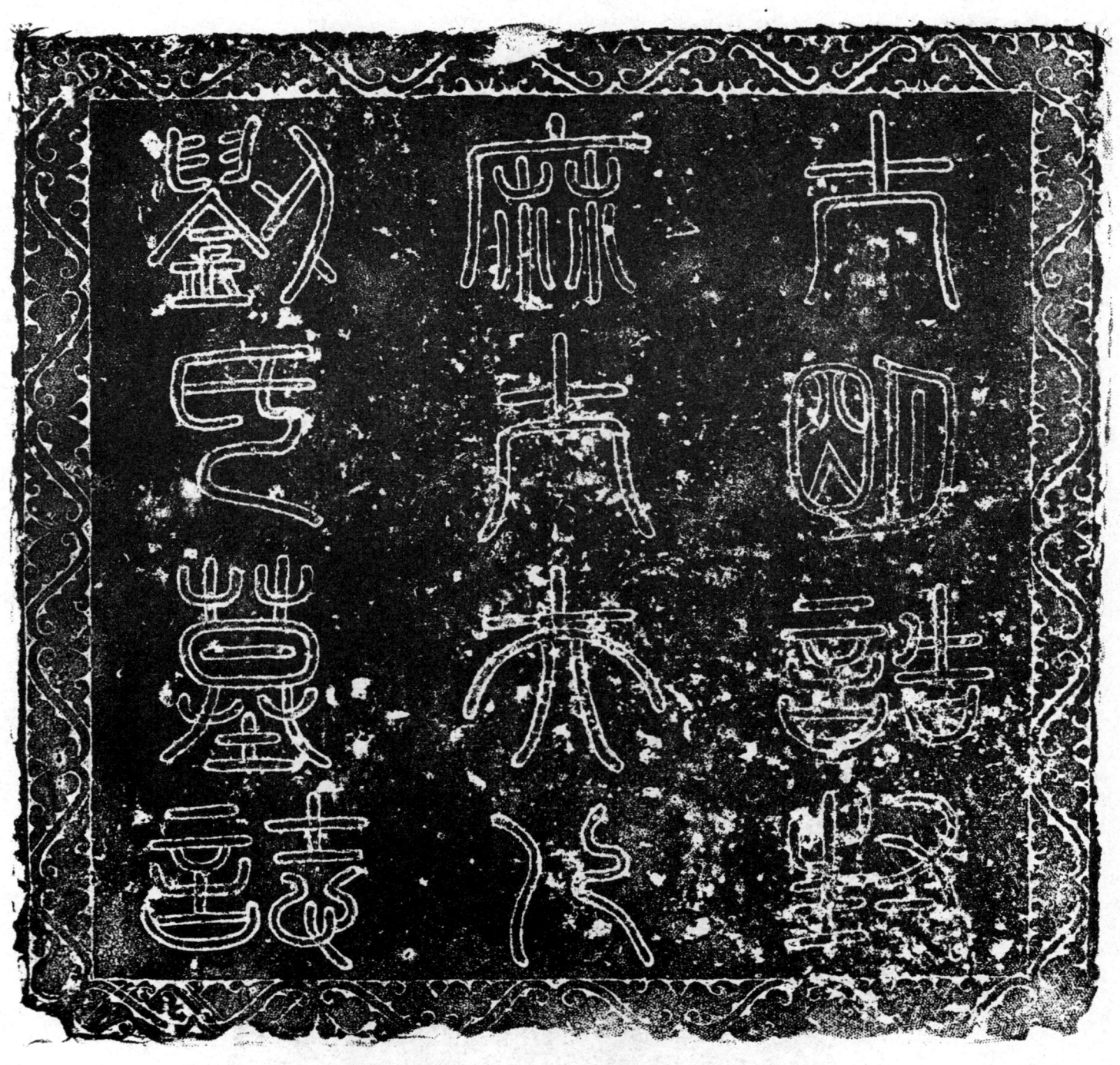

大明诰封麻太夫人刘氏墓志盖

【简介】

　　明代勒石。现存右玉县博物馆碑廊内。仅存志盖，青石质，正方形，边长60、厚10厘米。盖篆"大明诰封麻太夫人刘氏墓志"12字。

【盖文】

　　大明誥封麻太夫人劉氏墓誌

明辽东义州副总兵赠光禄大夫右都督似泉麻公墓志铭

【简介】

明代勒石，现存右玉县右卫镇袁家窑村。志青石质，近正方形，高88、宽90、厚10厘米。志文楷体，39行，约1900字。首题"明辽东义州副总兵赠光禄大夫右都督似泉麻公墓志铭"。志文主要记载了麻承宗（号似泉）的祖籍、成长过程、官职及生平事迹。麻承宗为麻贵幼子，由侄儿麻岢勒石。磨损严重，志文漶漫不清。

【志文】

明遼東義州副總兵贈光禄大夫右都督似泉麻公墓誌銘

嗚呼，此贈右都督麻公葬其於□所也。神廟時，奴發難東北，舉朝诗張，決□起親撫田間，經剿事復促之。□□已又诗張，起聽勘御史其愎且狡弗計也，找焉充庭，居則豎順歟孫，人盡文武，才蔭國家，高爵厚禄，一旦急即，舌禁頸縮委諸一二，草莽以國事嘗不□中國□人哉。余□□之納冠歸，歸亡何以□史勘者，且以經略勘矣，及河東陸沉又海诗張起勘之者，而任之夫其先經遼也，未大中奴西備勘然，其不中奴也，特奴未之來耳，豈其能真足制奴命哉，斯出關亡，何而且揖寇於關矣。屍是遼陽陷身殉者，經綏而下，尚可綏指，至是而國家素所托重興，素以身許國者，先鳥獸鼠爲民望求其暴骨沙場。□□二三歲□而副總兵，麻公諱承宗者，興馬余大壯之，惟不□親炙是恨越月餘，交石水張君以所爲，麻公壯示且書曰：此烈丈夫也，爲志不朽乎？□乎，丈夫而烈自不朽，胡余言俟錐然千古義氣，尚思憑而吊之而耳而目之者，又安能已於言。按狀公字繩武、號似泉，大將軍西泉公貴少子也。太夫人張感異，籃而生公。爲兒時，英朗不群，每畫地爲營陣，犬分群兒左右，□指揮如□□□成人。西泉公哂曰：是兒必光吾宗。甫十二，力□人射可徹紮，及弱冠，俶儻豪邁，多雀略。西泉公之擒劉孛、存朝鮮，計□不中、戰靡不克者，公力俱多也。己亥授指揮同知，辛丑以累陸新河□堡守備，堡當□□□五路於諸酋最點，時常出没爲邊境，患公□控以恩威而陰狙泰之，酋聽令無敢謹適言者，以攻從兄□及去。去□□□月而□河中□則信乎賢者之，有□於人國也。丙午起岢嵐守備，旋調水泉營，明□調新平，又明□，復中言□公曰：再□再下利胡仕爲□以升斗，故偏僂□折仰鼻息於人，人一言不當，即加□吾寧承膝下，□然於□□間哉，會□□十年不就朝廷□□，督臣不知所出有言。公能折虜者，起之不期□封事定，癸丑十月，起補遼東廣寧備禦，十二月遷杏山，申寅□力艮入□公□之，再最之運□瑩，再掩之，紅羅山俘□卡四級，紅羅山深在虜穴，漢師至者，不再見公搶斬，如振□然，虜咋指相戒，終公任無敢□□□，乙□乃蠻□高□□紅□司王家象，人畜無□，公□擊□三道溝□之，□還所擄，丙辰小歹青攻錦州□□銀戈望之，□雪□兵□□□公以百□□□□□師左射而右射，人□□易，最後兩驍騎橫矛遮公，再發盡壹載，其百虜近錦州圍解。是年十月，□正安□□□時□酉以□賞□大安，大安□□□□□□□□朝論沸然，欲歆而慮弗得公力，□其事陰陽翁國弄群□□□中賞不曾而□□□午奴陷撫順，徙公扼武扼兩河，要議非公不可。自□議定廟堂，月□功成。全□□□□□嚴旨經臣，心知其不可而未有以爭也。遼撫周公永春詢其策，公曰：奴謀三十年而□□，如方□之□□□□□□以五合六聚之衆，未見其可□而驕之□之，以計乃可以還周遷其□不省交三□□□□公合□下中軍兒所以策戰守者，靡不就公決之。廣寧府以無恐周以復去新□□□人□。公世將，將姿□□焉，每□□公，公固鮮也而□爲不知也者，而應之數如是出，公義州衆將，義州當虜所官無□去者，斯蓋欲□□□□□□□□□□，公以□獲兒八月乃蠻掠王大人屯□□以去，公追百里□□□□□□□□□□□□旌異之。十一月□□副總兵訶水結文武吏以病，請者踵相接，親□亦固爲公□，公曰：丈夫榮死□，死□猶□□□□□□□□□□，非不知□，顧不欲以倖生負□□，吾之□母、芳妻無告尚者，君不忘前好而惠顧之。□□□□□□□□□擊敵狗豕不食□，余壬□□月□書守午公□□□振武□，九日奴兵泛河，當是□□□分而三公□大將軍□，公□軍中軍鄉兵翼左右，二十日，□平下中將相視□□，公□左右曰：□吾□□□日也。□劍□□□□□無不一當十，賊屍相□□□□而□□□功以鄉兵及□戈□□□□□□受敵□□公死之。公□□□□□□□下稍稍書賊人前□公□□□而□□之□孫倒久之矢卡左右□□公以死，公□其指曰：去之□□不□□生矢，雖短兵可接也，□□殺數十人，以兵克敵近者，環萬□向之矢三集□□，公知其不支也。□□□□□□□□瘞其屍，時年四十有五，事□□□□□□□□□，□□間，贈右都督，廕子衛千戶，是後也。自己至申，轉戰三移時□出入者，再使非叛將效逆則奴□可□□□可□抵矣。□事……不偶指哉。公生戊寅十月二十四日，元配夫人馬氏，大將軍慎齋公棟女，公無子，夫人□□□□□□人者，□人復時爲露□卒無子，二女，不字。夫人痛不護其屍，具衣冠□□□於水泉山陽。嗟嗟□純大□□□□□□□行於生死，若至□晳也。□天下不幸有變，最宜死而多不能死介胄，固置死戰也，近亦步文□□□□□不死者，多即有死者亦□□同□□之經死□貴哉。公以死報國，折奴鋒，豈不烈烈丈夫哉？奴□□□□□□□□□□，朝廷方用人，謂命其能不苟生而死戰者，固麻公鳳之哉。是宜銘。銘曰：

　　衣冠何歸，歸於雲之。□□何苑，施於遼之。原魂何之，啟祐於後，緄□於前。英風□哉，光□□□。死而不死哉，無子有子□意。

　　賜進士第翰林院撿計下紹……
　　戶部廣西清吏司郎中郝洛□……
　　直隸真定府無極縣知縣王家象書
　　孝姪男麻岢勒石

创建慈真寺记

【简介】

明代勒石。现存于右玉县右卫镇南街路西。残高87、宽62厘米。这是慈真寺的始建碑。

据其他史料记载，慈真寺即是后来有名的白衣大寺，具体位置在右玉县右卫镇西街路北大礼堂西。白衣大寺因藏有黄华老人王庭筠的木刻"三真栋宇"真迹而闻名。此慈真寺是白衣大寺的前身，碑文中所提麻岂，是麻贵长子麻承诏之长子。

【碑文】

創建慈真寺記

夫慈真者，援引濟世慈航，返本還源，秘……則抱一守中，煉元養素，闡玄修覺迷入……慈真大士百億化身，聞聲救苦，衍世嗣息，慈……純陽呂祖，邯鄲一覺悟身，外之身煉結金丹……藥王韋真人起死回生，方術利濟無邊，真也……福賈公應迪等議起殿宇，爲邊城福……養引恬在此，依靈爽憑，保障安堵，恃……胡，麻君岂也，原任中軍則安君如石……神列穿廊，開角門，中豎神路坊，外則東西……顯然也。飛榭麟甍，丹垩絢彩，廟貌……塵氣，宛遊净化……遂……

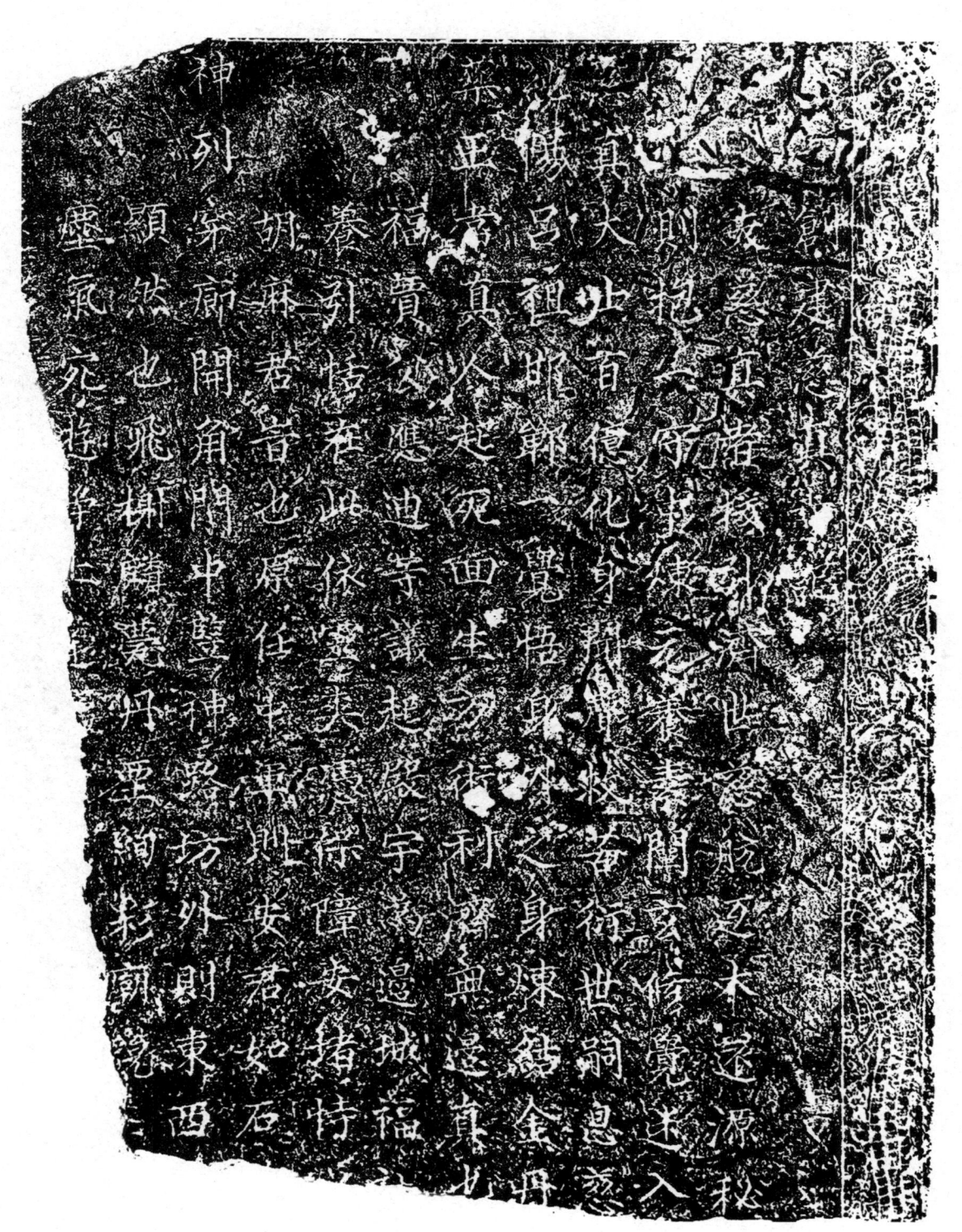

大南山碑记

三晋石刻大全·朔州市右玉县卷

【简介】

　　明代勒石。此碑原在右玉县大南山显明寺内，现存右玉县新城镇蔡家屯村村民院内，残高100、宽65厘米。碑面磨损严重，字迹漶漫不清。四周阴刻缠枝纹。

【碑文】

　　……记

　　……士西園翁蔣廷梁撰□記

之

　　……儒學生員蔣芹 書□丹

　　……移之□水木之聳然昂霄，盖由其根之固，喻之於水□之浩然赴海，盖由其□……□哉。易曰：積善餘慶，書曰：作善降祥，非此之謂歟。若將門子孫張□等，原系宣……□九年間，先祖鎮國將軍張公璽奉……今□□凜然，猶有生氣存焉，在鎮七年内，族姪張儀務□□□向因兵燹寄□……□□秋祭祀。迨今六十餘年，枝葉流派宣力奮臂，以圖讀報者有其人。農工商賈……□□年往還□間，皆忠厚誠篤人物由其根之固□之深也。嘉靖一十四年都統……□□□分鎮總兵張公璽之孫也，一門二將，盡忠四朝，誠千載難之逢罕見者。……孫錦述□□……□□聞□□大德之□，恤念枝派□淹湮於異鄉，邊塞人口衆多，守戀地土遷移……□□地□世迷大□門，苟不勒石以誌記姓名，則他日子孫必有建功立業者，向……□刻石以載德，以千百載而不磨焉。

晏子庙碑

【简介】

明代勒石。现存右玉县右卫城南门外。碑高135、宽73厘米。字迹磨损严重，可辨识者无几。

据碑文记载，此碑是为河神修建庙宇时而立，祭祀对象是晏子。创建年代大概是右卫城初建边卫时，准确年代应是辛巳年。

右卫城初建卫所时期的辛巳年分别是：建文三年（1401）、天顺五年（1461）以及正德十六年（1521）。应属明代早期庙宇。

【碑文】

衞西南隅，舊有晏子廟，其神□時滅材□都不可者……來自……之祠，蓋河神之一也，其廟建辛巳冬，固無□□，故□初建邊衛……□□聞，□其地賴□水施之，城南有□逐水……道窮……水衛壞民居及□所祀□堵無□全得故父老傳聞……□是神世□□□神廟□之□不盛□……大□□□□於民者皆祀之……籍者在衛……禮矣，邊地僅□連……特□大……□□□之□城地也……爲……也……美達以……寶……可畏也，□邊城也，西河地……不□未合□神……廟鳩……無……達不……期以□□□不……前夫□抵……益……

重修观音殿碑

【简介】

　　明代勒石。此碑原在右玉县威远堡,现存右玉县博物馆碑廊内。碑红石质,圆首,长方形,高86、宽53、厚12厘米。额篆"观音殿记"4字,四周阴刻花卉纹,磨损严重,字迹漶漫不清。文中尾部有"大明□□□□庚寅六月……"字样,明代庚寅年计有永乐八年(1410)、成化六年(1470)、嘉靖九年(1530)、万历十八年(1590)四个,究竟属哪一年,待考。

【碑文】

　　重脩觀音殿……

　　吏部□□選士……

　　威遠……觀音殿起於……原像置西察□□□□□□間□……□傾頹□□□□□僧了明發願同……□先茂□□□齋而段天林共子□□捨資財……復現黃□聖像,□添諸佛□衆,焕然一新,恍然……□□永濟北方,共露而善士之心者,與觀音而……□□余出威陽黌門,未學觀音,遺教忝與何□……□□惠遠揚北虜,欸貢二十餘□矣。凡我威陽人……退各得其行,此歸功於觀世音所降之福也。余聞□……之意也,其曰:世尊觀世音,觀彼世間音,然既謂之觀世……內心以出音,則善惡判矣。觀世音者,即以音之善者□……之百狹,不然何諸善衆皆家隆之肖,邪惡不道者,家□□□也……觀音根於心意,發於聲音者,湛然純一而齊,肅然警惕而戒,岬□……高皇聖訓,□□振鐸,□音上心,脩身之道,即此而在心經,觀自在之意……斯可爲世之完人,出之好音而不□之德,□與不磨之石而并□……

　　卓彼觀音,洞察世音。救苦救難,福音福深。

　　善人石子,□□□□。公己公人,□仰我身。

　　遠宗其遊,涅槃苦心。近守程訓,□□□□。

　　念之□□,一世完人。惟此□□,勒石於今。

　　僧徒□……

　　大明□□□□庚寅六月癸未望日乙酉鎮石土　求底經□施……

　　欽依守備大同威遠城地方以都指揮體統行□指揮同知……

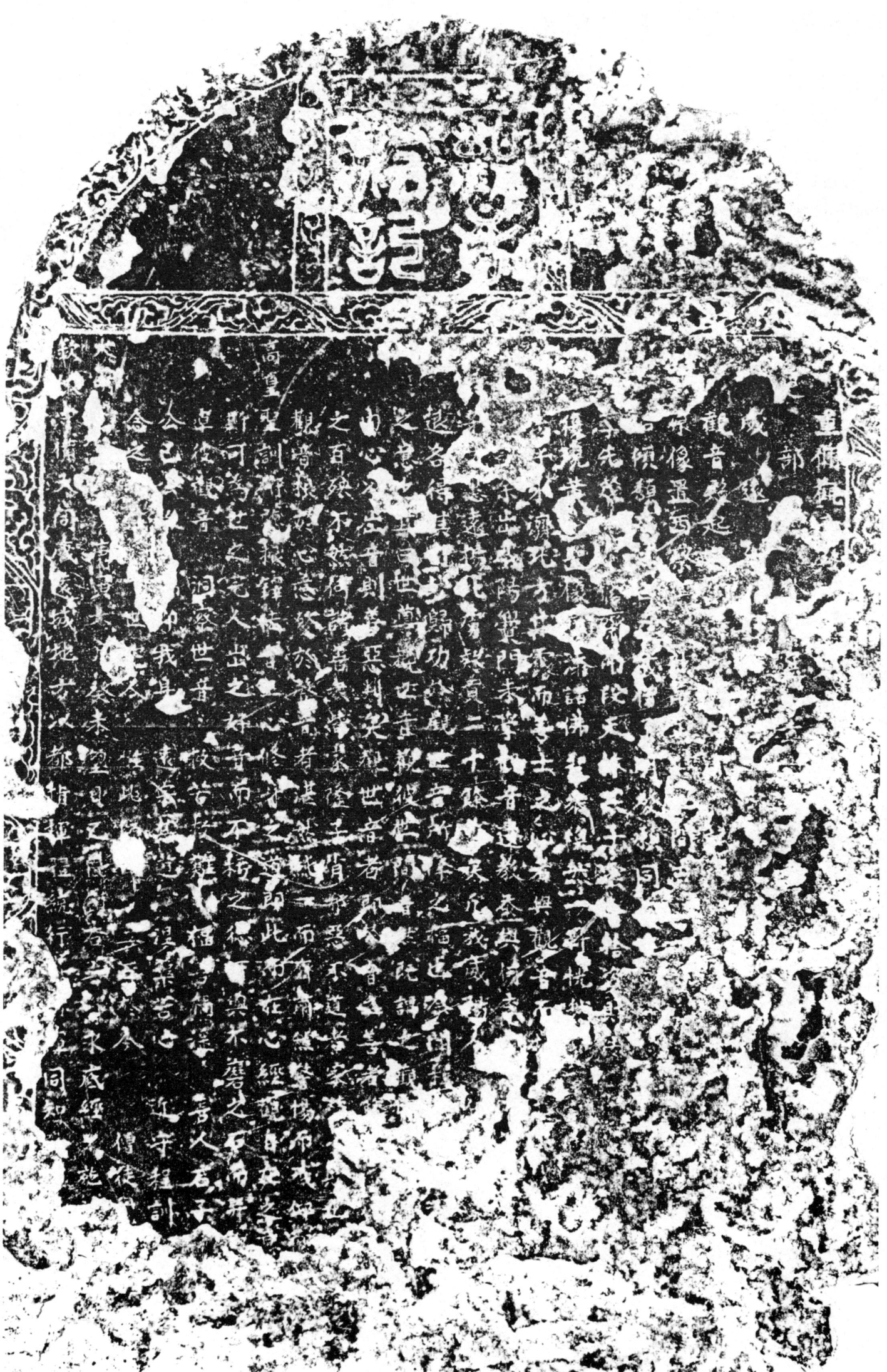

宝宁寺"毕在寺"柱础刻文

【简介】

明代勒石。现存右玉县宝宁寺前殿。黑灰色玄武岩质。下部75厘米见方，上部为圆宝鼎形，周围雕刻着莲花形花瓣，十分精美。在柱础圆弧下方，阴刻着一寸见方的行书"毕在寺"三个字。

2002年，山西省文管部门重修右卫城宝宁寺前大殿，拆除墙体露出柱础石时发现大殿前后两排正中四个柱础，其中两个柱础上刻有"毕在寺"三字。由此推断，宝宁寺曾名"毕在寺"。

【刻文】

毕在寺

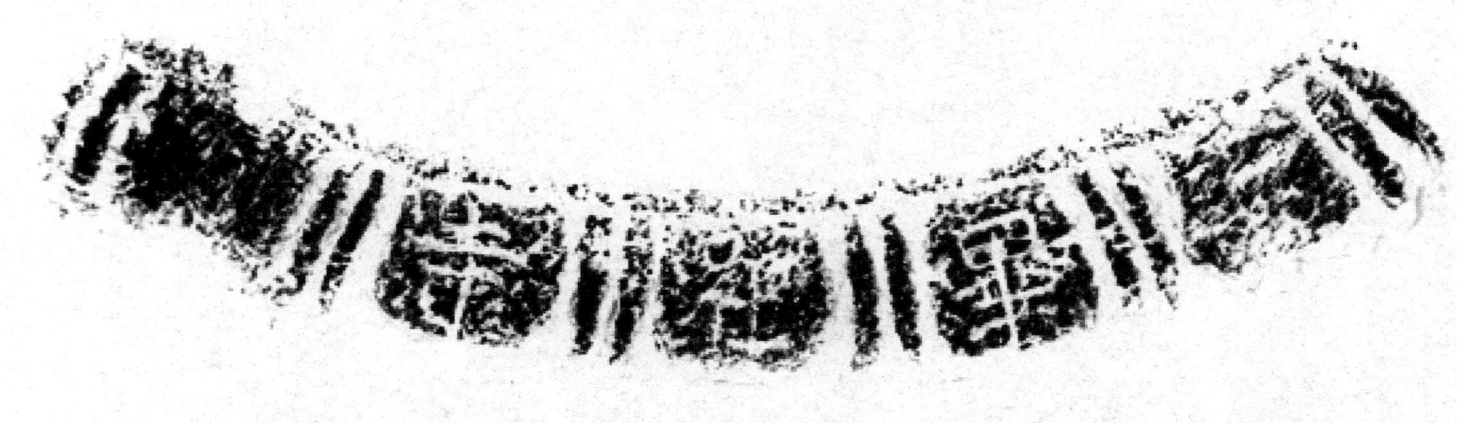

清

无名庙碑

【简介】

　　清顺治十六年（1659）勒石。此碑发现于右玉县右卫镇樊家窑村，残破不全，残高145、宽82厘米。从碑文中可以看出，早在明末清初，樊家窑已建有寺庙，并有道士居住。

【碑文】

　　……有修……步□躬稽救……峰……土……中……梓……息卦……之生……之……興善延……救……逾天暨……有耶聖……爻……順以庚□□鄉……吉……後之□□明□宜真守□□□□也□□記……原任山東□南□期宣真……三清頓首……晉分古定厥北結關風……沐□……用價買廟右廟眷贍□畦捌百□……

　　旹大清順治十六年歲次己亥仲夏吉日立

　　住持道士常仁□　門徒龐當靜　史當□　□當霖

重修教场沟大井碑志

【简介】

清康熙二年（1663）勒石，现存右玉县博物馆碑廊内。碑青石质，圆首，长方形，高160、宽66、厚18厘米。额题"碑志"2字。碑面四周雕刻富贵纹。碑文楷体，14行，满行30字。碑文磨损严重，文字漶漫不清。

【碑文】

重修教場溝大井碑誌

蓋天之立人……之□而後人得以進焉，人得以生而全乎，生生之□人得□□生而□乎，生生之□□知天之生人□人生生之所不能其枉也，天之生人豈□□哉，□生生之物□爲之□□□云民□水□生火活，則知水不可一□無者，故民有所淺用者，有院泉取者，二者之□則有握也，以求泉焉。此生生之物，天下□爲之，□□□□□焉。即知教場溝舊有大井一園，由來久矣，屢打修葺者，不□修□□□□。於今蒙李□□成貴、湯公□生□等□重修□之，□商□修井□□□□□□西井之□□破土興是□餘□臺二階則出土得以人爲□□□文閣湯□一□□出水人得行輪清方□□□而□祠湯流□□□昔日□□□□余易而爲石，先用石条□□，後開□石条磊成，其堅固更□並□□皆李公於□公體□□□之德與。夫所以生生之物斟酌裁成□用之者也。非敢言文，不過盲□其□□後之□子再前修井□□□有□□□事可成，功可立，不日兩結□□。是爲誌。

山西殺虎口協標右營守……薩諱凌□施銀伍兩

金城居士王羽逵敬撰　弟子李鏡薰沐書丹

經理人　□禹　楊生邑　□□□張逸枝　□□□　劉維□　陳禪校羅□銀　李有順　張□恒　□□成□□□　□□□　張□□　□□□□□□　□□順　王永昇

……李成

大清康熙二年…

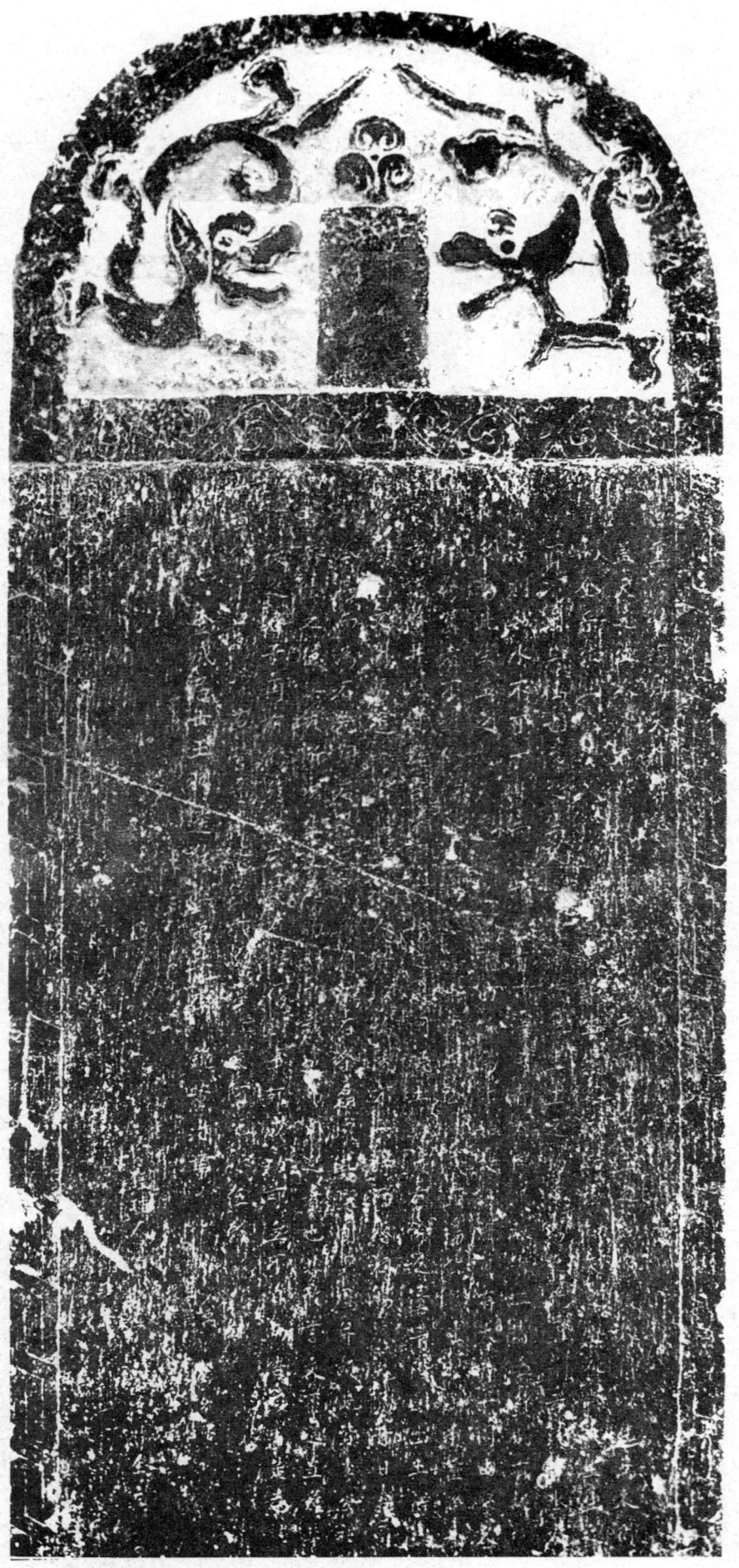

明奉政大夫瑞五郭公之墓

【简介】

清康熙二年（1663）勒石。现存右玉县博物馆碑廊内。碑青石质，圆首，长方形，高152、宽57、厚13厘米。额首线刻二龙戏珠纹，碑文隶书，3行，共22字。

据《朔平府志》记载："郭之麟，字瑞五，崇祯元年贡士，直隶崞县知县……后补陕西真宁知县……九江府同治，因变殉难。"此碑为瑞五之子郭传芳（字九芝）请傅山为其父题写。

傅山（1607—1684），初名鼎臣，字青竹，改字青主，又有浊翁、观化等别名。山西太原人。明末清初思想家、书法家、医学家。傅山先生书法工于行、草，此碑隶书极为珍贵。

【碑文】

康熙癸卯之秋
明奉政大夫瑞五郭公之墓
太原傅山题

关帝庙碑记

【简介】

　　清康熙六年（1667）勒石。现存右玉县博物馆碑廊内。青石质，残高85、宽96、厚13厘米。碑阳字迹漶漫不清，边缘有"……帝庙碑记"，及"康熙六年岁次强圉协洽蕤宾冀生上澣之穀旦立"字样，其余不详。碑阴为功德姓名，由此推断为关帝庙碑。

【碑文】

（碑阳）

　　……帝廟碑記

　　……

康熙六年歲次彊圉協洽蕤賓冀生上瀚之榖旦立

（碑阴）

鎮守江南京口沿江沿海等處地方右路水師總兵官都督僉事麻振揚

大同右衛城城守守備李士良　原宣府游……

大同右玉林衛掌印守備加一級□萬鍾　大同右玉林……

大同右玉林衛儒學教授□□趙昌期　庚子科舉……

大同平魯路殺虎堡守備鄭同祚　原任協營……

功德主總糾首　洪雲騰　室人張氏施銀五十兩　姪洪……

經理脩理建一會衆糾首　洪雲騰　史業隆　張士符　史秉懲　徐用極　□□……

一會信士　李友桂　化銀□兩五錢　張政　劉世澤　賈逢奇　□泰　史傳信　周崇文……

一會献戲信士　梁興　程継才　侯封　李文經　葉斯叢　段紘　相□……　周□　葉械　□泰　賈乃□　閆謨　周名衔……

本城施財衆信　柴映斗庠廩　殷士敏庠生　馬翼鯤　周鳴才　張弘道　白玫　劉□捷……

北京順天府大興縣東城六里屯信官許孟夏　施銀十兩　梁世禄　梁世荣　梁世貴……

殺虎堡客商梁三多施銀三兩　逮海　王信　閔進禄　高福寬　□佶　任連　林束　馮期魁　大耳克　以上各施銀三錢

高山城信士趙翰卿

大同平魯路右衛城守備葉鼎發

寶寧寺僧會司住持如禧　城隍廟道士苗來興

大同右玉林衛道會司焚脩住持　王陽初　徒子馬來潤　胡來琚

助工　姪王玉　王珏　張成陰

重修宝宁寺碑记

【简介】

清康熙十一年（1672）勒石。现存右玉县博物馆碑廊内。碑青石质，长方形，残高70、宽75、厚13厘米。四周雕刻缠枝连理纹，碑文楷书，22行。文中记述了"宝宁寺"名称的由来及"天地冥阳水陆圣众"（水陆画）均由太监韦（正）公请敕，在成化初年由皇宫赐予右玉之地。

【碑文】

大同右玉林衛，古雲州恒陽郡也。東衢有寺謂"勅賜寳寧寺"。抑考其由，則自太監韋公之重建始當□……力爲鼎新之，因請於朝，而以靈異果報屢驗者，上聞，故勅賜其額曰"寳寧禅寺"，並賜"天地冥陽水陸聖衆"一堂，蛟龍袈裟一襲，永爲鎮……無飄飄扤捏之慮，吾民保守鄉里無流離烽燧……成於天順庚辰，後殿重建則弘治之己未歲，於……圮屋摧，且後殿兩配廢爲垝墟，土木無存，聖像……文璨者，而火公慨然以總理修繕爲己任，韋信……盧一龍、孫烺、吕長頭、任德等若而人，歲帶布施……先後殿、次兩廊，以及正殿、過殿、山門、牌房，週……雲騰者，於□□兩配亦有勤勞焉。自是金身……哉。火公之功殆不在韋公下，而頌火公之功……人知碑銘其贅事也。予曰：不然，前人者、後人……予因爲之記。

　　旹康熙拾壹年歲在玄黓困敦蕤賓月上澣□

　　大同右玉林衛……

　　總理修繕出入錢粮大功德主信官火文□……

　　催理錢粮功德糾首信……

　　勅賜寳寧寺禮部僧會司住持如禧　如興　暨……

增修混元峰石岩记

【简介】

清康熙三十二年（1963）勒石。现存右玉县博物馆碑廊内。碑黄石质，圆首，长方形，高185、宽82、厚13厘米。额篆"碑记"2字，额下边框线刻凤凰纹，四周线刻龙纹。碑文行草，约420字。碑阴额篆"碑阴"2字，碑文楷体，刻善舍捐赠者名单。

【碑文】

（碑阳）

增修混元峯石岩记

山抱天地爲最壽，然平蕪荒寂，過者不問，而層岩磊落者，稱爲愛之者。又岩因为屋，壯以臺榭，棲以神靈，而山於是乎倍盛，故天工人力常相为藉。樊家窑之山水奇矣，高峰壁立，泉瀉其下，中有餘地，而廟殿建焉。廟去下數丈，悉級而上，有山門、有過殿、有左右配、有道院，院後西去小徑，即石壁下也，而閣其中，舊有木梯，上下皆護以門檻，登其上者，率皆股栗，不能久留。有以朽敗破碎幾瘠。此觀居士史公繼秉，揮霍人也，雅愛山水，時飲于斯，見之不勝愴然。乃謀於住持道人寗守肇，曰："安得以石易，俾後世無至此乎。"道人發心曰："誠得公一引以弁之，願執跪以募。"由是，因石于山，因工以財，因財以人，悉捐。敗岩砌以石，壁旁有石級，寬平可躋，使登者不厭其險，而觀者不覺其高，而已置身百尺頂矣。自有此山，未有此功，豈云莫壽于山、莫久於石之意欤！自兹以往，蓋有風雨所不得而飄飄，時日所不得而敗壞者，皆寗守中之力也。工既竣，

走以白之余，余嘉其勤趨華事而垂功久遠也，因記其功之顛末云。至於境地之勝、廟宇之巍，則他碑詳之矣，亦烏容贅。

大同右衛舉人賈維成薰沐撰

康熙三十二年歲次丁丑十月上浣之吉

住持道人　張守素　常守中　寧守肇　蘇守愷　康守性　徒黃太仲　田太洗　任太應　高太賓　田太射

（碑陰）

欽差督理殺虎口稅務多善施銀壹兩

欽差協理殺虎口稅務邁密達施銀壹兩

欽依山西殺虎口協鎮營游擊守官中軍守備事邊永祺施銀乙兩

吏部候選教授王蓋臣施銀拾兩

信士武安威　男武登　施銀拾貳兩

黃終超化銀伍兩

李智施銀肆兩

王縉　男照　善銀肆兩

任世國　馮世秀　賈允　以上各施銀三兩

黃奠中　施銀貳兩陸錢

林成茂　任寅亮　以上各施銀貳兩

劉世昌　郝司良　任威　宋友　張琦　來珪□　白言宅　哈立鳴　徐輅　克什兒　陳古录以上各施銀壹兩二錢

田世堂　白言大　花狗　來喜子　張三元　張三□　常孝　韓廷諫　姜昌周　出重哈罵　以上各施銀乙兩

劉應奇　賈俊仕　孫起鵬　李庫　劉承福李梧　張鳳翔　魏之英　盧譽　史廉　楊之龍　黃元□　革承禧　魏時忠　任賢輔

張映奎　刘承□　樊光彩　張弘德　王直　任玉　張珍　郝明貴　劉金梁　男秉鈞　秉鉞　秉鋭　以上各施銀壹兩□錢

閆聰　何通　張鵬德　藺璋　以上各施銀捌錢

武明玉　高喜連　李華　許應星　曹東公　許達　郭祥麟　何映斗　孟朝鼎　任禄　王烈　任乾　任儀華　張師裔　李大然　曹俊　和世科　李光先　王志義　郝冀經　劉喜元　沈濬　任儀富　靳相　馮世明　王之禎　張之郁　許有印　張恒隆　趙釧　刘忠　陳寶　趙鳳祥　冀天中　侯世興　馬明成　王世林　温秉仁　田一□　張文錦　李新教　趙荣　張秉忠　趙祥吾　田有良　張琮　曹文燦　□達　武寬七　□老藏　思門克　趙禄　亘□計　蓋力麻　紅近　靳永孝　姚□謀　以上各施銀陆錢

石琳　田福　梁国宝　閆羨　王璋　任一美　夏的恩　超而兒　我都哄　克速二　耿布色哈　班定　和尚　韓栓住　我□而色令　保定　長木速　付哈扣　古录甲　丘岫　王才　李成翠　李成貴　龐登金　龐振□　以上各施艮三錢

徐連　劉崔奇　孫太群　張养貞　殷汝奇　了頭子　郝名元　郝茂　李大位　李進永　钮天真　張輝　铁各思　毛克　袄金代　張烈　張偉　張俊　齊國鼎　齊國玺　齊国珍　齊国昌　以上各施艮二錢

把汗□　朝克兒　張好而　白烟大　而吉兒　殷明　梁国秘　李大内　盧廷佐　武舉　藺完畢　藺珍　許廒　孟朝鼎　王庫　靳国孝　高元　吕寧　吴世福　宗進祥　劉朝輪　逯永楫　李云慶　馬良　武继文　刘德玉　朝汗□　生都　白烟克　速而才　门克木　刀而吉　克賴　史鸞　克而　五速炁　胡录什　鎖喇班定　沙克　王德　任貴　那司襄　齊國柱　張保　李印宰

施碑信士鄭淑僑　李门任氏　信士温门陳氏施銀貳両

郝门常氏施銀壹両二錢　姜门武氏施銀壹両

韓门華氏　常门安氏　宋门趙氏　張门孔氏　贾门許氏　以上各施艮五錢

傭工常忠　許指發　刘保　崔三林　寧其三　刘貴　武自者　郭孝　陳福　闫之未　闫之華　梁惠　李国俊

石匠　張宗義　陳有金　劉炳

木匠　高倉

修河神庙河桥题词

【简介】

清康熙四十一年（1702）勒石，现存右玉县博物馆碑廊内。碑黑石质，圆首，长方形，高103、宽52、厚16厘米，额题"碑记"2字。

【碑文】

脩河神廟河橋題詞

衛之大河在南門外里許，西流過城闕，歷西門北出河口，歸于塞外之黑河。雖無泛溢衝突之害，然暴雨驟至，群山俯視，波濤洶湧，勢若江潮。最可慮者，春則河水流澌，秋則凍合未堅，水寒徹骨，冰裂人肌，南鄉百村啼飢號寒之民，寒裳涉水，其何以堪。往者設有木橋，下豎以柱，上施之板，夏則置之河下。自大兵來鎮，四方遊食之民，日益衆多，板遂不能存焉。兼之河渠無定，人難爲力。邑之善士馮公順通，慨然出囊金二十爲倡，而鑲黄旗林公又出金五兩，以廟之會首孫公延與、張公成龍、問政三人，又叩之于衆，得四十餘金。即于高敞處建河伯神廟，盡以神貌，飾以金碧，奉以香火，祭以牲醴，視其神取憑依，俾河宜于橋，橋宜于河也。橋亦闊于舊，匪但通徒且容騎也。工既竣，孫公請余記之石，以告後人。

邑人丙子孝廉賈維城撰

右衛儒學增生王鐸書

玉林衛前所二百户善信馮順通施銀二十兩　石碑壹座　暨侄馮科　馮舉　馮才　共施銀一両四錢

鑲黄旗善信林寶施銀五両

經理會首孫延生施艮七錢　張成龍施艮一兩二錢　張問政施艮七錢　閆德馨施艮七錢　張春施艮五錢　張龍

闔會　尹先春　劉進才　車玉　趙滿有　張應舉　王永　張守活　陸有金　韓進禄　吉朝官　張龍圖　王士達　段全　李天成　李有禄　張文官　王國印　范滿貴　孫光宗　陳宝　魏國臣　魏國良　高選　陸景訓　周元臣　甯的倉　穆三槐　吉朝甯　秦殿　方□　王成明　郭希泰　喬興　喬志興　景光明　馬忠　馬永良　馬永俊　李禄　樊金

峕康熙四十一□□□□午菊月中浣之吉

住持僧寂　閎

重修井泉庙石志

【简介】

清康熙四十三年（1704）勒石。现存右玉县博物馆碑廊内。碑青石质，长方形，长63、高60、厚10厘米。碑文楷体，25行，满行25字，约340字。碑体四周雕刻缠枝花卉纹，磨损严重，大部分文字漶漫不清。

【碑文】

重脩井泉廟石誌

夫廟顔之制，所謂棲神者也，非廟何以祀神，非神弗能保障斯廟之。設已經年遠日深，不□瓦礫顛欹，基地坦塌。兹有羽人張守素者，來此焚祝，任其修葺，奔馳募□於庚辰之歲，興工落成於壬午之秋。果院宇清輝，金碧耀目，美煥美輪，神人均悦之。乃諸公之美善以彰捐竭之誌爾。

勸善門衆常守中薰沐拜書

大清康熙四十三年甲申秋之吉

住持張守素　徒高太鍾　楊太標

欽差殺虎口兼右衛稅務事阿□

欽差監理殺虎口稅務筆帖式關□

山西殺虎口協標營守備道閣隨任侄庠生閔思敬

協標右營把總□司帥有功

捐募信氏開列於後

張映金施銀叄兩

王缙　張映奎　王直　高尚才　張弘德　張守中　劉際昌　相生賢　魏之徵　王浩　黃光登　劉□奇　李庫　王正龍　王岫　胡運昌　張珍　邵明貴　閔瘦云　孫起鵬　賈俊士　何逍　車旺　沈騰　溫□仁　王建□　王錫　韓加良　□□軒　賈進忠　靳相　王仁洪　程玉　許璽印　瞿華　郝明良　馮忠明　任儀萬　任祿　王烈　姚基　李光先　劉生光　侯國慶　孫起奇　郭祥□　王志奇　王貴　姚明　閔□徑　胡喜元　張文錦　王之柏　矢文光　孟明照　呂云茇　李恒昌　曹英　都賓往　李有林　陳有　孔家　馬明亮　王棟　張上□　刘江　吉應丁　孫世忠　樊天艮　趙廷勳　潘□□　薛漣　蘭琇　馬元憼　聞福　孔大明　張明德　李如蘭　趙鼎吉　蘭守徑　張自依　杨茂　賈俊傑　王世貴　張映□　孫澤祥　張琮　趙惠　張進祥　胡重新　郭興□　武安图　曹大郁　靳□祥　李永昌　趙澤　高尚福　馮續從　□飛龍　張映斗　□徑元　李明　李珍　王允祚　□□巾　任良貞　楊玉成　黃秀生　任一德　王正国　陸大海　甄寬　任寅□　□有合　閆国璽　趙棟　梁耀　靳光鼎　宋国□　全印　趙合永　任振國　徐璉　任毓天　李進禄　王天禄　張找志　□文成　吳永興　郭樞

仁爱同贾去思碑

【简介】

　　清康熙四十四年（1705）勒石。原在右玉县杀虎口平集堡墙外，现存右玉县博物馆碑廊内。碑青石质，龙首，长方形，高160、宽69、厚18厘米。碑面四周雕刻祥云纹，碑文前段与后段为竖向楷体四字句，表述主人功德。中段碑文竖向线刻楷体主人官职姓氏。碑阴为商行及姓名。

　　此碑是杀虎口商界为税务监督署官员硕色、塞和礼颂德碑，相当于现今之赠送锦旗。

【碑文】

（碑阳）

　　欽差督理殺虎口右衛黄甫河保等處稅務鑲黄旗刑部郎中碩老爺諱色

　　協理杀虎口兼右衛等處稅務正白旗筆帖式塞老爺諱和禮　　仁愛同賈去思碑

　　大清康熙四十四年歲次乙酉麥秋之吉

　　福曜邊土，循良膺澃。職司國儲，秉心公直。

　　慎用薄斂，通商孔急。間有俯仰，饑渴如歷。

　　□利與行，祛弊務訖。銀錢便民，出納中式。

　　啟我樂口，惠澤何悉。願傳萬載，誌石留跡。

　　沐恩大□□行全叩立

（碑阴）

　　大行

　　□文玉　劉運昌　溫秉仁　傅之宗　何過　孫起鵬　賈俊士　胡新元　魏之徽　里生賢　高尚才　張弘德　任□威　王錫　□萬吉　劉應奇　□□　□正龍　□岫　□旺　李華　龐□

　　雜貨行

　　高而位　朱如錦　馬應彪　郝翼經　郭祥麟　李恒昌　孫起貴　姚創基　任義富　劉生光　張映奎　許有印　□天良　周夢□　郝司讓　任貴　王志奇　□□□　閻福　王通　張□　王国庵　吉應才　王烈　張兴隆　周斗亮　趙光發　王貴　吳萬倉　宋继殷　溫秉傑　張雲漢　馬維潘　吳永明　宋光有　王棟　靳光鼎　李光先　楊茂　靳相　曹英　陳寶孔秀　□鏨　□義　蔡達　溫讓

　　錢行

　　孫元政　馬應麒　傅金玉　劉江　王永□　李雲慶　張文蘭　王應夆　張正明　杨世卿　王鼎　安自重　馬明昇　任景秀　宋庫　尹魁元　段光明　趙昇　崔積

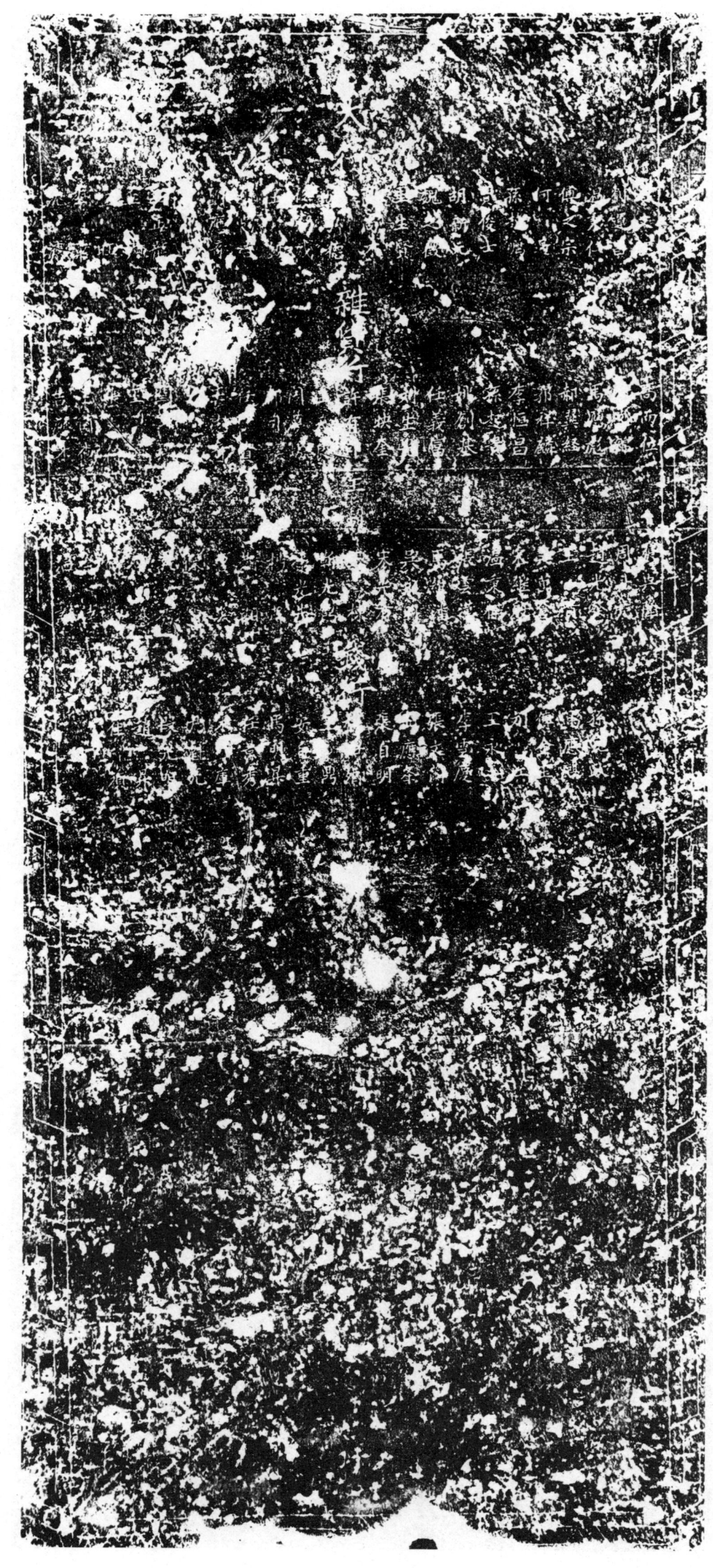

重修关帝庙廊庑记

【简介】

　　清康熙四十七年（1708）勒石。现存右玉县博物馆碑廊内。碑黑石质，长方形，额首不存，高156、宽87、厚18厘米。碑面四周雕刻祥云纹。碑文楷体，17行，550字。大部分碑文漶漫不清。

【碑文】

　　重脩關帝廟廊廡記

　　恒城中關帝祠約有數處。葢以神威浩蕩，能福佑中外，使邊塞有鞏固之体，更以崇配之祠倍廣。而南倉街關帝行宮創建在先，其廟貌屢經脩繕，前人誌之詳矣，無容贅叙，东西兩廟建有條□供……帝君一生事蹟。自乙丑重脩粧飾，金碧輝煌，神彩赫奕，俾瞻□其下者，一見而即皆之曰：若者为桃園之義；若者为佐漢之功；若者爲秉燭達旦之行；若者为鎮守荊州之略。其磊磊落落表□古今者，不然在目。雖君之神如日月在天，無微不照，不專以區區繪圖布傅，乃凡夫則見像而起蕭恭之心，是神明之事功在睹，即斯人之敬心無□。自人□駐防以來，各師遂連來右衛，將官粮寄放本廟，不數月而碩鼠穿壁，風雨摧垣。迨粮米移去，而輝煌者消磨，赫奕者剥□矣。□北廟祝敦请各會社首，募化重脩，凡本土一未俱焉，于十方檀那同首事，諸君捐資效力不可□□，故其工費不三月而告成，神明之默佑亦諸君齊心協力所致也。是以勒諸瓅珉以誌其盛，俾後之君子有以感蒙而興焉。

　　　　康熙歲次戊子五月上浣榖旦

　　　　大同西路府同知加三级邁密達施銀壹兩

　　　　大同平魯路右衛城守守府王寵□

　　　　世襲拜他喇布□哈□大同右玉衛掌印

　　　　右玉衛壬午科會试舉人鄭祖僑謹撰

　　　　大同府渾源州廩膳生員田加□書丹

　　　　總理督工會首　張龍　張鳳翼

　　　　經理錢粮會首　甄雅 汾阳縣人

　　　　催督錢粮會首

　　　　劉漢元 介休縣人　馬普雲 祁縣人　劉有本 太平縣人　陸宗魁□□□　南英　王奇德 介休縣人　許宗偉 祁縣人
王順 祁縣人　周現龍 祁縣人　高山碧□□□　殷泰□□□　侯昇　周多士□□□　田大道 介休縣人　董貴杰 祁縣人
侯喜□□□

重修城隍庙碑记

【简介】
　　清康熙四十九年（1710）勒石。现存右玉县博物馆碑廊内。碑黑石质，圆首，长方形，高160、宽71、厚18厘米。额篆"碑记"2字，碑面四周线刻二龙戏珠纹。碑文楷体，19行，共660字。

【碑文】

　　重脩城隍廟碑記

　　殺虎爲雲西邊塞，即古兔毛河舊地。風尚剛勁而人多好善，其間寺宇堂舍有損裂摧剥者，□□朽腐而振翬飛。僉曰：此方之神靈所威也，抑非人心之好善不至此。如本境城隍之神位正，冥府有地方之責，有民牧之司。善則必彰，惡則必癉。其顯應特此方者，悉昭然於人之目，但未審廟之創於何時，而重修者，始於康熙三年，迄今四十五秋矣，奈風雨日患，廢瓦□□□塵封。有住持僧名恒寶者，朝夕切切，矢願修整。其如歲屢不登，生意蕭條，何兹庚寅歲次雨□□事聿興，且喜曰：有年固可卜也，興廢降墜之時，不在是哉。因出素積衣鉢之金二十兩，□□□光求檀那協理經營之，故幸有大行總領高尚才、魏晉翰，雜貨行總領周夢□、許有印□□□□盡皆首肯，不計多寡，各視其力，互相勸輸。卜日庀材營工，若殿、若宇、若堂、若廡木，若石者、陶者□丹堊而黰者，百廢咸集，可仍仍之，否則易之甚者，徹而增之，心一力勝，不日告竣。廟貌復新，□像□煌，輪奐壯麗，俾人之朔望瞻拜者，益相肅然起敬，孰不曰神之靈感克致耳？然非此方之風俗人之好善，必無以感神之靈而佐恒寶之志以成其事。猗歟休哉！一時之盛□，且百年之善果也。因□余以誌之。予亦僅錄其興廢之由以告來者，並以誌恒寶之志之無窮，是爲記。

　　　　大清康熙四十九年歲次庚寅□春穀旦立
　　　　丙寅拔貢生候銓教諭劉秉鉞薰沐撰並書
　　　　協鎮山西殺虎口等處地方兼轄鴈門等關副總兵趙坤供銀陸兩
　　　　欽差督理殺虎口右衛黄甫川河保營稅務吏部主事加六級巴合塔供銀陸兩
　　　　欽差協理殺虎右衛黄甫川河保營稅務工科筆帖式門阿圖供銀壹兩
　　　　欽差督理殺虎口外驛傳道□□部員外郎加二級克什特供銀□兩
　　　　山西殺虎口協標中軍守備孫啟蘭供銀叁兩又供谷米壹石

重修牛心山院庙记

【简介】

清康熙五十年（1711）勒石。现存右玉县牛心乡张家窑村。残破成碎块，拼合后碑体残高 97、宽 80 厘米。

【碑文】

重修牛心山□□□院廟……

天下之山莫大於恒嶽，□雲西……間峰翠其凝然，獨出群岳也，恍示人以獨高之謂焉，其□然不倚□之性焉，宛然兩目，冬不積雪，夏不生草也，又恍示人以不变之特操……巨景奇，下顧曲水，又爲雲西特出勝地，石立生彩，圓尖有似於心□……有□□□者，□惟人□諸物心皆有孔，孔通氣則靈，或以爲目者……未不生……古人以心名者良有以也，謂之□者……神靈顯異，不但有感於一方，即雲西吉……神靈默佑之功，寧□□際哉？自道人……東□西□廟守，由來舊矣，是以募願緣化衆善……云爾。

大同西路府同知加二級賽龍……京□

右衛所□劉鎮撫村善信劉……

庠生舉……

庠生□……

募化善信　張……　楊……　胡……　胡……　□□……　趙□　安陽珍

……衛儒學庠……□陽□

……左衛儒學庠……□陽□

……賢□□□□二……□陽王□□陽琳

石匠　牛玉祥　□□□

大清康熙五□年歲次辛卯仲……穀旦

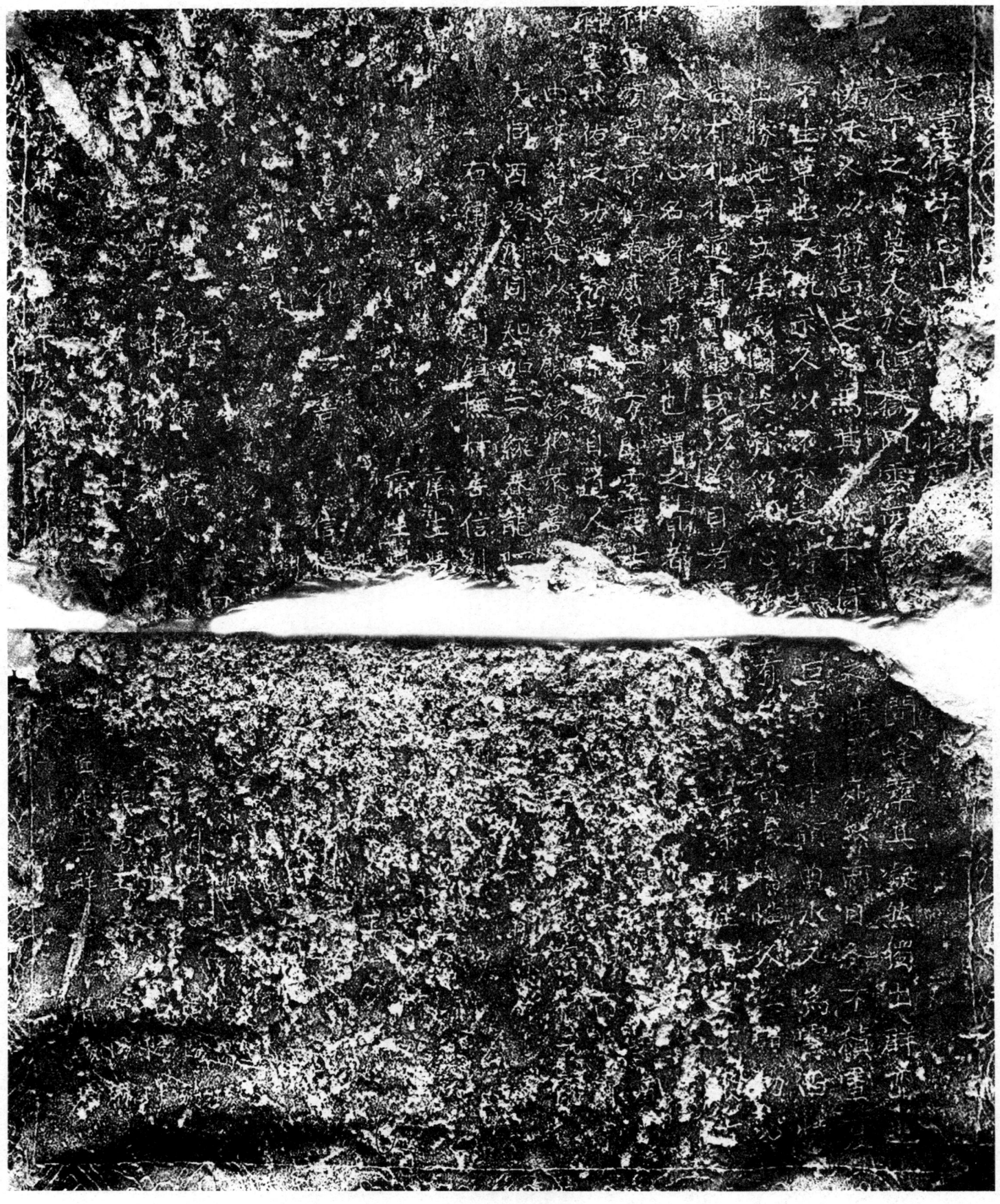

创建高楼碑记

【简介】

　　清康熙五十六年（1717）勒石。现存右玉县博物馆碑廊内。碑青石质，长方形，上半部残缺，部分碑文损坏。残高 83、宽 76、厚 18 厘米。碑面四周阴刻缠枝花纹，碑文竖向阴刻，楷体。

　　撰文人郑祖侨，右玉本籍学子，学富五车，曾在康熙、雍正年间担任右玉林卫、朔平府教谕。文中有"五十五年""甫一载而告成"之语，可推断此碑为康熙五十六年勒石，且为丰（风）神台高楼碑记。

【碑文】

　　……護衛城郭，鞏固金湯，盖邊城一險衝也，自□□□……臺上樓基亦且傾頹，是以前任邁公營建祠廟……境矣。住持高本仁伏因遠望臺頂，僅見臺角，不見……乃於五十五年，矢心蕅願創建高樓。募化玆貴□……楷等，董理其工，甫一載而告成。登臨其上者，憑欄……山拱翠，誠足以俯視遐方，包羅萬象也。樓既告成……科第蟬聯之兆，余乃身任其事，命及門廩生周頌……竣，將諸公姓名書於木牌，懸掛神龕兩傍，住持立……作文以誌其顛末，余是以述其實，以俟後之□□。

　　……縣邑人鄭祖僑撰文

　　……邑人趙承普書

太上感应篇跋

【简介】

清康熙年间（1662—1722）勒石。现存右玉县右卫北街。碑土黄色青石质，圆首长方形，首刻"太上感应篇"5字。四周阳雕卷云纹。

《太上感应篇跋》是康熙丙子年进士右卫城贾维城代清康熙年间镇守杀虎口副将王元撰写的。王元出身戎伍，在彭彝战役中，炮从脐内入，从胁下出，没有死亡，后跟随康熙皇帝，在征讨葛尔丹的昭莫多战役中，瀚海子里"野来青草，军无见粮，又不死"。几次大难不死，且不断"加爵崇秩"，这还不是天意吗？于是，让贾代自己撰写太上感应文，并刻碑以记之。

《朔平府志》载有《太有感应篇跋》，为康熙年间右卫县举人贾维城代副将王元作。

【碑文】

太上感應篇跋

聞之程子云：有感必有應，所應復爲感，所感復有應。嗚呼！盡之矣！天地之有所感也以氣化，氣至則物生以應之，氣反則物覆以應之。聖人之有所感也以德化，在天則有景星慶雲以應之，在人則民子八九黃耇鮐背以應之。不但已也，人之一身，動乎四體，善則應之吉，不善則應之凶，如影隨形，如響應聲，不可易也。況生平所爲，知善之當爲而不爲，與知不善之不當爲而爲之，或不爲善而奪之而不知勉，與爲不善而罰之而不知悔者，豈復含齒戴髮，恬然於天地間爲人乎？

余自髫年棄書學劍，恨未窺見大義，於儒者感應之理，未能即曉。然竊從先生長者後，略聞其概。是理也，其在《太上感應篇》乎！書出道藏，本非儒者正傳，然於福善禍淫之理，一篇之中三致意焉。竊怪世之崇奉太過者，發必盥漱，誦必禮拜，而遷善改過不一及之，又必精以梨棗，飾以文繡，廣致博引，勒爲成書，而使人人不易覯焉，余其惜之。

往者，刪繁就簡，手錄是書，即欲付之剞劂而未遑，既又以王命出師，卒卒無須臾之閑，每清夜自思生平險厄，未嘗不流連反覆於是書也。向在七里洞庭，猶曰：勝兵至。於彭彝一戰，砲子直入臍內，從脅下出，卒以不死。羅刹不毛之地，食盡馬隤又不死，且獲有功。招磨多瀚海千里，野無青草，軍無見糧，又不死，且受天子褒美，加爵崇秩，是何如感哉而應之如是！藉使元以讒邪私慾之身，即一砲已足以殞其生，況復多歷險阻，遭萬死一生之時，而能安然復有今日哉？

然余非自謂其生平真能力行是書者，顧自以爲邀天之幸。又益知方寸之不容昧，而善惡之報爲不爽也。其或者天以是厄爲吾不善之應，未可知也；抑或者吾以不善爲是厄之感，亦未可知也；其或者天以是無傷之厄以應吾之善，未可知也。抑或者天以是可懼之厄以防吾之不善，亦未可知也。世之感吾言，而讀是書者，其取應又當何如也？

二元宫碑记

【简介】

清雍正四年（1726）勒石。原在右玉县铁山堡，现存右玉县博物馆碑廊内。碑红石质，圆首，长方形，高140、宽68、厚18厘米。额题"碑记"2字，碑面四周雕刻祥云纹。碑文楷体，38行，约1600字，记述了二元宫庙修缮原由及捐资名单。碑面文字损坏较严重，部分文字漶漫不清。

【碑文】

尝闻积善修因，莫大廣施虔誠，兹緣雲石堡所屬鐵山堡有二元宫，迄今清明二代，其來久矣。嘗歷年□風雨傾頹，廟貌摧殘，瓦礫零落，觀者無不目覩心傷，由是衆等虔□重修，但一木難支大廈，缺之資財。□□十方貴官長者，善男信女，喜捨樂輸，共成聖事。捐由下有餘之□，□□來無量之福，如蒙慨允，請□□□于後。

大同平魯路雲石堡城守□府楊春芳捐銀壹兩　揚子浦淵捐銀伍錢　僧會□照興捐銀伍錢　子□□捐銀□錢　普詮捐銀叁錢　泥匠樊熠□□　楊起鳳捐銀壹兩　尉文捐銀壹兩　張問政捐銀壹兩　閆璉捐銀壹兩　王錦捐銀壹兩　劉

世貴捐銀壹両　李培春捐銀壹両　李化鳳捐銀壹両　蔡伏荣捐銀壹両　宋改捐銀壹両　張□捐銀壹両　張□□捐銀伍錢　保□捐銀伍錢　洪煒成捐銀叁錢　張貴捐銀叁錢　高一宝捐銀叁錢　董大德捐銀伍錢　李時敏捐銀伍錢　孫鎮捐銀伍錢　賀闌捐銀伍錢　楊威昌捐銀伍錢　王国印捐銀伍錢　賀銀捐銀伍錢　周琮捐銀伍錢　胡尚森捐銀伍錢　景恩捐銀伍錢　馮恒通捐銀伍錢　周宝捐銀叁錢　白銀庫捐銀叁錢　武太捐銀伍錢　□庫捐銀叁錢　池進峯捐銀伍錢　刘功捐銀伍錢　李迁捐銀叁錢　李貴益捐銀叁錢　趙旺捐銀叁錢　張清順捐銀伍錢　姚義章捐銀叁錢　柴丕援捐銀叁錢　許旺捐銀叁錢　楊起英捐銀叁錢　張人斌捐銀叁錢　金有明捐銀叁錢　張芝捐銀叁錢　張郎捐銀叁錢　李昌荣捐銀叁錢　王大智捐銀叁錢　韓琥捐銀叁錢　閆瑚捐銀叁錢　王寵捐銀肆錢　陳有昌捐銀叁錢　陳有泰捐銀叁錢　王位捐銀叁錢　陸永成捐銀叁錢　武登銀捐銀叁錢　謝文璧捐銀叁錢　閆璇捐銀叁錢　閆琦捐銀叁錢　閆虎捐銀叁錢　□□□捐銀叁錢　郭□義捐銀叁錢　□□□捐銀叁錢　□海英捐銀叁錢　□□順捐銀叁錢　□□□捐銀□錢　郭進智捐銀叁錢　陸景志捐銀式錢　陸景美捐銀式錢　張世□捐銀式錢　□賓捐銀式錢　羅十繪捐銀式錢　温景荣捐銀式錢　喬自興捐銀式錢　閆世富捐銀式錢　劉漢甫捐銀式錢　刘斌捐銀式錢　陶琳捐銀式錢　高志達捐銀叁錢　王義捐銀式錢　王登科捐銀式錢　□□□捐銀式錢　□□□捐銀式錢　□□□捐銀式錢　李□□捐銀式錢　□□□捐銀式錢　□荣捐銀式錢　□安富捐銀式錢　□尚貴□□捐銀式錢　馬九端捐銀式錢　王妥祥捐銀式錢　□□義捐銀叁錢　王□捐銀式錢　張財義捐銀式錢　張禎捐銀式錢　□金捐銀壹錢　□高玉捐銀壹錢　□應選捐銀壹錢　閆金柱捐銀壹錢　□□捐銀壹錢　尹成捐銀壹錢　馬人雅捐銀壹錢　閆虎捐銀壹錢　王尚義捐銀壹錢　常□捐銀壹錢　□□□捐銀壹錢　周國凡捐銀式錢　武宜郎捐銀壹錢　張奉山捐銀壹錢　□□□捐銀壹錢　□□□捐銀壹錢　王永禎捐銀壹錢　□維漢捐銀壹錢　陳有倉捐銀壹錢　寇禧捐銀壹錢　孫子□捐銀壹錢　王□□捐銀壹錢　陳起宗捐銀壹錢　吉龍捐銀壹錢　安□捐銀壹錢　李有庫捐銀壹錢　□珠捐銀壹錢　馮□捐銀壹錢　張世□捐銀壹錢　盧成□捐銀壹錢　曹□□捐銀壹錢　吳世花捐銀壹錢　岳廷成捐銀壹錢　亢金□捐銀壹錢五　王卜　王舖捐銀壹錢　藉如梅捐銀壹錢　刘晨義捐銀壹錢　馬廣□捐銀壹錢　□起□捐銀壹錢　馬明秋捐銀壹錢　閆善捐銀壹百　張明捐銀壹錢　□谷高捐銀壹錢　白成女捐銀壹錢　樊自玉捐銀壹錢　岳威捐銀壹錢　李辛荣捐銀壹錢　閆旺捐銀壹錢　李□□捐銀壹錢　李□捐銀壹錢　儲□□□□□　范可□捐銀式錢　侯□捐銀式錢　楊起□捐銀式錢　趙有宝捐銀壹錢　王永英捐銀式錢　閆世富捐銀式錢　武登□捐銀壹錢　王德捐銀壹錢　左講捐銀式錢　郭□□捐銀壹錢　尹詔捐銀壹錢　尹詒捐銀壹錢　王相捐銀壹錢　王元捐銀壹錢　董季武捐銀壹錢　段福捐銀壹錢　王弘□捐銀壹錢　張祥捐銀壹錢　王姜弘維捐銀壹錢　刘举捐銀壹錢　湯秉鐘捐銀壹錢　馬□虎捐銀壹錢　胡天柱捐銀壹錢　李少梓捐銀壹錢　王冒捐銀壹錢　刘□捐銀壹錢　仲□□□□　王□□□□□　董□捐銀壹錢　郭紅捐銀壹錢　李夆捐銀□□　池夆捐銀壹錢　張官捐銀壹錢　趙義捐銀壹錢　趙有福捐銀壹錢

庠生史嘉廉捐銀伍錢　庠生池達□捐銀式錢　□生馬永□捐銀式錢　□□□捐銀式錢　李文秀捐銀式錢　趙有金捐銀壹錢　安旺捐銀叁錢

□□□捐銀式錢　池倫□□□□捐銀式錢　□有兵捐銀壹錢　趙礼捐銀式錢

四討　景思式錢半　胡尚林壹錢　志旺壹錢半　尚惠式錢半

經理賬　書碑閆琇助銀壹両

經理人　李安春

功德主經理人楊起鶴助銀式両

住持張義　僧　正因

大清雍正肆年歲次仲秋柒月吉日立

重修关帝庙碑记

【简介】

清雍正七年（1729）勒石。现存右玉县博物馆碑廊内。碑黑石质，长方形，高 155、宽 77、厚 6 厘米。碑文楷体，15 行，满行 60 字，700 余字。碑文记载了重修关帝庙的原由经过。碑面四周雕刻祥云纹。部分碑文漶漫不清。

【碑文】

重脩關帝廟碑記

關壯繆侯之廟遍天下，而□□爲光盛，蓋晋□□侯桑梓之邦也。晋之右玉林衛爲邊關重地，而□雲中堡僅以得備任民社，每朔望行香，欲春秋□皆於城之廟従當而倉街之廟，□虛設，以故□亦剥落，廟貌傾頹，□者□而問焉者。皇上御□寺宇殿章焕然式廊，凡沿邊衛所，□險爲郡縣，□守令以治，□以右衛爲朔平府治而□首 本廟問來守，是□新建府署旁，在□侯廟之□，□餘之暇，得朝夕瞻禮焉。廟中雕有黄魁司香火，而土瘠民貧力不能整飭。余慨然興施曰：治民事城爲政□務。□候虎古正氣所鍾，而祠廟任其風□□苔蝕塵封，□□守土者之責而誰責歟？□□□□□而無後實爰於西北隅，□地建□殿三楹□□□□□□代□建耳房各一間，□□東西厢房石□及續修□徹前立門一座，繚以周垣而□□□正殿中殿□廡及山門皆修之，聳之丹之般之，於是□守□□□□之□璽自□妥修，□□□一方俾永無水旱灾祲兵□□盗，□□是□余之□也，夫是後也，是□若干，皆余率同僚屬□□指俸便□□德□□總及□務□□各廳□□□之，其間經□搆造，鳩工庀材，則經歷周君之力，居多後之有治民□□之責，渚飾其故而□其□□而得之無□成勞□□。爰□石以垂不朽云。

特□尉□大夫知朔平府事加□級紀録七次華亭徐榮疇沐手拜撰并書

欽命鎮守山西朔平等處地方□轄滿漢□翼副都□加二級□□選爾賽

欽命鎮守山西朔平等處地方□轄滿漢□□將軍奉□□寧□□申幕德

正紅旗協鎮加一級□生泰　朔州知州加一級汪嗣聖　常□□大使張□　□□□大使王□

欽差監督殺虎口等處税務□□御史兼正黄旗□軍副總領官火器營佐領事加一級□保□大同鎮平□□□衛城鎮守守修加□級黄敏葉

朔平府經歷同成朔平府選紀□原□田復廣……黄太□……

清雍正柒年歲次己酉仲夏吉旦立

重修大士阁碑记

【简介】

　　清雍正十年（1732）勒石。现存右玉县博物馆碑廊内。碑青石质，圆首，长方形，高165、宽67、厚18厘米。额篆"碑阴"2字，线刻龙凤纹，碑面四周雕刻祥云纹。碑文楷体，15行，约450字。

【碑文】

　　重脩大士閣碑記

　　佛度衆生，示涅槃而塵剎留，因空徵於色也；人迷火宅，遊上方而清涼□，□色化於空也。空而□□空色，色空無生究竟。是以造浮屠樹無量之功，修故寺收二梵之福。革故鼎新，因果豈淺也。普門大士者，以如來身行菩薩行，廣發大悲，度盡衆生，然後成佛，楊柳消三災□難，慈航渡四□□意。況乎南海南□，接若比鄰；觀音觀世，懸乎眉睫。十二誓願解脫沉淪，莫測百千手眼化身□庶。雖村姑豎子，靡不知其圓通自在感應隨時者也。以故洛伽禪院，箕布通都，救苦金容，□□□□。觀音寶閣，歷年滋多，不可記矣，風雨蝕其丹堊，鼠雀竄其簹埲，錦砌封泥，雕梁寢蠹塵埃，權幾□□之秋。善信劉公等駭矚墮嶂，發菩提心，作鼎新念，施財募緣，各司其迺事。馮氏秉憲者，庀□□恢其舊制，高其閈閎，巍然煥然，莊嚴飭然，晨昏鐘磬，宣鸚鵡海潮之聲，晝夜塗□，騰甘露□□，洞府宛在目前。日新又新，垢心莫非淨心；初建重建，萬善同歸一善。福田隨其所種，福報□□；紀事必假筌蹄，用茲饒舌。謹記。

　　皈命弟子燕山趙允煒齋心謹□
　　朔平府儒學廩生孫漢章沐手□
　　經理糾首　溫琗　杜紹椿　馬良
劉履豫　馮秉憲
　　住持僧普恩　普惠
　　石匠　張鳳彩
　　木匠　韓世文
　　泥匠　任興
　　塑畫　□□
　　大清雍正十年歲次壬子孟秋下浣之吉日

重修宝宁寺潮音会捐助序

【简介】

清雍正十三年（1735）勒石。现存右玉县博物馆碑廊内。碑白石质，长方形，高60、宽106、厚14厘米。碑文行书，27行，410字。碑面四周雕刻缠枝花卉纹，部分碑文漶漫不清。

【碑文】

重俗寶寧寺潮音會捐助序

水陸両廊云新，費以億計，吉許諸長者黽勉趣成，緩急可恃，既已不遺餘力矣。會邑中舊有潮音會，各寺僧於每月望九日頂禮白衣大士。輪流设供。至期，大衆每□□百□舍貯固存，以備各寺宇不時之需，誠盛舉也。慈□節工起邊，當糾紛之會大衆以爲潮音之舉，出爲此計，盡往資焉。遂以曩所□者，輦而輪之寺力，用以寬夫寺僧寺也。潮音之會皆僧也，以僧之力辦僧之會，乃其分内無足異者，然使□衆僧者不先有此舉則両廊之修勞勘其更甚矣，其使袖手旁觀，倡者、和者靳弗與，其亦無可如者，不然則衆僧以曩日之盛舉，□成今日之盛事，其能□功固有，□別而竣之者歟？潮音會起於雍正壬子，至是年積錢九萬有□云。

雍正十三年歲次乙卯夷則月吉旦立

右玉縣儒學教諭趙中元撰

右玉縣儒學生員周璧書

北嶽廟	德官	精忠廟	本昶
勒馬廟	興茂	雷公山	慈真
北嶽廟	海玉	關帝廟	祖堯
馬營河	明□	財神廟	照舒
龍王廟	普淹	火神廟	普傅
□神廟	普悉	九聖廟	洪滋
關帝廟	真玉	寶寧寺	普洋
□月□	員□	觀音閣	普法

……

重修三教庙鲁班神祠碑记

【简介】

清乾隆四年（1739）勒石。现存于右玉中学院内。高 187、宽 76 厘米。

【碑文】

重脩三教廟魯班神祠碑記

三教維何？日月星辰是也。立文字，仁義禮智信，助世垂訓，淘淑身心者，謂之儒；登□蓮，生老病死苦，原乱□終收拾身心者，謂之僊；傳道德，金木水火土，立陰符陽，成就身心者，謂之道。王者之教，苟非聖人，仁覆天下，義遍寰區，昭然天理，性生精巧，孰能宗其師于萬世哉。余聞恒陽郡東門內有 三教廟，推其廟之由，崇禎丙子歲建，順治九年改建，康熙三十三年設防，旗員改造。修茸者累不乏其士。然廟之殿厦、廊舍、鐘碑、牌坊，先輩備載詳矣。余敢復再費贅遡。其未判初分之際，有巢氏作教民居之構木爲巢，始未得其精，終未悉其巧，由是而木石之巧用大矣。木石所師配祀老聃，凡我技藝悠然頌傳。魯公輸子，精巧多賢，心思目力，取諸員以象天，取諸方以象地，方員乎，直使天下後世精極而巧生焉者，先王規矩之化民也，規矩天地之正則也，而木石之規矩宗師魯班三君金榜王君秉衡等謁孫祖祠迤在三教廟聊君殿左右正坐，徧告良工，食神之德，沐神之庥，感神無已相引，蒸嘗不替，各捐貲財，金粧祠宇，煥然塗新，不勒之石，則無紀神精巧工力也，亦無昭後效法之靈異也。垂諸久遠，永誌不朽云。

嘗乾隆四年歲次己未重光大荒落之吉

賜進士出身文林郎知朔平府右玉縣事前知馬邑縣事壬子丙辰戊午三科文武同考官加一級紀錄四次張重振

恒陽郡學馬廷貴薰沐撰

山西大同鎮標右營左部千總加一級軍功紀錄二次馬廷璽沐手書

本會經理　糾首人　王秉德　郭現禎要金□　李友龍

石匠　李大貴　刊

住持道紀司田福廣　徒禹本□

重修马神庙碑记

【简介】

　　清乾隆七年（1742）勒石。原存右玉县杀虎堡马神庙，现存右玉县博物馆碑廊内。碑青石质，长方形，高208、宽75、厚19厘米，竖裂为二，现粘合为一体。碑面四周线刻祥云龙纹，碑文行书，15行，约750字。碑阴为捐助名目。碑面磨损不清，文字漶漫。

【碑文】

（碑阳）

　　重修馬神廟碑記

　　人之好名也，甚於好善。苟好善矣，而其名湮没不彰，則好善之心必將退阻，人之所難者善也，既能好之，而顧使其生退阻之心可乎？彼淺其寔而隱其名，厚其施而忘其報者，惟聖者能之。識曰：三代以上惟恐好名，三代以下惟恐不好名，好名即好善也。今人有一善，急急表揚之，更有一善，又急急而表揚之，則此一人之善，其蓋多而人見是人之爲善而享其名，必亦且感而爲善，而又從而表揚之，則凡衆人之善必且益多。推而廣之，天下皆善人矣。夫能使天下盡爲善人，不誠善哉而要皆此名，□□舞而作興之，是名也。皆善之所歸而善也者，名之所皆以善而獲名，又以名而善，如是之名即寔也，尚可以爲虛名乎？如是之名即善也，而爲善者烏可不假以名乎？殺虎堡馬神祠，先以年久傾圮，雍正九年信士張秉節首捐多金，倡率十方善士共爲修葺，創立正殿五間，抱厦三間，殿之左右，復建太陽、太陰兩殿，輔以兩廊、禪室，接目鐘鼓二樓，中立過殿，外起山門，又其外爲牌坊，爲樂樓。巍峨煥然，□□之制，□期爲備，又廓其餘，乃西建龍王廟三間，兩廊禪房，以致正門照壁，視□□馬神祠□□□，計共用銀伍千壹佰有奇。嗟乎！人之好善，誰不如我，自有秉節張君，以爲之倡，而四方之興起者咸集焉，遂使數十載之殘廢，一朝聿新。神靈以妥，民志以和，藉非有秉君好善之良，烏能同心共濟至於如此，必有以表彰之。俾後之觀者得以數之曰：某某之立意爲倡然，使衆善樂從也。如此，某某之觀感興發能共落其成也，如此，於化風勵土俗化導人心，使人盡知爲善，其功豈小也哉？兹秉節仍請復捐己款，勒石以刊姓氏。余嘉其表揚衆人之名，即所以不泯衆人之善也。因爲之記，以傳不朽云。

　　欽差督理殺虎口朔平府河保營黃甫川歸化城等處稅務宗人府左司掌印理事官加三級紀録二次宗室克初撰

　　賜進士出身敕授文林郎知朔平府右玉縣事前知馬邑縣事壬子丙辰戊午三科山西文武鄉試五闈内簾同考官加一級紀録七次張重振

　　大清乾隆柒年歲次壬戌林鐘月穀旦

　　朔平府府學生任致和薰沐書丹

　　燕山閆思敏篆簿引

　　經理人　溫文　武雲翔　王凱

　　住持僧開悟　徒覺珍　覺□　覺琇

（碑阴）

　　……銀叁兩……長　□店各施銀□兩伍錢　餅□□施銀壹三……□酒行施銀壹兩叁錢伍分　油酒店……施銀玖錢　河口舘□保　施銀捌錢　錢斗老行施銀式錢……施銀三錢　協標左营陳因傅施銀……運……巡司……施銀貳錢伍分……成……興……鈺……進……王造……玉……星……文理……大政……會源號龐希良　萬亨碾房柳琳　爾玉號袁璽　廣資號張振宗　天源號張振河　義寧號張天池　元亨店張中惛　天成號苑清候　廣寧盛店秦淑翔　大興西龐可祥　吉祥東馮中元　永興號雷國泰　登駝販吕梅　□春成□□　□驛店行□　□旗牌□施　□□號洪□　□□車輪解國金　□□號

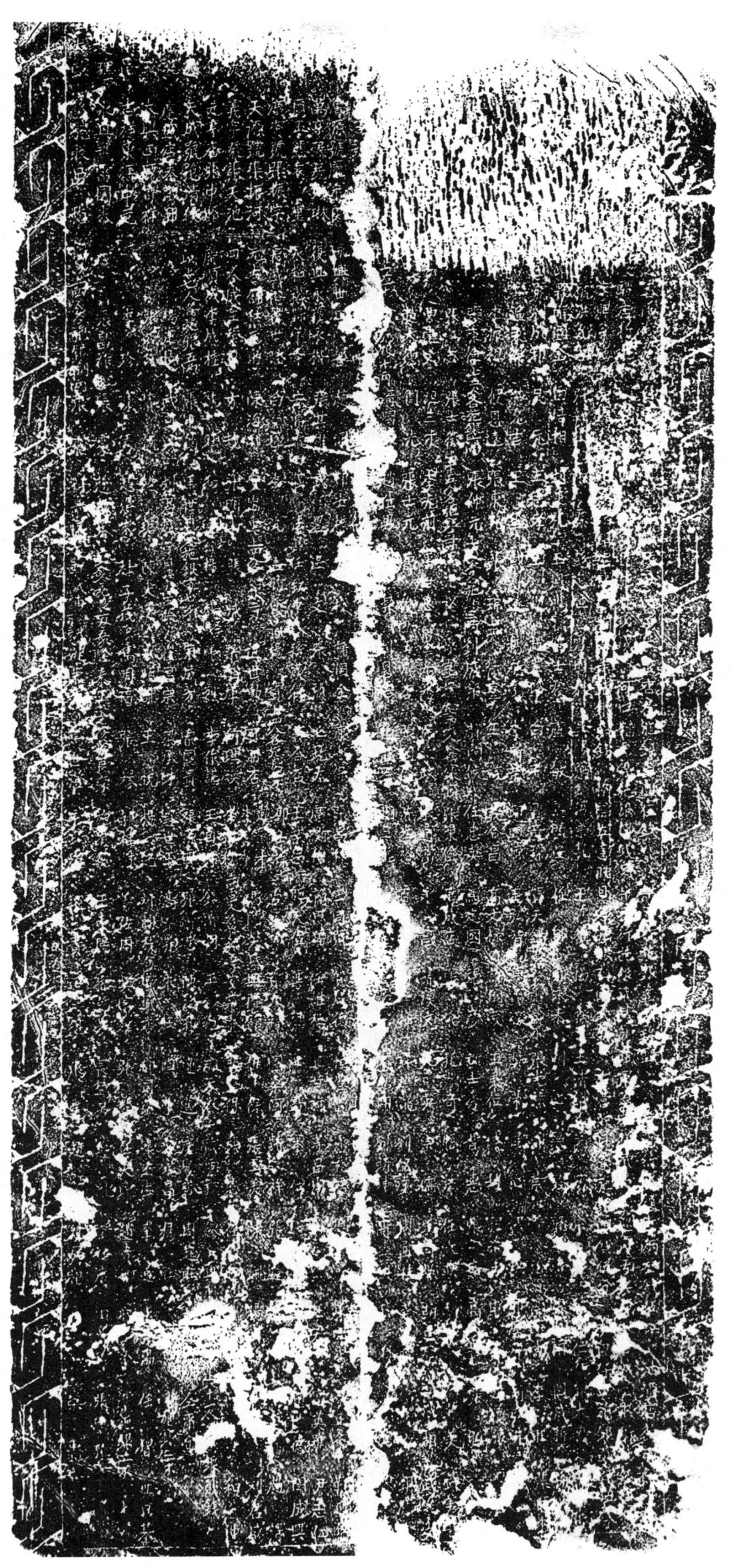

劉成邦　□□玉溫秉傑　□□□李振祖　□□□張秉儉　□□□張志　□□□曹建文　□□□趙天德　以上十□人各施銀十兩　□□□□□□　□□□□□□　永興世馮鑾　復興永蘇永楷　永和裕靳烽烽　長盛裕韓世晙　元吉舖杜元助　四合成王美昌　廣順成李成桂　以上七人各施銀五兩　楊建祜張谷政　李珍　張昌祚　以上四人各施銀捌兩……張□祖　田培相　吳元吉　侯思遠　以上五人各施銀一兩　張士微　妲三才　閏光　甯國舉　□□□　□□□　趙澤　張其雄　安常泰　白蓮　陳治邦　方規　朱旺　張東鈞　武其益　霍佩　陳秀　張雯　張來　□□□□□　□□□　張霖　劉秉礼　王紹孝　王璽　張秉乾　張仲元　以上二十人各施銀五兩　□光前　張士元　趙位男　□□□□□□　郭士標　武略　韓法　李执　□出重　張明山　和繩　馬世惠　劉君盛　趙珺　趙得宋　兆馨宋　劉景臣　彭廷魁　王鳳鵬　□照　戴遂　張琮　上□人各施銀三兩　況光裕　進世忠　曹後□昇　□□以上□人各施銀□□　□棟　溫文　任致中　三晋會　上四人各施銀二錢　張成　楊積二人施銀一兩七錢　日日升□玉倫　陳文運　杜子茂　上三人各施銀一兩五錢　西紙舖施銀一兩三錢雷國泰　雷士發　趙業裕　楊永秀　上四人各施銀一兩二錢　劉成邦　孫克端　李光　王成店　刘恩信　□□□　□□□　□國金　張禎　孫漢徐　大同楊寶　施世勳　梁滿庫　張烈　宗成芳　崔昌宗永順舘　馬明福　陰來玉　姚荣武　以上各施銀□□伍錢　□□　盧敏　白喻　李滿華　王統　郝門侯　上□人各施銀一兩　張政　張明□　和□理　□□□　□□□　康保　七圪天　義合店　上□人各施銀一兩　有朋店　何琪瑛　李作謀　索國貴　梁承才　王悅　張譽　上七人各施銀六□　馬世澄　溫守乾　馬明要　賈立瑢　邱荣　義合昌　任忠英　張秉儉　泰通當　沈光裕　閏三花　□□□□□□　張富林　廣衡怡　王業昌　郭士標　趙才　李廷秀　李義柯　王因保　張原價　寇世玉　楊一延　郝桂林　施有德　于海　王釜　任印　賀天錫　王弘智　高文禄　馬定國　廣成店　永成昌百□□□　□□□　三同號　簡思富　張天位　方福　馬門樊氏　上四十三人各施銀五錢　錢清用　張忠　高昇　劉朝枝　姜佐冉　王東陽　□貴　楊森　鄭永泰　上玖人各施銀四錢

　　許國茂　張房　張谷　□德文　劉梅　□□□　□□□　賀成德　任維極　冀連　印天福　興隆舘　安常泰　王勉　陳治邦　朱珏　增盛店　樊富詳　孫芝芳　田地　王清識　胡起　張光禄　酄荣王秉位　郝士秀　孔奇　孔英　張雲龍　盧以印　□□□　□□□　恆豊當　正兰旗　七光头　圖桑阿　禪保　普地保　那天眷　逵邁　閆来　郝司風　張楚　長盛号　張書　高賓　边强　胡業　蓮心　本槿　昔德　悟法　宗儒　劉紹漢　劉靖璠　□□□　□□□　永浴店　姜昌周　李位　靳永祥張玉美　張惠　武雪翔　廣聚店　聚永昌　張丕生　任天民　□鳳　趙旺　吳鈺　照賓　普浴　張洪　程治夫　張□　任大進　朱可錦　周通柱　喬巽　□□□□□□　□□□　張益　陳風　任□行　廖興　周起旺　楊旺　李通　趙貴卿　李繼唐　孫加福　□□仁　□□开　高□壽　郭應庫　申存　高□□　□□□　胡延璧　蔡照　孫科　□□□　□□店　□廷廣　□□□　楊□放□□□　□□□　王元湯　郭亨　田□珍　郭大興　閏成新　李旺　劉弘先　劉獲豫　張弘何美　許相　□之□　□□□　□□□　李正夆　富英號　桓世德　□□□　□□□　上八十一人各施銀貳錢　仝爾重　施銀三錢　任智施銀二錢　张孚驼社　梁貴三社　□□社　张恒本　武善長　武允文　郭應令　□□□　□□□　革延年　尹志仁　閏成興　趙澤　刘君盛　和連　张昌基……

铺砌仓街石路并建造瘗骨塔碑记

【简介】
清乾隆八年（1743）勒石。现存右玉县博物馆碑廊内。碑黑石质，圆首，长方形，高140、宽68、厚18厘米。额篆"碑记"2字，碑面四周雕刻祥云纹。碑文楷体，20行，满行44字，约760字。

【碑文】

　　鋪砌倉街石路並建造瘞骨塔碑記

　　古人事無鉅細，原凡益生民關風俗以及遊覽登眺之場，出於一時興會，樂其事而思其人，皆有記非書表□□也，益以冀後人。修夆廢墜，有觸而興起□。朔平郡當西北之衝，八旗官兵駐防，閭閻鱗次，商旅輻輳，駪駪乎巷名文□之區。是郡倉街爲西南通達地，窪下積雨歸宿，夏秋之交往來者多不便，更可傷者，骸骨委□山谷道路，暴露風中，往往葬於犬彘之腹。夫除道成梁，夏令有專埋胔掩骼，月令有載，守土之責，所□□容辭。僉偕郡丞懷公暨□酉壬邑候張君□俸爲倡，官玆土者，皆不欲膜視量力，役助各鋪□亦樂成。其□計倉街窪下處縱二十餘丈，橫四十丈，需石累丈百餘，及他物料工價核費銀一百一十五兩。瘞骨塔建于護國寺西南隙，壞周五丈，高二丈餘，石料匠作核費銀九百兩。起工于乾隆八年四月十五日，告竣于本年五月二十一日。監修者右玉縣尉陸宗治。從此，載者、買者、騎者、行者，不至困於泥冷，骸骨斂藏無暴露吞噬之慘，司民牧之心可以稍慰。窃思一鄉一邑間興降街□錯，賴長吏夆億者甚夥，推之郡當更有加餘，守是邦一載有奇，興除諸大事未能夆行一二，癉痹臥思，將恐□□□是先心修慮勤來□隱，以仰副聖上子惠元元體恤□家之至，意即此殿然，豈足言料□況僚屬共成。商賈樂輸□張大其事，謀諸禎珉乎？但事經久遠，恐溝道閉塞，灰石剥落傾□以料□來補□，展幾覩碑記而思創造之艱，加以修整更可永遠不廢墜，且徵僚屬□心民事，而商賈内或以上□□□□□□□□□好行其德，人情之去澆□而敦和厚，又可□概見以視□□□民□風俗重且大者，不□□□□□□□興會□至之盡則不俾矣。因執之於石□□修各官登銜□□□□□。

　　□姓氏列於碑陰。

　　乾隆八年歲次癸亥六月□□

　　知朔平府事化達撰

　　右玉縣儒□生周璧書

　　朔平府知府加一級記録□□

　　右玉縣知縣加一級記録□一次張重振

　　朔平府糧餉理事同知加一級□□□璧

　　朔平府經歷加一級劉魁

　　朔平府常豐倉大使加一級□紹彬

　　朔平府常盈庫大使加一級金鐈

　　右玉縣典史加一級陸宗治

五圣庙重修乐楼功德碑

【简介】

清乾隆九年（1744）勒石。现存右玉县马营河乐楼，共二石，分别嵌于东西墙内。均高68、宽130厘米。保存完好。

【碑文】

（第一石，嵌于西墙）

山西朔平府右玉縣城北馬營河正藍旗

五聖廟重修樂樓施財衆善人等　姓名勒石開列於後

前任協領關福　現任協領定住　前任佐領書舒

佐領三住兒　神保住　保住　達賴　漫圖　孟都宋　防禦觀音保　諸神保達拉太　吳金太　世襲拖沙拉哈番兼防禦事雙喜　海哥　福明　世襲拖沙拉哈番七十　世襲拖沙拉哈番四十一　防禦吒世查楞崩太

世襲拜他喇布勒哈番兼防禦事享禄

世襲拖沙拉哈番兼防禦事永得

驍騎校馬拉賽　觀音保　千生　六十五　破臉　茶漢扣　平佛

世襲拖沙拉哈番兼驍騎校事□□我勒金

商賈兩全居　永盛居　各銀貳兩　萬益號□□□□　馬金祥　施銀一兩　武進賢　興盛舖　各銀八錢　許寧邦　范榮龍各銀七錢　義合舖　劉福　許學信　楊玉龍　義聚舖　各銀六錢　任敏　魏敬　王珍　張廷奏　劉益福　尚文榮　任克貴　范文成　各銀五錢　申仲道　天順舖　梁福　李天貴　彭澤俊　任三元　董德文　閆如奇　畢相廷　王旺　閆通　盧會棟　呂時中　王漢裔　時肇起　姚運祥　殷存貴　孫寬　王維全　杜斗銀　霍景義　各銀三錢　王溢　盧碧　王正保　劉福元　畢林　王自恩　范呈斌　各銀二錢　馮九德　韓八藤　敬青　韓奇章　各銀錢半　杜成文　王文魁　時世榮　各銀一錢

頭甲信士　招得把　黑哥薩　河亮　黑哥　武昌　五哥　孫住　圖桑阿　悉喇　六十八　六十七　老哥　吒禄牙　特納　二黑　鐵頭　二狗子　七十三　得哥已　六十二　通神保　其禮特　色黑　三清　明安太　鳳堆兒　觀代　何通　皂保　鎖住　五黑　也不懇阿　六十二　五十八　封神阿　老哥　八哥　常禄　八克灘布　書房阿　保山　七十九　吳林保　保兒　金鍾　七十三　五十六　葛拉賽　四哥　三保　佛保住　兒案出庫　班達拉世　馮保　賽桑阿　各施銀壹兩貳　常鎖　存住　各銀六錢

二甲信士　陀陀户　和尚　圖賀德　四牙頭　八大兒　鎖住　張保住　得住　得存　得哥　得你　五十三　阿拉太　七十八　滿常　和尚　三哥　衣拉哥　蘇崇阿　福力布　雙頂　三保　花蓮布　四十九　何楞納　六十八　蘇掌阿　五哥　胡朱　沙唐　封申阿　六十三　衣林阿　佛保　大小子　喜住　阿領吒　禄圖常　阿拉太　朝賀　得福　封神布　傳林保　八林阿　吒拉封阿　石在　阿拉太　六十一　胡禿利　何朋阿　順克　傳雲保　衣常阿　高申阿　花林布　得勝保　各施錢壹兩式　那蘇特　八兜　各銀六錢

三甲信士　牙起燈保　雙全　什兒　吳什太　常明　噶達紅　得寧　管錢糧白達兒　龍保　雙頂　牙特納　八何布　九哥　胡什利　阿申阿　黃英　何楞阿　三哥　布藍太　張不拉　三哥　八十三　六十四　阿拉太　封申保　二丫頭　朝賀得　関禪　五斤兒　花保　四十九　衣林阿

（第二石，嵌于东墙）

何封阿　趙保　五十三　全兒　佟保　五得　常清　常有　朝賀禄　禿勒代　七十五　得住　四達子　楊保住　業可色　東住　耶不恩　金住　五斤兒　一百五　朝賀富　米增阿　和尚　保林　各

施銀壹兩弍　七兒　六斤兒　各銀六錢

　五甲信士　龍住　佛保住　喝拉賽達　世襲三麻利　三哥　六十一　枯蒙阿　佛三保　七十三　金哥　福住　麻子　幹從兒　七十三　関住　得明　趙牙住　趙住　温普　五十一　黑子　滿常　花山布　偏頭　得禄　石保住　薩拉太　韋陀保　班彪　小哥　魏林　星特哥　勝福　上常在　関得　雙頂　衣增布　朝賀住　達世　大達子　五十二　雙得　衣常阿　三達子　白景　必什安　五十二　把拉太　閆福　関禄　增福　滿庫　福增阿　傳得　耶不崇阿　六十五　各施銀壹兩弍　関有　阿力金布　各銀六钱

　六甲信士　哈什　其禮可特　阿勒得□　常生□　四十七　艾世我也圖　書虎力特　班弟　八得馬　菩薩保　七十二　担把　多爾賽　吳利達　那蘇圖　何承阿　計牙太　占判　七十七　白達子　黑哥□　白哥　白四胡浪　八十一　阿勒□　三達子　住儿　□黑哥　阿有世　双得　英保住　衣得　佛保住　阿力登兒　達世吒　各施銀壹兩弍　吳力儿　何楞阿　各銀六钱

　七甲信士　六十四　阿母兒　五達子　七達子　色楞　達世　孟克　馬白弟　那樂布　艾必達　閆太　三達子　母特布　四達子　我祈兒　保住　達藍太　元寶　六十五　四十六　觀音保　関得　五台保　韋駝保　五十三　茶保　回兵　铁牛　五十一　八何布　羅藏多爾　計把兒　孟□朝力孟　老哥　他你拉兒　把達馬　色楞　胡圖　保住兒　何龍阿　各施銀壹兩弍　大眼兒　阿木可太　各銀六錢

　馬營堡信士　董尚義　助銀五錢　董尚禮　助銀三錢　謝王　郭天璽　董昌　各銀二錢　趙連　孫鳳　郭泰　董尚智　蘇福　楊德　楊冲文　張洪　各銀一錢　邸廷交　郭芝秀　各銀弍錢

　會首信官　漫圖　達拉太　三住兒　觀音保　吳金太　破臉

信士　招得把　龍住　拖拖户　合什　牙起　六十四　助銀拾兩

防禦達拉太　宜人趙氏率男　太平保　富平保　助銀伍兩

雲中弟子麻生蘭沐手書撰

塑匠　簡肇福

畫匠　簡肇禄

石匠　武德明

木匠　儲錫成

泥匠　王風呈

铁匠　彭澤俊

灰頭　邵彬

窯匠　高祥

道人　王欽　周茂盛

創建功德主　佐領哈拉　扣男　六十五　哈什暨孫托尔金布　胡圖哥

本廟監院住持　明心　明亮　徒　淨成

大清乾隆九年歲次甲子夏四月吉旦立

叙雷公山慈云寺慧云老禅师碑记

【简介】

清乾隆十年（1745）勒石。现存右玉县右卫镇西街路北居民院内。碑圆首，高138、宽60厘米。碑阳额题"碑记"2字，碑文为慧云老禅师碑记。碑阴额题"永垂不朽"4字，碑文记载捐修者姓名，主要是镶红旗兵丁人等，包括头甲、一甲、二甲、三甲、四甲、五甲等兵丁。

【碑文】

（碑阳）

　　叙雷公山慈雲寺慧雲老禪師碑記

　　蓋聞文以紀事，石以誌功。松峰玉洞之跡，迄今猶存；雪嶺金園之踪，自古不朽。人以地而彰其名，地以人而著其實。事無不爾，理亦宜然。雷公山名區勝地，慈雲寺古刹叢林。啟建於當年茫茫無據，護持於後日歷歷有稽。迨我慧雲老禪師發願惟堅，披誠獨任。事雖藉於重修，功實類於始創。絲金寸木，燕壘多年；斤石泥丸，蟲含有日。喜勝地之莊嚴頓新，羨古刹之巍煥異昔。幾十年之苦行，種種堪旌；千百世之良規，昭昭永著。三乘法隆，一朝圓寂。鑲紅旗協領兼佐領事管兵部正堂事武印泰等夙欽道範，今慕懿行。九天客去，殿条猿鶴之禪；四大功深，座有龍虎之氣。瞻雲軒而思拾得，顧名室而想寒山。大悟歸空，身遥遥於覺路；浮生着相，情恋恋扵迷途。數行蝌蚪，紀遄徽之事於一時；三尺瑣珉，垂惠遠之名於千古。洗磚作鏡，感此葱嶺之功；磨杵爲針，共從霜林之果。嗣奕葉而有人，續拈花而無既。聊以書石，不鑿銘心。

　　寧武府寧武縣儒學庠生李榮龍撰

　　娄煩學子源淙書丹

　　石匠　武德明

　　正黄旗協領兼佐領事　皂保

　　鑲紅旗協領兼佐領事管兵部正堂武□太

　　正黄旗佐領老大　防禦噶尔麻

　　鑲紅旗佐領巴燕圖　防禦巴哈布

　　鑲紅旗佐領班弟　防禦艾□其

　　鑲紅旗佐領富長　防禦拉哈□

　　鑲紅旗佐領西拉巴　防禦冬至　防禦雲棟

　　驍騎校麻克利　驍騎校馬力　驍騎校海保　驍騎校胡世泰　驍騎校石閆官　驍騎校康佳　筆帖式穆騰阿

　　世襲騎都尉白奇　世襲雲騎尉邁思□　世襲雲騎尉噶尔漢

　　驍騎校麻克利

　　驍騎校馬力

　　驍騎校海保

　　驍騎校胡世泰

　　驍騎校石閆官

　　驍騎校康佳

　　世襲都騎尉白奇

　　世襲雲騎尉邁思□

　　世襲雲騎尉噶尔漢

　　筆帖式穆騰阿

　　龍飛乾隆歲在乙丑仲夏月上浣勒

　　孝徒　永鎮　永禄　法孫　遠慶　遠喜　遠寧　法重孫　法雲　法雨　立

（碑阴）

鑲红旗……兵丁人等

頭甲

蘇代　□□□□□　善明　德福　特海明　呵尔塞　德保　呵尔圖　七十六　三程呵　四哥兒　老哥兒　福□□　□桑呵　哈尔太　七十一　通鎖定　观音保　□哥　一黑　六達力　□□狗　二達子　六達兒　木哈□　□尔太　百京　何蘭太　蘇龍阿　法尔□　武尔沙　甯古哥　福程□

二甲

巴尔那　五哥　□□圖　夯盖　費楊各　朱蘭太　三哥　花色　白小钥　多内□　□狗　黑小　鳥庄　老哥　七十八　班吉太　老哥兒　阿尔進　色尔太　三達子　五達子　依拉氣　□柱　阿尔布　福瓒　布何　金太□□□　□達兒　福頭　達蓝太　五哥　大小子　三奇哈　六十三　白□守　常福　常禄　福德　常□先　福增　五十一　七十　法保　常明　馬明呵　大小兒　福明　千保　五保　那□　大□升呵　解明　金銀諾　達三呵　德成呵　福保

三甲

禄大那　苏尔布　石柱　七十七　太保呵　尔布里　憨小　班九兒異盛　色尔布　富興太　阿尔布　達哈力　那因泰　□十　太明　太那尔　弊馬　聖□　□塞布　福保明

四甲

占碩　衣昌阿　明山　萬家保　興克兒　□特伊　胡圖　福主力　九十一　福頭　八勒牙哈　阿常呵　馬其那　白林阿　七十八　會保　七□兒　小兒　福寧呵　色懷　興保　色褚　七十九　八朗阿　巴燕太　五達子　明福　三麻子　明德　三□　巴克布　呵布□　班京呵　白小兒　福廣　□尔圖　牙尔塞　牙尔太　四達子　七十二　楊世保　福明阿　□福太　牙蓝太　破兒　福成阿　僧德　噶尔色　福桑阿　圖桑阿

五甲

憨班　英吉那　旺扎兒　萬三保　胡必圖　七十　石闫德　右十查塞因　三碧兒　胡兒克　何隆哥　阿尔太　扎隆阿　茶素奇　福德老　不沙

六甲

佛保　心德保　石闫禄　班地　石闫福　玉蓝太　尔□太　呵尔尼石有顯　書明阿　阿十太　色尔太　五達力　八哥　德保　七十四　阿明朗　恩克　達賴　那蓝太　何城阿　金哥　六十五　甯十力　我素都　五八十　蘇主圖　根都布　戳尔蒙　和尚　巴热代　興隆保

经理人　巴趁兒　石间官

重修城隍庙碑记

【简介】

清乾隆十一年（1746）勒石。现存右玉县博物馆碑廊内。碑黑石质，长方形，圆首，高148、宽64、厚18厘米。额篆书"重修碑记"4字，碑面四周线刻几何纹。碑文楷体，17行，约520字。

【碑文】

重修城隍廟碑記

聞各境城隍興，郡縣守令位能隔乎？幽明職同保乎？黎庶是以載在祀典，特重明□□□□，祠宇較諸其□□觀不可同日而語者也。殺虎堡之城隍廟，肇自故明崇禎年間，迨我朝定鼎，於康熙十九年一修葺之，四十九年再修葺之，迄今三十餘載。其□願乎，修之葺之者，又□工程頗大，固非綿力之人所能勝也。本堡馬君□□，平生樂爲善好施，與一□羨心往告住持遠通□，□頹垣，慮廟之凋殘爲已甚矣，吾師其修之，□□□所費皆於我手足取爲。遠通曰：謹唯命。慨而□民□視□□又曰：聖像塵封，丹青剝落，□行神之衣冠將垢前導之，□薄弗鮮□韻公舉□乎，爰是闕者補之，□者易之。閱數月而金碧輝煌，煥然改觀，庶幾乎一新而無不新矣。□□□□言有善拾樂輸勞心經理之，諸君然强，半皆馬君一人之金錢也。或者曰天道無親，常興善态，今馬君爲善，固神必佑之，將所患夙疴，可弗藥而知其積愈矣。余日爲天之報施善人，理固不爽，但謂其□□□則是有所爲而爲，恐□馬君當日修舉之本意也。且聰明正直之謂，神若因諂瀆而降福□□□世之□直□行者相□□□□官保民之盛典當不□□也。馬君不以余言爲謬，余故筆而記□□。乾隆丙寅端陽之日也。

寧武府儒學□□□嗣洪述□拜撰

候選經歷司武光文薰沐拜書

右玉縣殺虎口□□□王□□□□壹兩

起意功德主馬世忠妻李代□□銳驤□□子共捐銀柒拾叁兩

經理人　陳帝耺　溫文　閆生義

石匠　劉翰禮

畫匠　簡照祿　王□周

住持僧遠通

大清乾隆十一年歲次丙寅仲夏上浣吉旦立

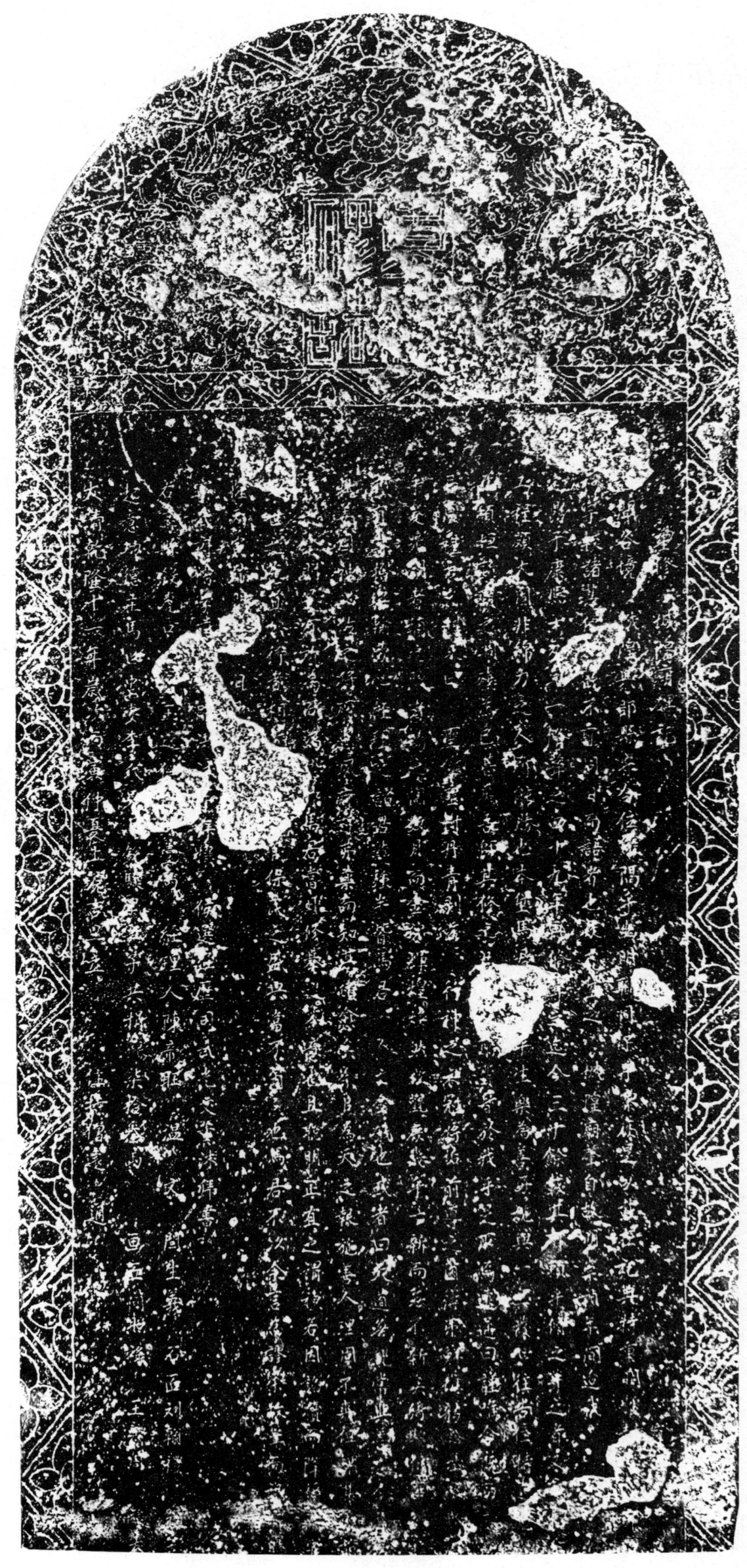

太上感应篇

【简介】

清乾隆十一年（1746）勒石。现存右玉县博物馆碑廊内。碑黑石质，断为二截，高132、宽70、厚14厘米。四周阴刻缠枝花卉纹，碑文楷体，25行，约1600字。

【碑文】

太上感應篇

太上曰：禍福無門，唯人自召。善惡之報，如影隨形。是以天地有司過之神。依人所犯輕重，以奪人筭。筭減則貧耗，多逢憂患，人皆惡之，刑禍隨之，吉慶避之，惡星災之，筭盡則死。又有三臺北斗神君，在人頭上，錄人罪惡，奪其紀筭。又有三尸神，在人身中，每到庚申日，輒上詣天曹，言人罪過。月晦之日，竈神亦然。凡人有過，大則奪紀，小則奪筭。其過大小，有數百事，欲求長生者，先須避之。是道則進，非道則退。不履邪徑，不欺暗室。積德累功，慈心於物。忠孝友悌，正己化人，矜孤恤寡，敬老懷幼。昆蟲草木，猶不可傷。宜憫人之凶，樂人之善，濟人之急，救人之危。見人之得，如己之得。見人之失，如己之失。不彰人短，不炫己長。遏惡揚善，推多取少。受辱不怨，受寵若驚。施恩不求報，與人不追悔。所謂善人，人皆敬之，天道佑之，福祿隨之。衆邪遠之，神靈衛之，所作必成，神仙可冀。

欲求天僊者，當立一千三百善，欲求地僊者，當立三百善；苟或非義而動，背理而行。以惡爲能，忍作殘害。陰賊良善，暗侮君親。慢其先生，叛其所事。誑諸無識，謗諸同學。虛誣詐僞，攻訐宗親。剛強不仁，狠戾自用。是非不當，向背乖宜。虐下取功，諂上希旨。受恩不感，念怨不休。輕蔑天民，擾亂國政。賞及非義，刑及無辜。殺人取財，傾人取位。誅降戮服，貶正排賢。凌孤逼寡，棄法受賂。以直爲曲，以曲爲直。入輕爲重，見殺加怒。知過不改，知善不爲。自罪引他，壅塞方術。訕謗賢聖，侵凌道德。射飛逐走，發蟄驚棲，填穴覆巢，傷胎破卵。願人有失，毀人成功。危人自安，減人自益。以惡易好，以私廢公。竊人之能，蔽人之善。形人之醜，訐人之私。耗人貨財，離人骨肉。侵人所愛，助人爲非，逞志作威，辱人求勝。敗人苗稼，破人婚姻。苟富而驕，苟免無恥，認恩推過。嫁禍賣惡。沽買虛譽，包貯險心。挫人所長，護己所短。乘威迫脅，縱暴殺傷。無故剪裁，非禮烹宰。散棄五穀，勞擾衆生。破人之家。取其財寶。決水放火，以害民居，紊亂規模，以敗人功，損人器物，以窮人用。見他榮貴，願他流貶。見他富有，願他破散。見他色美，起心私之。負他貨財，願他身死。干求不遂，便生咒恨。見他失便，便説他過。

見他體相不具而笑之。見他才能可稱而抑之。埋蠱厭人，用藥殺樹。恚怒師傅，抵觸父兄。強取強求，好侵好奪。擄掠致富，巧詐求遷。賞罰不平，逸樂過節。苟虐其下，恐嚇於他。怨天尤人，呵風罵雨。鬥合爭訟，妄逐朋黨。用妻妾語，違父母訓。得新忘故。口是心非，貪冒於財，欺罔其上。造作惡語，讒毀平人。毀人稱直，罵神稱正，棄順效逆，背親向疏。

指天地以證鄙懷，引神明而鑒猥事。施與後悔，假借不還。分外營求，力上施設。淫欲過度，心毒貌慈。穢食餧人，左道惑衆。短尺狹度，輕秤小升。以僞雜真，採取姦利。壓良爲賤，謾驀愚人，貪婪無厭，咒詛求直。嗜酒悖亂，骨肉忿爭。男不忠良，女不柔順。不和其室，不敬其夫。每好矜誇，常行妒忌。

無行於妻子，失禮於舅姑，輕慢先靈，違逆上命。作爲無益，懷挾外心。自咒咒他，偏憎偏愛。越井越竈，跳食跳人。損子墮胎，行多隱僻。晦臘歌舞，朔旦號怒。

對北涕唾及溺，對竈吟詠及哭。又以竈火燒香，穢柴作食。夜起裸露，八節行刑。唾流星，指虹霓。輒指三光，久視日月，春月燎獵，對北惡罵。無故殺龜打蛇，如是等罪，司命隨其輕重，奪其紀算。算盡則死，死有餘責，乃殃及子孫。又諸橫取人財者，乃計其妻子家口以當之，漸至死喪。若不死喪，則有水火盜賊，遺亡器物，疾病口舌諸事，以當妄取之直。又枉殺人者，是易刀兵而相殺也。

取非義之財者，譬如漏脯救飢，鴆酒止渴，非不暫飽，死亦及之。夫心起於善，善雖未爲，而吉神已隨之。或心起於惡，惡雖未爲，而凶神已隨之。其有曾行惡事，後自改悔，諸惡莫作，衆善奉行。久久必獲吉慶，所謂轉禍爲福也。故吉人語善，視善，行善。一日有三善，三年天必降之福。凶人語惡、視惡、行惡，一日有三惡，三年天必降之禍，胡不勉而行之？

乾隆拾壹年穀旦日

创建悟兴寺碑记

【简介】

清乾隆十二年（1747）勒石。现存右玉县博物馆碑廊内。碑黑石质，长方形，碑残存上部，残高90、宽80、厚20厘米。碑面四周雕刻富贵长寿纹。碑文楷体，20行，残存文字约550字。部分碑文漶漫不清。

【碑文】

创建悟興寺碑記

四大地水火風，人身夢幻泡影，不禮如來三乘法，難脱苦海萬重黑……諸佛菩薩，性覺千界悟徹真如，越千年而不易，歷萬古而常尊，所以□天……子孫聖母之神祠庵，左有隙地，住持尼僧嘗與會首諸公思展規模宏殿……力廣大，中外被德，滿漢蒙麻羕願建寺，以爲祝國裕民，淨界令弟子照洪晨昏摇鈴，自春徂□三易寒暑，風雨無間，還……滿漢官員、商賈士庶、善男信女，無不隨心施捨，總數百金不止，住持□……諸公皆有夙心，今之成其有日矣，諸公其助我乎？諸公曰：唯□□□……二楹右一楹，殿中望佛像左右，文殊普賢舟左，觀音大士右□……万丈幽間傳五祖之缽八□□□皆前植菩提本樹地□□……國家生齒之盛，邊疆鞏固之強，固不待辨而愈明矣。寧與夫一切偕神□……素悉其事，因□□囑其文。余不揣固陋，爰備巔末而勒之石。

龍飛乾隆十二年歲次丁卯三月……

□授澤州府陵川縣訓道賈鏞薰沐……

中憲大夫知朔平府加二級紀録七次七□　朔平營捻……

朔平粮餉理事府加二級懷璧　朔平營捻……

奉直大夫太原府保德州知州前知右玉縣事張重振　右玉縣捕……

奉直大夫朔平府朔州知州前知右玉縣事李鶯　署右玉……

文林郎知右玉縣事加二級紀録五次張任燕　朔平營外委……

分守朔平營都府紀録二次仍帶軍功紀録二次拴保住　朔平營……

前任貴州平越府餘慶縣知縣今調朔平府經歷　祁成一　朔平營……

雷公山观音阁碑

【简介】

　　清乾隆十三年（1748）勒石。现存于右玉县右卫镇东街路南居民院内，残破成碎块，残高90、宽72厘米。碑阴为功德芳名，观其姓名，多为蒙人和满人，汉名罕有。碑末有"……红旗佐领色尔济僧保……典地肆顷有余，俱在本□□园……舍兴雷公山……至□嘴地头小沟……"结合碑阳文字可推知，雷公山在原有小规模寺庙的基础上，于康熙庚寅年（即康熙四十九年，1710）由宗室将军费□重修，到乾隆十三年（1748）再次重修，并有色尔济僧保为雷公山寺院舍地四顷。

【碑文】

　　……有古窑三间，祠堂一……□外南接雲石，上有……熙庚寅宗室將軍費□……復爲重整，丹楹刻桷……莊嚴郡人瞻眺者靡不忻……地不存因平其巔，建閣三□……轉頹陽□而烏革……□映而蘭療吐豔，金碧交暄……陲無警□燭長調……□處凡苦海愛河齊登彼岸□……而亦是邦人之所共禱者也，至於……耳目而拓襟情者□……馬耳，茲以落成之日，爰勒石以爲……有喜捨檀那分疏□□……

湖州府庠生王炎撰

　　……府正堂加一級紀録十□……□糧餉理事府加二級紀録一次□……

　　……玉縣正堂加二級紀録三次

　　……部左堂協領兼佐領事務紀録二次趙

　　……部右堂協領兼佐領事務紀録二次□

　　……保户部左堂協領兼佐領事務紀録一次盧……奇

　　……兵部章京佐領紀録一次……少

　　……協領兼佐領事務武……把式

　　……兵部掌印正堂……柱

　　龍飛乾隆拾叁年歲次……永禄率徒遠慶遠寧立

重建关帝庙乐楼碑序

【简介】

清乾隆十四年（1749）勒石。现存右玉县博物馆碑廊内。碑青石质，长方形，高123、宽70、厚16厘米。碑面四周线刻龙纹，碑文楷体，17行，约430字。

【碑文】

重建關帝廟樂樓碑序

盖聞神威赫奕，千秋肅崒祀之，瞻廟貌巍峨，百世仰□綱之，重忠扶漢，運非徒存，鼎足安乾坤，義植顛危，豈再闢蚕叢之日。是以丹心炳青簡而□新，浩氣貫白虹而不滅。朔平府倉街關帝廟者，未詳創自何年無考，重建有年。翬飛煥彩，極宇廟之宏觀，聳翠流丹，畫神人之壯麗，獨樂樓未致輝煌而□心不無粕。忻、定、代、徐諸社，咸躍然興起曰：地固因神而靈，廟必待人而成，□□之前□美弗彰，莫爲之後，雖盛不傳，創繼相承後先，輝人有同心理固然也，且樂樓不壯觀，雖神饗賽之儀□□不飛□莫□□歌之□。□邀三社，共募四街等宜，思惟□惟保同桑梓之情，豈可不慶不□坐恣木石之助，惟求散請□□泛黃金捐資□真米可□□輸□鬼□□□□□青雲之表，起泥土之朴□□然周道之旁，俾雕楹绣，尾朱旗，臨太乙之壇，金闕瑤臺翠伏，擁中臺之位，繫馬樓前時聞□□風洗，刁池畔定有白猿□目，務使群黎兆姓深報享之，願坐賈行商無□奏格之，□非謂趙司空邃下斧斤之合，豈翳層司慢勒金石之文。首事屬余爲□文，予亦未獲堅辭。因嘉同社之樂善士□，更喜衆志之相興有成，伏願神欣人□，均□潤浹□階瑞應祥徵，爰慶風調於□偉，敬告同人，受茲景福，謹敘其事，永垂不朽！

鴈門弟子賈兵勳薰沐敬撰

定襄縣趙鳳鳴薰沐謹書

賜進士出身知朔平府正堂事加五級紀錄十次七□□

朔平糧餉理事府奉政大夫禮部員外郎□□□

朔平府右玉縣正堂加四級紀錄五次張□燕

分守山西朔平營等處地方都司帶紀錄二次軍功紀錄□□紀錄一次拴保柱

朔平營城守廳紀錄一次閆成

朔平營城守部廳紀錄一次雷浤

忻定代徐糾首募化布施銀柒拾叁兩伍錢壹分　三社賠施銀貳拾壹兩伍錢

徐溝糾首

賈德成　戴文全　田進明　段美相

忻定糾首

謝岩　翟琳　王日江　趙□礼　葛□田　張輔臣

代州糾首

李尚发　李尚仁　趙承嗣　賈生　李毓北

白文業　程□　馬國銳　丰鼎　劉求□

石匠　李上福　□□□

木匠　張銳　□□□

泥匠　王□傳　□□

画匠　郭□桐

住持　何義　高亨　徒姚陽□

師叔　王清瑞

龍飛乾隆十四年歲次己巳季夏月吉旦勒石

牛心山寺庙碑

【简介】

清乾隆十八年（1753）勒石。现存于右玉县牛心乡张家窑。碑已残破，残高100、宽58厘米。

据村中老年人回忆，此碑从牛心山拉回，碑文中有"崇祯戊寅年钦差大臣"句，解读碑文可知：牛心山寺庙为明崇祯十一年（戊寅，1638）路过此山的钦差大臣见山有灵性，慨然捐出自己俸禄而兴建。由此推知牛心山寺庙群中，有的寺庙始建年代为明崇祯十一年。

碑末有"□八年岁次癸酉"，从明清纪年中查找可知：崇祯之后，□八年与癸酉相符的年份只有乾隆十八年（1753）及嘉庆十八年（1813）。由此可知，此碑镌刻于乾隆十八年或嘉庆十八年。姑且系于乾隆十八年。

【碑文】

……牛心……寺碑廟一□□聖……□□天下之……動……者，駿□山以奇宣□……天地大三才□象。……元之……恒兵□□□□向□左路……至裏靈氣出入政□之道□也……民常則□□□澤□報……上 □□□□議倫我……國永□國祚祥異……□之歲□□於……近無成……殿……崇禎戊寅年欽差大臣等，□地方□府等□□焉，禦□……登山□□閱而□曰……者……西……勝景，□慨然捐已俸銀廩□□儲……□等，廟□□置買地土……安之……壁廩□□間重簷……斗母宮、關帝廟並靜室數間……者……經□西□□室……鄉□□貲財修補，目今工程告竣，廟□頭……

……張□政

……胡吉……□僅鄉……□匠

……住持道人□□□暨□□李……李□施艮一……

本山募化道人張復生撰□徒□……

……士沈□□沈……道西地丈□道

……□八年歲次癸酉夏仲……

重修平丰桥海岳寺碑志

【简介】

清乾隆十八年（1753）勒石。原在右玉县杀虎口平丰桥边，现存右玉县博物馆碑廊内。碑黑石质，平首抹角，长方形，高 160、宽 69、厚 17 厘米。额题"碑志"2字，线刻卷云纹，两边线刻龙凤呈祥纹，碑面四周线刻祥云纹。碑文楷体，23 行，约 700 字。

【碑文】

重修平豐橋海岳寺碑誌

蓋聞砥矢之歌，咏於篇什，扛梁之制，載在周官。修廢舉墜，豈曰分外之圖？因人成事，尤賴共勸之，雅如二道溝平豐橋及海岳寺者，地當基建通衢，往來之冠盖如雲，由兹利涉行旅之紛紜。似□□此巙征創於雍正癸卯之年，竣於丁未之歲。邑中張君重振，巡司王君之碑刻銘備祥其事。既築橋以利衆，復建寺以護橋，乃橋既久而溝渠崩頹，寺未成而功虧一簣，石走沙飛，銷蝕於朝風暮雨，牆推户塌，傾圮荊棘籬策，衆道斬湮，恐洪流之冲没，山門落寞，嗟輪奐以何從？寺有韋隆殿，神龕難其丹臒未施。適有何君起蕆任斯土，目覩橋廟頹□，福□捐金節倡，現菩薩以化身，衆擘易舉，士民樂功，商賈歡欣。温子文、張子士元等，鴻工庀材，勞瘁不憚，晨昏仍舊，繕葺勤辛。始自虚□苑然□□而弗勝，馮馮然百□而皆與□見溝通滄頭水，既順而橋可□虞，改户□牆，寺已修而橋乃永固。策馬於長虹，觀梵宫之壯麗，持於塞上，羨王路之坦平，則□德比恒河魚數而迪前，乃可以垂後矣。是爲序。

欽差督理殺虎口等處稅務禮部員外兼佐領世襲騎都尉加一級紀録

四次頓諱藏施銀拾兩

　　欽差督理殺虎口鄂爾多斯、歸化城等處地方驛傳道事務理藩院工事加二級記録佐諱昇阿施銀二兩

　　協鎮山西殺虎口等處地方兼轄寧武等關都督僉事官副總兵事世襲二等輕車都尉世管佐鎮加四級巴
諱泰施銀二兩

　　山西殺虎口協鎮中軍都司僉事□官左營□帶□紀録三次軍功紀録二次李諱鼎施銀壹兩

　　山西殺虎口協標右營守備□諱楊阿施銀壹兩

　　署殺虎口協標右營守備侯□□□董諱登朝施銀叁錢

　　朔平府經歷司經歷□諱華施銀壹兩六錢

　　朔平府常豊倉大使兼管庫務丁諱紹□施銀四兩

　　右玉縣典史韓諱敦仁施銀壹兩

　　朔平府右玉縣殺虎口巡檢司巡檢加一級何諱起施銀叁兩

　　原任寧武府五寨縣儒學訓道石諱文玉施銀二兩二錢

　　太原府大同縣儒學庠生李馥撰書

　　宋成芳絡外施菩薩殿壯點羅漢顏料銀四兩

　　以上通共妝過佈施銀貳佰肆拾叁兩零陸分

　　計開：

　　一項木料銀九兩九錢八分　　　　　　一項鐵器銀五兩四錢

　　一項磚□銀三十四兩七錢三分　　　　一項□□□□□銀□□

　　一項石料銀七兩三錢三分　　　　　　一項石碑銀六兩

　　一項石灰銀十五兩八錢　　　　　　　一項鍾一□銀□□

　　一項木作工銀七兩五錢四分　　　　　一項官□飯銀五兩□錢

　　一項泥作工銀五十五兩八錢九分　　　一□□□頭□□□

　　一項打牆工銀十二兩三錢五分　　　　一項利市銀□□

　　一項油畫匠工銀三十九兩二錢五分　　一項□□□五十五□□

　　一項槁工銀七兩二錢　　　　　　　　一項壁念經紙張□□□

　　以上十八宗共使過銀二百三十八兩六錢十分　除使過淨□銀四兩四□　入廟登油香□□□

　　經理人

　　張士元　岳鳳　王剛　白定男

　　和廉　王達□　義生店　常履□

　　溫文　孔尚志　隆盛店　杜爾惠

　　李秀　梁正顯　增盛店　翟玉璽

　　武□顏　張关禄　李進義　張自成

　　住持僧宗鈺

　　峕龍飛乾隆拾捌年歲次癸酉季秋菊月上浣公建

上編　現存石刻

一六五

洪鉴与纪氏墓碑

【简介】

　　清乾隆二十二年（1757）勒石。原在右玉县右卫镇黑流堡村北，现存于右玉县博物馆碑廊。碑黑石质，圆首，长方形，高120、宽52、厚15厘米。碑阳额题"碑记"2字，碑两面边框线刻连寿纹。

【碑文】

（碑阳）

　　　　　考　公讳鑑府
　　故顯　洪　　　　君之位
　　　　　妣　母紀老太
　　男其淳率孫格　權　相
叩識

（碑阴）

　　乾隆二十二年七月穀旦序此

　　先考洪公諱鑑府君、先妣洪母紀老太君之墓，昨歲移葬於東北山隈，非敢輕擾先人之靈與祖考、祖妣相撲隔，寔因穴道無地，亦樹大分枝之一議也，因勒石於茲。一以誌先人之靈恒棲於斯，以示不忘；一以叙遷坟之由，俾後日新坟坐葬者，即此茔所迁先考、先妣之精靈也，庶不紊一脉之支派耳。

　　男其淳再識

大南山显明寺天王殿碑记

【简介】

　　清乾隆二十七年（1762）勒石。发现于右玉县新城镇蔡屯村。碑高180、宽76厘米。此碑是蔡屯村民从大南山显明寺旧址拉回村作为榨油辅助工具使用。从碑文看，天王殿是明嘉靖年间创建，重修于清乾隆壬午年。此碑应是乾隆年间重修大南山显明寺天王殿时所立，即乾隆二十七年（1762）。碑阴为功德芳名，捐资者大多为郡庠生员。

【碑文】

（碑阳）

　　……寺天王殿碑記

　　……彰典爲之後雖盛弗繼

　　……嘉靖年間，然不過正殿數間，盈廟觀□未□厥……東□照苦行獨爲募化經營衆善人等增修天王……樂然觀之者，無不□□目□，其□目人不無風雨□飄搖□□宜□□□□勉□凡□之……名也……前□□□□□之業壁以伐乎，近□善士□大發慈□，踴□□□造修東□□□壁大殿□□□……各捐己貲，並募衆善趨事，赴□重修舊□，不數日而告竣，厥鐫……□神妥□□□□共之森嚴，□之嗣起者，陸續補葺，勿令圮廢，□庶爲之先書克□之移……之……其……

　　峕□□大清□□乾隆貳拾□年歲在壬午荷花月吉日立

　　□郡□□□□□歲右邑弟子陳邦直沐手書

（碑陰）

　　王進玉　辛生任　程全柱
各施銀式兩　馬然□　□□□
張成聞　呂□□　慕問恭　各
施銀一千文　王謨　馬騰銀
王訓　馬騰徒　程福　趙應虎
張祝龍　張人龍　各施銀一兩
□斌　惠信　賀常□　許建□
□□□　趙□□　張照龍　馬
騰傑　張燕　李宣□　楊合
馬騰愷　房運春　張雄興　馬
騰曾　相□布　□□相　馬□
志　閆祥雲　盧光宗　各施銀
□□　任國璉　施□□　楊德
山　邵啟春　程朝舉　趙國泰
□　祥　□□□　□同存　張
文龍　□存文　□□　□□
白□　劉和　李有珍　牛鯤金
蔡山林　各施銀三百文　曹四
景　魏福成　馬騰□　張林
龍　李信　□□　□□　□
□□　楊進興　朱三元　段朝
賢　趙純文　李懷才　王□斌
庠生耿維興　庠生□□　胡□
李繼來　古朝□　□□□　王
添名　張維新　……　陳善興
朱長元　程□□　庠生李職
胡長印　□□　□德朝　呂大
發　梁普　朝文學　馬騰鳳
□月龍　□□龍　……　王
明　王廣　王□　各施銀二百
文　高昇　崔永□　景政　房
海玶　史存德　王□……張國
□　張國□　張國□　蘇□辭
呂爲昇　商良玉　韓祿　周應
科　牛喜　張科　張國洪　安
溶　劉珍　呂全　……　□
昇　康畢　李福　李□　高成
林　李珎　李懷良　韓發　姚
世巽　解國明　姚世旺　□賢
□旺　……　周蘭　崔義　各
施銀二□　張國佐　施錢一百
廿文　王之煥　施錢一百文

重修龙王庙关帝庙圣母庙碑

【简介】
　　清乾隆四十二年（1777）勒石。现存于右玉县马莲滩村中。碑圆首，高132、宽62厘米。额题"万古"2字，四周线刻云气纹。碑阴为功德芳名。马莲滩村西有一池水，名清化海，建有庙宇群，香火兴盛，周有马莲盛开，四方民众香客络绎不绝。

【碑文】
　　盖聞神功浩蕩，实聖保惠之靈，脩廟施金，宜伸崇奉之典。清花海舊有龍王廟一所，功德主王之茂、支寬，經理人胡継儒、胡継欽、王熙武、蒯金培、李美春、王啟科、韓德等，已創於乾隆二年丁巳之歲，但年遠日深，廟宇頹坨，山門鐘樓一概破損。春祈秋報之際，何以揭虔誠□□□侑焉，七村人等，蒿目斯殘不忍坐視，欲建新之，故三月初五日齊集滴水涯村，同公議論，覆議建關帝廟。聖母廟於龍王廟之左，誠盛舉也。夫關帝生於漢末衰季之世，精忠大義，昭指人心，史則可考勿容贅述。蓋益家祀而户祝矣，若夫乾父坤母，天施地生，聖母育嗣之功，尤源本之所在，可不思以報之乎？至於龍神早隆甘霖，人共沐夫溉澤時，沛膏雨物具賴以生成，而五谷豐登之恩，莫非默佑之，神明也。則增式廊，豈非屬分内事哉。兹幸王義、胡官、葉存仁、王尚武、陳有盛、王訓□、□宗等，虔心募化，□□達脩，□遂木庇材，將□殿壁□以至山門一楹，禪室三間，及□壁墻□院落等工且内外，俱加□□□，几金碧輝煌，燦然維新，而鯨鼉吸鳴於晨昏，香火楮爐於望朔，主斯役者可謂竭□力盡厥必矣，工竣□□，欲誌以遠。另將捐貨人名開列於石。

　　　　右玉縣儒學生員胡自功敬撰並書丹……王□斌……
　　　　畫工錢壹拾叁千陸百　木料錢□□貳……官張富　李……
　　　　石工錢捌千伍百　□瓦錢貳拾錢……郭有孝　潘……
　　　　木工錢捌千□□　□□□伍千叁百……解朝□……
　　　　泥工錢貳拾千伍百　關□□用……訓……胡□□　□景□
　　　　□工錢柒百……
　　　　大清乾隆四十二年歲次丁酉……立

重修城圣庙碑记

【简介】

　　清乾隆五十六年（1791）勒石。原存右玉县杀虎堡旧堡城圣庙，现存右玉县博物馆碑廊内。碑黑石质，首不存，长方形，高130、宽58、厚16厘米。碑面四周线刻祥云纹，碑文楷体，16行，约530字。

【碑文】

　　重修城聖廟碑記

　　《易》曰：聖人以神道設教而天下服矣。古先哲王豈無禮樂刑政以化民成俗，而必致力於神者。蓋神以明爲名，明以堂爲用，故不疾而速，不行而王，以神治人，聖人之道，易道也。街兹城聖，職爲郡令，司爲明勅，其澠守人也，善之則福，淫之則禍，尤神道設教之切者乎。吾里舊堡有城聖廟，創於崇禎年間，康熙十九年一修葺之，四十九年再修葺之，迄今歷年已久。周視金玉丹青、門欄垣堉多闕狀，耀宇曹、卓尔盧君心思念之，丙午間癸發願□□，乃就里中長者周諾等輩，無不踴躍襄事，用是極約經營，共爲修葺，又廊其餘，創立樂樓三間。不數月，而各三就理頌者興創者，成不僅鳳□□□□□攸去已也。今者由外以視，焕然其臺榭焉，而如鳥斯□矣；由内以視美哉，其怡奐焉，而如翬斯飛矣。嗟乎！人之樂善，孰不如我自有，曹、盧君倡之于始，方之興起者乃至焉，遂使前人之功德頓然聿新。神靈以妥，民志以和，藉非曹君則以神設教之道，曷克在兹而畏敬，慈創之風烏乎有作矣是哉？□以不誌，因勒諸石以示後云。

　　朔平府右玉縣庚戌科恩進士麻埃撰　其子儒學生麻生秀熏沐書

　　欽差督理殺虎口等處稅務宗人府左司掌印理事官加一級記録一次宗室禄施銀貳拾兩

　　欽差督理殺虎口等處稅務宗人府左司掌印理事官加二級記録一十次宗室成施銀拾兩

　　欽差督理殺虎口等處驛傳事務理潘院徠遠司主事加三級記録五次瞻施銀捌兩

　　殺虎口協標中軍都府兼管左營事務隨帶加一級又加二級張施銀二兩

　　殺虎口協標右營守府加一級記録一次九施銀壹兩

　　朔平府右玉縣殺虎口巡政廳加一級記録五次

　　斜首　王住石□□□□　王幕鋪施銀三兩　蘇秉義施銀拾兩　盧士傑施銀拾兩　曹月施銀拾伍兩
馬鋭驤施銀拾兩　盧士榮五百　王爲相施銀伍錢　靳純周　毛起裕　□志□　孫世仁　□□　陳秀童
王在□　成大吉　張□□　宗維□　郝□　張□　王鈞張現明　張□　大公□　橋□□　各施銀□□

　　木匠　蘇恒禮施銀三兩

　　石匠　王元運

　　泥匠　尉佳林

　　畫匠　□義

　　住持　遠褚

　　大清乾隆五十有六年歲次辛亥月律應鐘中浣穀旦立

重修关帝庙碑记

【简介】

清乾隆五十九年（1794）勒石。原存右玉县右卫城仓街关帝庙，现存右玉县博物馆碑廊内。碑黑石质，长方形，高180、宽81、厚20厘米。碑面四周雕刻祥云纹，碑文楷体，24行，约1200字。

【碑文】

重修關帝廟碑記

《詩》曰：如跂斯翼，如矢斯棘，如鳥斯革，如翬斯飛，君子攸躋。人且如是，矧□神乎？朔郡倉街聖帝廟，不知創自何時，雖節經修理，但歷年已久，風雨摧殘，坍塌已甚。臨近士民商賈人等，目擊情形，心竊不安，公議各執疏引，募化重修，約需千金可以整竣。但事以人重，風自上行，夙知郡憲章敬佛禮神，出於□成，因敢經情稟明，希冀表帥，乃竟適合素願矣。除捐施外，又會合同寅，倡率僚屬，各行捐助。於是上感下應，真如草上之風，司事者無弗踴躍，佈施者均各情殷。擇吉二月十九日庀料鳩工。正殿添建，抱廈西廊傾頹，力爲建正，東廊赤地，重爲創始，山門以内添設鐘鼓二樓，社房□□增築一間，正殿偏西空基，增置廚房二間，三代宮除整理之外，東西廂房各添一間，外配東西又改建房數間，臨街大門亦系新爲修造。□乃丹楹刻節，美輪美奐，頓覺改觀生色矣。則所以安神靈而申安侑者，不在斯乎？因刻諸石，爲後之樂善者勸云。

欽命督理殺虎口□務内務府郎中加一級記錄七次馮諱七十四捐京錢貳百吊　開光戲三日

欽差督理殺虎口驛傳道齊諱克棠阿捐京錢拾吊

協鎮山西殺虎口等處地方兼轄寧武等関副總兵加一級德諱□捐銀五両　署殺虎口右營守府張諱紹捐銀伍錢

殺虎口左營都閫府加三級郭諱明宗捐銀四両

署朔平營部廳委右玉□廳許諱安捐銀伍錢

分鎮朔平營等處地方都閫府察諱明阿捐銀四両

朔平城守部廳田諱□捐銀叄両

分鎮平魯營等處地方都閫府倭諱克精阿捐銀四両

署朔平府營司廳武舉王諱培璉捐銀伍錢

原任嵐縣司廳宗尚義捐銀弍両

特授朔平府正堂加五級紀錄七次章諱鈺捐銀伍拾両

朔平府經廳王諱言捐銀拾両

朔平粮餉理事分府加三級記錄五次文諱溥捐銀叄拾両

殺虎口巡政廳錢諱士方捐銀捌両

右玉縣介賓王秉元捐錢伍千文

署朔平粮餉理事分府加五級記錄十三次三諱陽泰捐銀四拾両

右玉縣教諭關諱璵捐銀壹両

右玉縣訓導王諱士達捐銀伍錢

朔平分駐寧遠分府加三級記錄五次素諱敏泰捐銀叄拾両

寧遠司廳劉諱廷標捐銀壹両

後營子巡政廳鍾諱詮捐銀弍両

右玉縣正堂加三級記錄五次商諱璉捐銀叄拾両

右玉縣督捕廳王諱恭壽捐銀捌両

候選經歷王秉禮捐銀弍両

朔州正堂加二級記錄六次朱諱□捐銀叄拾両

朔州督捕廳范諱文瑋捐銀弍両

候選經歷王傑捐銀弍両

馬邑縣正堂加一級記錄四次馮諱文濤捐銀壹拾両

馬邑縣督捕廳林諱國棟捐銀伍錢

候選經歷趙存本捐銀弍両

醫學黃朝臣捐銀壹錢

左雲縣正堂加二級記錄三次熊諱耳槐捐銀弍拾両

左雲縣督捕廳史諱萬義捐銀陸両

僧協司源琛　府醫學王九□　各捐銀伍錢

平魯縣正堂加一級記錄五次劉諱懷方捐銀拾陸両

平魯縣督捕廳董諱芳桂捐銀弍両

僧會司源寧　陰陽學馬廷□　各捐銀弍錢

大同府山陰縣庠生劉宣恪薰沐謹撰

招餘趙瑞符執之氏書丹

石匠　張發成

大清乾隆五十九年歲次甲寅孟秋穀旦立

重修大士阁碑记

【简介】

清乾隆五十九年（1794）勒石。此碑原为右玉县杀虎口平集堡观音菩萨庙（大士阁）之碑，现存右玉县博物馆碑廊内。青石质，长方形，圆额，高 167、宽 67、厚 18 厘米。碑面四周阴刻祥云纹，碑额横向线刻楷体"流泽正长"4 字，碑体正文阴刻楷体，16 行，480 字。

【碑文】

重脩大士閣碑記

嘗聞鬼神之德其盛矣乎，夫盛莫盛於大士觀世音菩薩。體物不遺，隨感輒應，凡聚廬托處者，雖生□之衆，多□□之異，尚而崇奉□□，普天之下莫不皆然。如平集堡之有大士閣，創始於前明天啟六年，自我國朝定鼎以來，順治三年一脩之，康熙三十九年再脩之，雍正十年三脩之，迄於今閱五十餘載，未有寸土尺木之葺。風雨飄搖，雀鼠侵損，□□□敞□□□□之春，馬公銳驤鑑□目擊心傷，遂與同里張公譽、於公德成、賈公天□、□公□、趙公良相相識□，□□斯廟廢墜之，甚寔不忍。□補修之任其誰諉乎？七公勝任愉快，募□□□□□□□工庶護修之堡者舉之，歷五月而工粗完。時近嚴冬，其工終止。□癸丑歲，復爲暨□□□□□□棟□□見樓閣□寶，殿宇輝煌，□圓完密孔□孔表前□甞之願□者，亦燦然更新哉，工程所□□□碣固問記於予。予以七公之樂善好施，同人情□，宜然而□姓□修善修福尤天理，□必然也。□始末而是爲記，願瞻拜於□者，其均思神德而撫或□其□□□耳。

儒學庠生孔澹憲撰文并書

□士賈有庫募化銀伍拾陸兩

張譽　於德成　賈興祚　馬銳鑑　各施銀拾兩　張鈺施銀柒兩　李澐施銀叁兩　李若施銀壹兩李希賢募化銀拾伍兩

善士

李希榮施糧修□□銀捌兩　平魯楊興禄施銀捌兩　賈文經施銀陸兩　朱煜等募化銀拾兩　温清濟募化銀叁兩肆錢

乾隆五十九年歲次甲寅小陽朔一日穀旦立

改移关圣帝君庙新建圣母马王庙并戏楼碑记

【简介】

清乾隆六十年（1795）勒石。现存右玉县元堡子镇崔家堡。碑圭首，高142、宽57厘米。额题"悠久"2字。碑文中有"是村之中自崇祯十三年建有"字样，可见此庙始建于明崇祯十三年（1640）。

【碑文】

改移關聖帝君廟新建聖母馬王廟併戲楼碑記

古有春祈秋報之典，足見分所宜祭之神，化生民財履□也，如靈……舊有□……哉，是村之中，自崇禎十三年建有關聖帝君廟，或□以□□之□無人……□楹□舍各一□，年□風雨，斜□榆傾頹……隘難等……並□人，各一□年□□雨神□□龍□顯……旁……抢材奉任庫地□建□□殿，□催□□□□其……聖母元君□，碧聖□穹……化……之用，俾□□□耶苟不設卒□祠則□□□義……馬王之祀生□□士人矣，□化殿□於□□寺殿……寺於期……有神耳，□補□□□控聚□枚……□龍□□□□□心聖產□廣……省，善建聖□以□□□啟斯，□而張□□覽也，□以遊□戲樓，將豈有所祈所□是□□□厝□觀瞻□。獄□□厥□□□，神雷□□有也。既竣而□文抡然，然□豈□序□□之□奉云□。

左雲縣□□原膳生員趙迪吉沐手撰文併書

募化人　□□□　□□誠　崔福　金□永　萬順義　張朔　高文□　□□□　□復興　張□

經理人　張□□……

木匠　劉山俊　之徒□光禮……

□匠　盧□□施□化王文

大清乾隆六十年歲次乙卯仲秋上浣之吉勒石

重修三教寺碑记

【简介】

清嘉庆二年（1797）勒石。现存右玉县右卫镇东街路南居民院内。碑圆首，长方形，高137、宽63厘米。碑阳额题"碑记"2字，碑阴额题"芳名"2字。碑面磨损严重，字迹漶漫不清。

【碑文】

（碑阳）

重修三教寺碑记

盖闻□□□前雖□□彩莫高之後，□□仰顯所以□關内……

三教寺由來舊矣，廟殿、□殿、廟邊殿、山門，風雨損□，本廟佳持元□□□憾……請□□會首會議各□已資陳修，接□今工成劑石，除今目同心善念，資□……今將□人口衆姓……□義店施錢三……施……義和以上……萬盛堂……萬生……李永□……天□號……集成□……□會春……萬……大□□……順成□……□房□生桂……大……各施……□志善……

經理……

龍飛嘉慶二年□□立

（碑阴）

□善如神施□人等

元□車鋪　永盛車鋪　興盛車鋪　各施錢二千三百文　王福□施錢一千七百五十文　白餘施錢一千四百文　張發成施錢一千一百文

孫祖社施財人等

永順齊　氈子房　恆順泰　邵□　恆興永高有　萬盛興　各施錢五百文　福源錦　劉正玉　施錢三百文　義合皮房　魏廷府　各施錢二千四百文　郭天福　施錢三百文

軒轅社施財人等

劉金　李超中　楊登富　各施錢一千二百五十文　馬雲驥　孫斌　祁榮　□富各施一千九百文　張文冠　高□利　韓威　各施二千二百文　賈□元　蔡□喜　蔡玉山　李怀重　王畢店　各錢六百文　李樹龍　尚克應　陳舉　張同合　李煥文　周繼昌　白長順　崔元貞各施錢二百文　高自亨　吉永祥　孫自癸　張昌順　王喜　柴丕俊　梁大用　賀福　韓昶　高

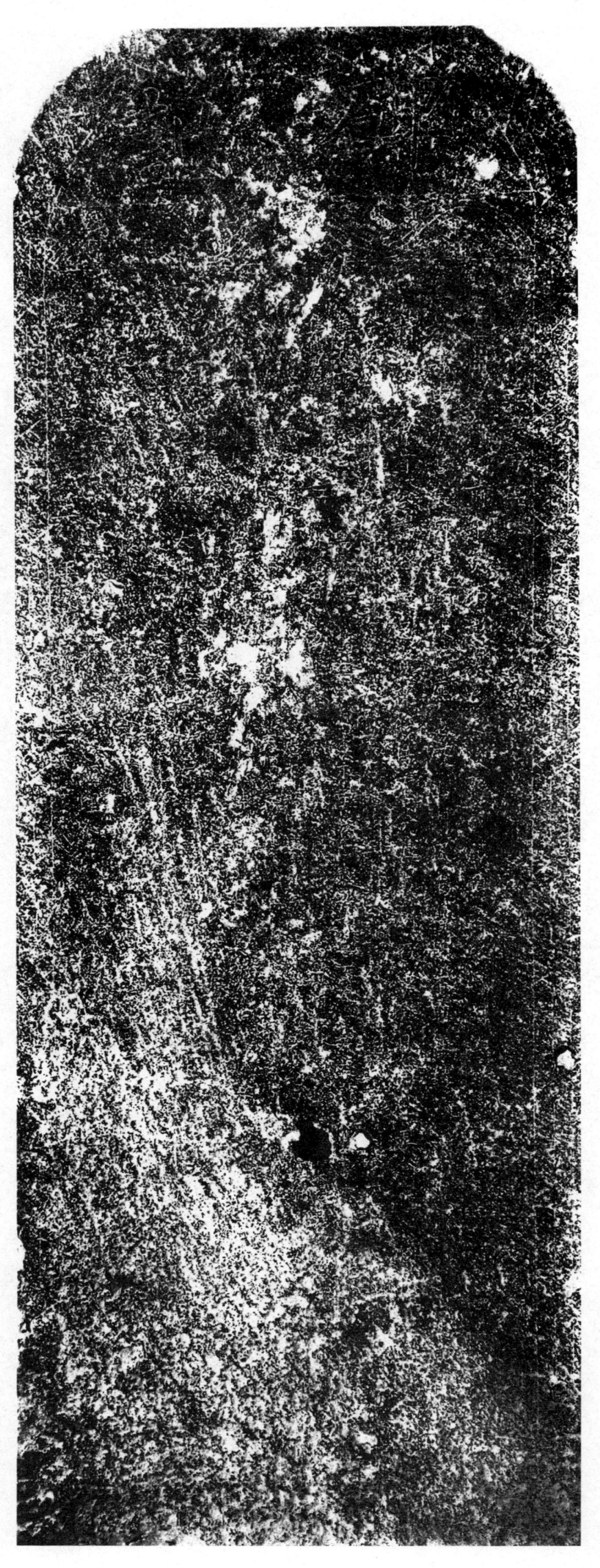

萬金　陳平　周彥　各施錢七百文　趙守禎施
錢四三十文　王興業施錢四百文　李向宗施錢
三百八十文　吳炳鵬　□□□　劉□彩　各施
錢三百五十文　□□□　施錢六百文　□興
店　施錢二百五十文　萬和時　施錢一百五十
文　合盛□　施錢一百二十文　□□□　張進
樓　康萬有　張成順　廣盛館　永泰館　元利
甫　萬金永　彩雲國　石嘈店　吉長局　復順
甫　何成業　王福祥　劉登興　王國忠　田璧
李福　張孝　計連　祁蒼　楊植　興盛永　興
泰成　蔡肉房　天興盛　三合永　各施錢一百
文　胡禎　劉文昇　各施錢二百四十文　胡國
□　郭玉　黃全善　各施錢二百文　賀玉　張
荣泰　各施錢□百文　呂丕隆　周□吉　各施
錢一百文　全義和　范有仁　華佐　天德永
新源隆　復增榮　永吉甫　三陽景　王醋甫
復元甫　鎰泰全　義盛昌　吉成油坊　□面甫
三義魁　復盛魁　廣興隆　廣梧隆　□而用
合成永　萬盛魁　興盛號　萬全店　各施錢
一百五十文　兩合永　興盛德　永盛旺　恆盛
茂　廣生□　隆泰玉　義盛樓　慶順園　天益
樓　太和館　廣和景　太和甫　四合成　香油
甫　寧泰功　永源號　天元店　豐祜店　各施
錢一百文　楊昇　安奇　賈明　李生蓮　王興
基　侯玉安　各施錢二百文　王惠　李仲　劉
彩　各施二百文　賀榮　施錢一百五十文　發
雜食甫　王□鋪　張□功　□玉　張喜　孟蒼
薛福　左金　田吉玉　楊祭□　官發財　天順
館　各施錢五十文　馬進朝施錢五百文　馬成
鳳施錢五百文　許先高　龐延橿　王祿各施錢
一百文

孫祖社會首

義全成　福源乾　萬盛興　恒順泰　永順
齊

泥石泥行會首

高榮　田發　張文財　永盛舖　福禎　元
亨舖　蔡喜　興盛□　□威　安□簡

軒轅社會首

李□件　孫富　馬雲驥　韓越泰　安琦
劉一金　祁官　李玉　楊宗富　孫斌　王□

重修慈真寺

三晋石刻大全·朔州市右玉县卷

【简介】

清嘉庆六年（1801）勒石。现存右玉县博物馆碑廊内。碑黑石质，圆首长方形，高156、宽75、厚17厘米。碑四周阴刻祥云纹，碑文楷体。碑阴记述募化布施花名。慈真寺明代称白衣寺。

【碑文】

（碑阳）

重修慈真寺

教玄三門，鼎峙無分於高下；道無二致，朝宗總會□汪洋。惟天人之道已合，斯真空之身不□。朔郡大西街有古廟白衣寺，建自前朝至康熙壬辰□二百餘年。前任賽府憲首捐百金，廣□□□，開展舊制，從新修整正像白衣大士，□而□呂□□，王命其名曰：慈真寺。在古人深心自□□□，奈舊碑磨滅字跡不真，後之人僅就冥□道一道□□想像而揣度之，普渡迷津，超拔苦海，慈□□焉，金□壽世，草木回生，同一真也，非真□不□□□則不真慈□真也，内所以脱水火而□□□□之域，參天地而育萬物之生，慈真之意。天地□□□古人制作之功哉，高矣美矣，後之人聽其□□□落焉，豈不深可慨哉。本寺僧廣仁是□□□□金身□□□□□□修舉廢墜爲己任，叩募於□□，縣官

長紳士商賈捐各有差，興工補□□□□□□□感斯□也，聞不及古之人萬功所肇□□，抑一時之勝舉也。爰是銘之于碑，垂千……

　　欽差督理殺虎口等處稅務內務府……十二次伏□捐銀貳拾両

　　特受山西朔平府正堂加一級……捐銀貳拾両

　　特受山西朔平糧捕理事□……林□捐銀貳拾両

　　特受右玉縣正堂加五級……捐銀伍両

　　代州生員劉偉撰

　　弟子楊鳳起書

　　經理人　張□　冀□　王之□　任明　高文　李俊　□永□　李俊□　王文彥　……

　　住持僧廣仁　□……

　　大清嘉慶六年五月吉日立

（碑陰）

　　重修慈真寺募化布施花名開後

　　閆麵舖施錢柒千文　集成西施錢伍千文　德盛當施錢伍千文　□錦園施錢伍千文　王文秀施錢伍千文　廣□西施錢四千伍佰文　德盛店施錢□□□□　北老店施錢貳仟五佰文　李昇施錢弍千文　裕亨舖施錢乙千八百文　萬生會施錢乙千六百文　兩合永施錢乙千五百文　天益和施錢乙千五百文　劉芝春施錢乙千五百文……勝景舖施錢乙千弍百文　永興居施錢乙千弍

百文　萬盛義施錢乙千一百文　□□□施錢乙千四百文……李俊　祁成衣舖　合成永　源成木店　興盛源　萬全米舖　□□店　閆佩玉　義合公　大順當　現□房　三合成　左雲倉房　丁天□……龐喜勝　王正志　以上拾六家各施錢壹千文　劉承業施□□兩　廣裕隆　吉成油房　復盛魁　以上三家各施錢八百文　□□□　信義號　以上二家各施錢六百文　周明通　孟春遠　高昇　王英才　卜鈴　巴雅　西□□　興泰成　寧泰功　興隆茂　復元店　大新店　四美店　萬全永……五福臨　三義魁　張漢忠　袁宗　隆盛義　王尚忠　廣□□　永魁店　永興泰　常智　祁成當　信思功　以上二十六家各施錢五百文　萬順寧　廣泰發　隆泰永　順豐興　興誠永　萬德永　廣源□　天興盛　以上八家各施錢四百文　李瑞　郝應璧　興泰□　大來當　萬順源　萬全德　崇德□　許萊舖　□長後　劉萊舖　李鐵炉　萬順魁　鑒泰全　泰來當　德元昇　恒泰公　萬順源　隆泰王　少賞義　賈□榮　高士□　萬順成　以上二十二家各捐錢叁百文　蔡澍　萬順鐵舖　四合成　後元舖　宗尚義　興盛德　慶永□　慶順園　廣順德　天益楼　慶盛全　永□恒　萬盛全　生鉄舖　上三元　復元錦　陳花舖　豐盛公　成興永　義合成　育寧堂　京粧楼樓　銅匠舖　合義成　天生號　□全舖　韓南舖　高玉宝　萬鎰楼　李草房　義順文房　三義德　永興昌　刘錢炉　舜臣永　永吉舖　恒興永　復興美　賈刀舖　興太源　田□舖　印有□鞋舖　□所岢　楊述宗　張萬順　興盛肉房　石嘈□　永興隆　以上四十九家各捐錢式百文　□恒昇　蔡珍　□維玉　郭通　三義公　永全□　復□舖　三義魁　義美園　刘天□　王橙　高志發　吉海□　刘□□　范安仁　閆景禄　許大用　三盛合　義順長　廣和京　復順舖　三義炉　萬全染房　天元□　武萬金　李生貴　賈元樞　天合□　杜玉　閆景祥　張耀先　萬□□　興盛舖　自立成　復興盛　□公時　□南館　大勝□　興順盛　許□棟　□休宿　白□舖　王喜　谷永吉　刘立　□□□　以上四十六家各捐錢乙百文

石匠　王正印
木匠　侯萬順
泥匠　王轎珍　熊皆棟
大清嘉慶陸年六月□日立

重修宝宁寺碑记

【简介】

清嘉庆八年（1803）勒石。现存于右玉县博物馆碑廊内。碑青石质，长方形，高176、宽98、厚25厘米，从中间断裂为两截。碑面四周阴刻祥云花卉纹。碑文楷体，26行，约780字。碑文记载了重修宝宁寺原由经过。碑阴上部有字，下部模糊不清。

【碑文】

（碑阳）

重脩寶寧寺碑記

兹寺之由來久矣，舊燬於兵燹，莫考其始。惟前明遺碑尚在，知爲鎮守大同韋宮官……廢者□興寺，舊名畢在，大殿柱石鐫字可證。自常宦請勒於朝，更爲寶寧寺，今仍之。我朝康熙十一年，遊擊火公文黎，復因殿宇之傾圮，斜集衆善大加修葺，輪奐一新。迄今……自守斯土以來，檢閱郡志，載斯寺，爲衆官朝賀之所，亦來詳其所自始，詢之土人，謂：國初時，蒙古朝臺郎在斯寺。朷寺之卯始，相傳爲初唐之世，唐太宗困於口外郝水……公尉遲敬德微行出口，至黑虎嶺葫蘆玉山口，蹤得之，迎奉回朝，信□默邀佛佑，因建斯寺，是□有言也，惜無可徵，未足傳信，姑存其説，以備稽攷。寺之正殿，供俸大佛三尊，顯以靈畢……處試步□立冲甘霖，以故益敬禮之。寺中藏吳道之畫水陸一百三十六軸及藏經一千五十四卷，皆莊嚴。六姑尤爲佛家希世之寶，云惟是斯寺自火□復修以後……年□楊□□落舉聖□修葺，則日就荒燕。予因矢願首倡爲之，益以妥神靈，非以祈福報也，以由是蠲吉鳩工，崇其址，廓其□，廢者更之，壞者修之，缺者補之，自裝金之用，以夫黝堊……壁運石□類惘不具舉，殿東偏隅舊有□□殿，因地勢□濕，今移建於財神殿之前，餘財神仍其舊。計司己未之季春□言伊始，閱六月而其工落成。自此，前後二殿，左右兩廊……閣甬道山門安堵如故，不誠□□□□佛法高明之一會也，維時□理斯□□□域□敬德保暨僧宮源深、里人劉玉、□□□殿寺者，爲心蓮樂施捨以襄斯舉者，爲殺虎口伊……暨各官士民人等，工雖鉅而□易成，斂雖□而心則協未□，非神靈之□相，有以致□也，□從寺僧心蓮之請，因爲之記。

　　右衛城守特加三級德諱保捐銀五兩……兩

　　右衛八旗驍騎校葉布……素哥　□□杭阿□拉　□通阿　□將……

　　欽差監督殺虎口等處地方稅務加三級紀錄……五兩……維捐銀十兩

　　欽差督理殺虎口等處稅務禮部儀制司郎中加……試諱存捐銀一百兩

　　欽差監督殺虎口等處地方稅務內務府郎中加……伊諱昌阿捐銀二百兩

　　欽差監督殺虎口等處地方稅務加三級紀錄……德諱慶捐銀一百兩

　　署殺虎協助馬路糸府……諱亮捐銀十兩

　　殺虎協右營守衛布庭泰□捐銀十兩

　　欽差殺虎口等處驛傳道加三級紀錄……德諱謙捐銀十兩

　　朝議大夫知朔平府事軍功加五級紀錄……次章諱鈺捐銀一百兩

　　□□司王言捐銀十兩

　　朝議大夫知朔平府事隨帶加一級紀錄……次廣諱玉捐銀五十兩

　　□□□□玭捐銀十兩

　　奉政大夫知朔平府粮捕理事同知加三級紀錄……次順諱慶捐銀四十兩

　　威遠□□□烋捐銀□□

　　奉政大夫知朔平府粮捕理事同知加三級紀錄……次珠諱拉捐銀五十兩　朔州□政趙都捐銀□□

　　文林郎知右玉縣事加三級紀錄……次吳諱德輝捐銀五十兩

　　殺虎□巡檢錢士元捐銀□□

　　文林郎知右玉縣事加三級紀錄…………次龐諱□善捐銀五十兩

　　右玉縣典史柴悼捐銀□□

　　文林郎署平魯縣事試用知縣加三級紀錄……次譚諱黨世捐銀二十四兩

　　平魯縣董□桂捐銀□□

　　右衛八旗防禦音德　阿尔察　七十六　穆騰阿……銀二兩

　　鄭房處筆帖式算箸捐銀二錢

　　例授文林郎候選知縣錢塘庚申……以□魯友芝撰

　　誥授朝議大夫知朔平府事加五級軍功一級紀錄十次前中兵馬司指揮刑部……主事庵兩司員外郎山東司郎中錢塘章□敬書

　　龍飛嘉慶八年歲在癸亥孟秋夏瀚□□……日立

　　住持僧會司心蓮暨徒源尚

（碑陰）

　　素瑪尔图　廣明　化良阿　保明　衆兵等共施艮二十四兩　刘滿庫　李金山　共施錢十千文　大順當　德盛當　楊魁玉　……以上各施錢五千文　□老店　集成店　各施錢四千五百文　源成才店　大來當　……　賈瑛等　縣兵房鄭雪　朔府庫吏楊震　泰來當　閆佩玉　萬順益　復盛店　德□昇　萬全德　益泰全　泗美店　大新店　璘盛德　復順甫　各施錢二十五百文　……　三有元　吏員趙存本　府兵房孫廷珺　縣刑房張進財　縣工房賈國彥　興甫盛　大□店　……　萬全永　□豐興　萬盛義　隆泰永　萬順成　□泰湧　永成恒　韋倉　大□□　……　王尚忠　崇泰□　府吏房李振堂　府庫房陳瑛　義美園　縣特瑪　縣杜瑪　縣皁瑪……　□文元　聚□泰　府員房郭銘　府□□庄乾　府

褙科　龐顯功　府兵房王文郁　府康□房李□……　□元甫　復興□　永□順　萬□□　源永□　泰
源長　廣福昌　吉成局　裕聚財　復盛□……　□義和　廣興盛　蘭成傑　馬□喜　王瑞□　□進
祥　于□潤　縣□房　張天□　□□□……　□義永　韓□　侯承恩　付□店　鄉耆苗來夆　以上
各施錢□千文　雙盛泉　萬□□……　□隆泰　萬全面甫　順車甫　各施錢六百文　廣生泉　江南馆
德義□　□□□……　□益楼　永生泉　四合成　盛□局　信義號　郭忠謙　□□尚……　縣□
房張文林　仵作馬□□　郭振威　審如意　姚福　孫照亮　□泰　各施錢五百文　……□景　□□□
張□　□□□　張德才　各施錢三百文　□刀甫　德義盛……　□德當　復興當　義永當　三義
永　仁盛景　聚合誠　泰臨裕　元盛昌　義合公……　張玉金　王化芝　蔣秉恭　萬義當　棋杆
村　天豐永　康萬才　王福全……　劉顯海　義成永　劉尚義　何倉　天泰當　張興遠……　曹
昌義　中和美　廣義成　馬世旺　何亮　張德慶　萬鎰當　丁文雨　王者秀……　曹明元　四興陽
黃嶂　史秉正　金萬鎰　胡大木　萬和合　楊□□　黃尚業……　□忠　湯三畏　恒足甫　四合
店　謝之成　萬舜泰　楼子店　廣生泉　康萬枝　合成興……　王任　段成元　王富　高黃　以上共
施錢七十千文　監生馮銳　□德成　生員張建勳　生員胡文盛　生員武作智　生員賈興作　張鈞　賈
文經……　□壽　周二□　以上各施錢三千文　高瑛施錢三千五百文　張鎰　王荣甫……　□軍文
賈文元　曹仁旺　各施錢□千五百文……

　　　　總理俻工僧綱司　源□
　　　　總理施工　高□　刘國玉　李文元　張明□　郭宏模　雷天斌……

三官阁记

三晋石刻大全·朔州市右玉县卷

【简介】

清嘉庆十八年（1813）勒石。现存右玉县博物馆碑廊内。碑黑石质，长方形，残高 112、宽 64、厚 11 厘米。碑阳额题"永垂不朽"4 字。

【碑文】

三官閣記

三官，殺虎堡中關建有三官閣，其創建年月無碑誌可考，□□□三十七年□□□自時□三官後一有餘年，其再重修興工□□□次或□□□神賽社演劇三日，備□規也。眾□□王寶珍者，倡舉善以興，眾商神□民敬謀所以，修之爲□，□□□□次第重築，□分□□，金碧輝煌，一時廟貌已羨過舊觀。□□□用其□構爲營□博巨廣，□閣琉離相向。重修□月，落成於十六年九月□□越寒暑，非工費之浩繁至於□□□覯厥則永□勿□之思，是所望於後之踵事繼之葺而□□。

庚申舉人揀知縣侯補□□敬撰

朔平府右玉……沐書丹

經理人 馬汝□
王定鼎 蘇天喜 蘇克孝 王寶□ 郝魁文權肇□ 姚發旺 李宝

住持 賀寬如

徒 演憚 □□

大清嘉慶十八年□□九日癸巳穀旦立

重修云石堡庙宇记

【简介】

清嘉庆二十一年（1816）勒石，现存右玉县云石堡村。碑青石质，上部残缺，残高125、宽74厘米。四周阴刻花卉纹。

【碑文】

……□之非以侈规，誌不忘也。考朔郡西南舊有雲石堡，関内有……歷之乙巳年，廟貌辉煌，且豆森对誠，鉅規也。然年深崴久，風雨摧折，漸□傾頹。□歲夏，鎮守程公糾……庀材，使墜者舉之，廢者修之，不数月而成厥功。凡遊斯地者，莫不羨棟宇榱題，燦然而新，神靈誠得所……其威必有後以成厥美，是以功□之□。程公属予作文以誌不朽。予慚材不克，稱厥使然，按之黄岡……昌獨坐軒類，皆有誌。㓟……属祝典之盛舉，而不可不刻石以□□□誌不忘乎夫，是以不辞固陋而爲之記。

　　□□儒學訓貢生楊振發撰

　　□□鎮属朔平营分守雲石堡城守司廳加一級程国泰捐銀拾兩

　　□□堡城守司廳程公共外化過布施銀壹拾三兩弍錢

　　□平府右玉縣庠武生張廷桂施銀壹兩

　　□□會首

李祥虎　李生蘭　郭祥　王林　張廷桂　黄淑仁　王通　孫延曾　郝永泰　郭珠　姚祥　李深香馬□元

　　□□施石灰三佰斤　袁□施血□弍□　李□施血□壹兩

　　募化會首

蘇有成共化艮八兩四錢　趙崇德共化艮九兩六錢

馬天喜共化艮十一兩　閻营共化艮二十三兩六錢

王通共化艮二十七兩二錢　王有金共化艮十三兩八錢

楊存珍共化艮十兩三錢　王孝共化艮九兩二錢

任應興共化艮八兩二錢　孫萬有共化艮七兩

姜秉義共化艮七兩五錢　利玉保共化艮七兩七錢

侯財共化艮七兩七錢五分　孫璞共化艮七兩八錢

郭玘林共化艮七兩□□　髙志富共化艮七兩□錢

李楊□共化艮七兩六錢　善如共□□七兩三錢

楊萬春共化艮七兩九錢　郭喜共化艮五兩二錢

王德共化艮五兩二錢　金富共化艮五兩八錢

蓝威共化艮六兩五錢　□永共化艮六兩七錢

邢永泰共化艮六兩五錢　吕倉共化艮六兩二錢

吳荣共化艮六兩一錢　髙明喜共化艮□兩七錢

王林共化艮三兩　張□斌共化艮三兩三錢五分

刘秉玥共化艮四兩一錢　乔寛共化艮四兩三錢

石翠峯共化艮四兩八錢　史發共化艮四兩三錢

郭祥共化艮四兩□□　張良□共化□□□□□

王□化艮□□□□　冀照喜化艮□□□□

　　石匠　□□

　　画匠　冀□

　　木匠　□□　□□

泥匠　□□
嘉慶歲次丙子年季夏下澣穀旦立

重修玉皇阁碑记

【简介】

清嘉庆二十二年（1817）勒石。现存右玉县博物馆碑廊内。碑黑石质，圆首，长方形，高185、宽65、厚16厘米。额题"流芳百世"4字，碑面四周雕刻荷花纹。碑文楷体，16行，约450字。

玉皇阁建于杀虎口旧堡正北堡墙马面之上，琉璃黄瓦，富丽堂皇，无与伦比。

【碑文】

重修玉皇閣碑記

創以開元，因以繼後，惟敦善不怠者，乃能紹述而聿新。殺虎堡創自前明嘉靖年間，而玉皇閣□元大殿建焉。是自有斯堡即有此廟，金華璀璨，城上平臨望之，如雲中鳳闕然，所以崇祀典達神庥者，因一方之巨觀而生民所賴以庇護者也。前後數百年接踵補葺，尚無廢嗣。居民無恒產，漸移口外謀生，堡中僅數十家，煙火不能勤修，以致閣傾坍塌，殿宇傾圮，暮鼓晨鐘失其依，禪林法苑無所靠，頹敗處不一而足。若不及時補之，必至工程浩大無法□□之勢。歲丙子，本堡善士王公鈞、秦公世昌、楊公如槐、高公煒、高公煥、張公照明、於公守中、李公景沆、李公潤梅、秦公世遠等，量力解囊捐募，貴官長者共襄盛舉。自春徂秋，首率工作，併力經營，功告竣。不惟，舉座嚴肅，大殿輝煌，而左右配享，如尊神祝融氏、公輸子、瘟神諸祠，無不整齊焉而煥然一新，猗歟休哉！誠一方之巨□，而生民所賴以□庇護者也。嘗曰：上帝降衷於下民，若有恒□恒性者善也，惟願後之君子嗣而葺之，是堡中之幸也，而生斯土者其永荷神庥於無暨焉。善夫！謹勒石以誌不朽云。

戊午科舉人揀選知縣溫廷新薰沐敬撰

右玉縣儒學廩膳生員任□元薰沐敬書

經理人　王鈞　張照明　于守中　李潤梅　李景沆　楊如槐　秦世昌　高煒　高煥　秦世遠

住持　雷來照

大清嘉慶二十二年歲次丁丑秋九月上浣穀旦立

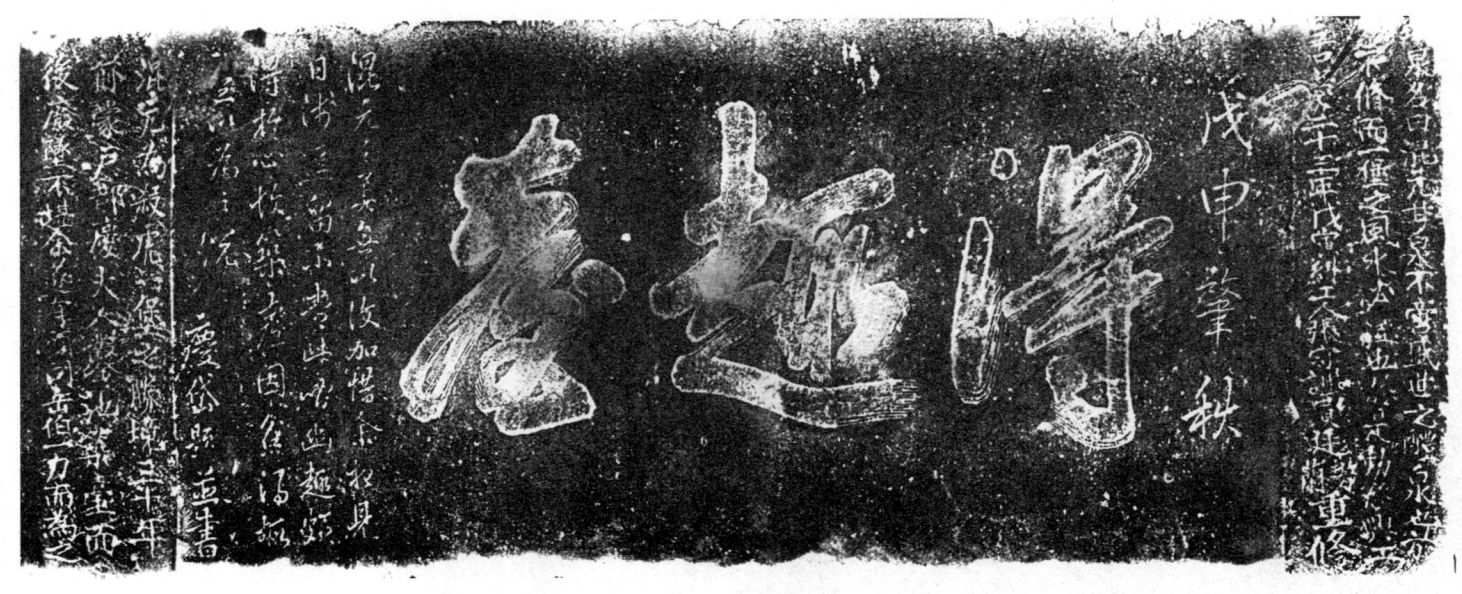

"得趣台" 石刻

【简介】

　　清嘉庆二十三年（1818）勒石，原在右玉县樊家窑村井台，现存右玉县博物馆碑廊内。碑黑石质，长方形，高48、宽88、厚34厘米。碑面行书"得趣台"3个大字，题首楷体"戊申肇秋"，碑体左右侧皆楷体，刻文末叙"得趣台"由来。碑阴行书"得趣台"3个大字，题首与落款阴刻满文。

【刻文】

（碑阳）

　　戊申肇秋

　　得趣臺

　　混元之美無以復加，惜余相見日淺，逗留不常。此间幽趣頗得於心，故築臺因名"得趣臺"，以爲之说。

　　慶岱題並書

（左側）

　　北泉名曰混元甘泉，不啻盛世之醴泉也，於□不修而一堡之風水必湮也，於是動念興工。嘉慶二十三年戊寅。

　　糾工人　張守訓　賈廷芳　賈廷蘭重修

（右側）

　　混元爲殺虎一堡之勝境，三十年前蒙户部慶大人鑿池築臺，而後廢墜不堪，余遂有願同岳伯一力而爲之。

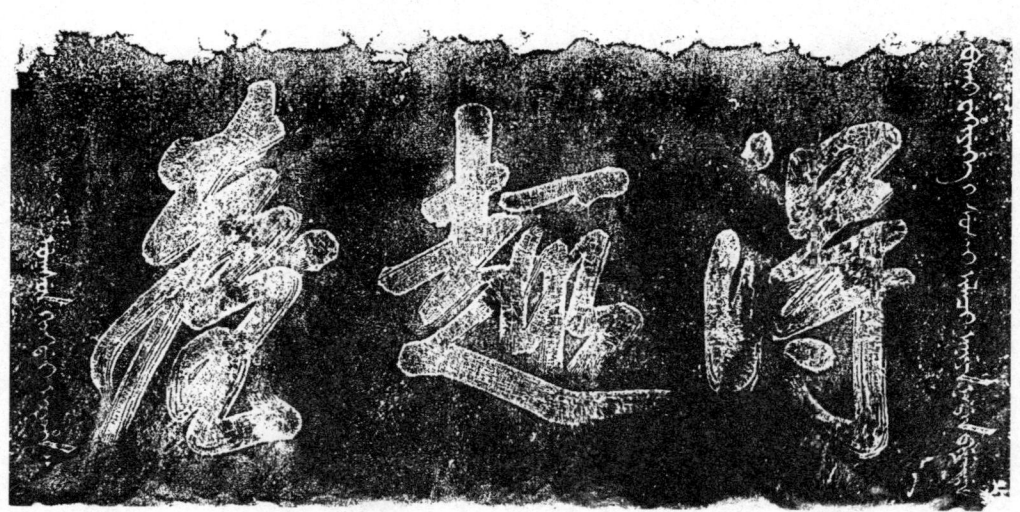

（碑阴）

　　（满文略）

　　得趣臺

　　（满文略）

修缮台碑

【简介】

　　清道光七年（1827）勒石，现存于右玉县右卫粮仓。碑青石质，长方形，高70、宽187、厚18厘米。碑文楷体，16行，100余字，碑面四周线刻万字纹。

【碑文】

　　名山之建修，始於前代，相助於後人，揆厥由來，歷年□□不能，無人□□憂至，此墓□損壞，目覩□愴，捐資戮□，以成區區一隅之功。

　　信心弟子牛心堡曹廣位施錢拾五千文

　　石泥匠　郝室　郝登壯

　　主持僧　廣瑞

　　庠生冀安泰敬撰

　　大清道光七年孟夏示

重修丰稔台碑记

【简介】

　　清道光十一年（1831）勒石。现存右玉县博物馆碑廊内。碑黑石质，残高84、宽69厘米。丰稔台为右卫古城东门外一大胜景，登台而上，庙宇群立，极目远眺，览物无尽，故为"恒阳十大胜景"之"风（丰）台揽胜"。

【碑文】

　　重修豐稔臺碑記

　　今之豐稔臺，原昔之風神臺，粤稽府志，冠恒陽十景之首，名曰：風臺攬勝……聳，上建魁星樓、文昌閣。登斯臺而觀覽之，一方名山勝跡，出沒隱見於……者矣。自乾隆辛亥年，太守章澀是郡也，時有青烏縱論謂斯地，士子鮮□……將魁星樓、文昌閣改建東南隅城樓之上，因毀其臺又將風神殿改……年豐歲稔之義，爲斯士斯民計者，意甚厚焉。奈氣運不興，蕭索尤甚，由是□……此盛舉始事於道光九年孟夏，訖工於十年孟秋，廟貌重新。惟殿后岑臺□……期神靈默佑常如是，二年雨順風調，氣運由興，復有共成勝事者繼於□……

　　右玉縣儒學正貢廩生白罵鳴□氏……

　　朔平府知府黃德濂　捐銀□兩　朔平府糧補理事同知祥璋捐……

　　豐鎮理事府承章　捐銀□兩　朔州知州許昭德捐……

　　右衛城守尉慶禄　捐銀□兩　分鎮朔平營都司海昌捐……

　　廂黃　正白二旗防禦薩克慎　驍騎校錢亮　各施銀伍錢　正黃　正紅二旗……

　　廂白　正藍二旗防禦平安　驍騎校滿德　各施銀伍錢　廂紅　廂藍二旗……

　　歸化城募化　醇厚社　集錦社　公合成　各施錢伍千文　聚錦社當……寶豐社　復盛功　福合泰　義和明　復興榮　各施錢叁千文　福□……王景堂　任礦　各施錢壹千叁百文　天德恒　趙榮貴　喬士毅　德恒……謝貴　郭文　辛存善　各施錢壹千文

　　源深湧募化　本舖施錢貳千文……通義永　天和義　復發永　萬和成　永和美　大西園　雨順居……魏木舖　義興園　各施錢壹千文　馬特施錢五百文　晋名園施錢叁……　復泰隆　復泰長　復泰義　各施銀叁兩　復成義施錢拾千文……

　　大清道光十一年歲次辛卯律仲林鐘……

重修文庙自叙

【简介】

　　清道光十一年（1831）勒石。现存于右玉县右卫镇玉林书画院内。碑黑石质，长方形，高55、宽80、厚12厘米。

【碑文】

　　重修文廟自敘

　　丙戌春，余膺簡命，來蒞右玉訓導。垣□□□中也，廟□□□爲禮……心傷，時深惶悚。丁亥歲，蘇生□太尊等，原此邦□，余有同心，周公□□孝□□□久住□所，□年□□間□人每有□□□程□□□共□□□猶即詆住□石□大同……先生徐□□□府輸衆捐□□□□歷□苦寒……蘇生□專由太原至剳……廠化一……夫就□言四起，覺有令地方可問有，余不避□鍾尺，今於十一月二十□日□同□□殷國楨、張炤賈、□雲□□，前往蒙歸綏道惠關，照前後共得四五佰金，建木□□歟□得一千四五佰兩，已且四月初六日與工□□。大成殿□□□祠，兩□拐角門，明倫□□躬泮池，石宦籍鄉賢祠楹□門八卦，□□西□廂以及周圍□積□□而十，於辛卯九月工竣，□□房地基僅存□施短□有缺焉，斯舉也，雖系因□依舊，而使□者不□於□整□蕨前未，殆非安神明之意，□夫士□予之工，□□先德行而□問德行不存，雖學問優長亦□有□於名教，況廣文尤爲□碧所觀望者？我輩幸遊聖人之門，遇當其會，不□爲聖人籌畫，而綠營醉生夢死□飲□而□□也，余雖愧乏幹□之才，卻喜無暗昧之行。蒙現任黃太尊再三囑令，一力躬承其□之坎□，參差資□斯績亦幾□有不能告□之意，今□夫工落成□圹厥，而清夜自思，殊覺撫懷之無□□，曰：太上立德，其次立功，其次立言，余雖不稔佛邀名而書□在我，其他□何恤焉。□即串之起伏顛末而爲之□。

　　□陵薛秉經□□

　　道光十一年歲次辛卯□月吉□立

金炉社重修三教庙碑记

【简介】

清道光十四年（1834）勒石。现存右玉县博物馆碑廊内。碑黑石质，圆首，长方形，高170、宽65、厚18厘米。额题"万古流芳"4字，碑面四周雕刻卷云纹，碑面上部横刻楷体"金炉社"3字，碑文楷体，21行，约700字。碑阴额题"碑记"2字，刊刻捐施名单。此碑为道光十二年撰文，十四年刊刻勒石。

【碑文】

（碑阳）

金爐社重修三教廟碑記

三教廟者，建自前明，補修重葺未嘗無人，第上兩旁風延年漂蕩，陳丹暗彩，日就傾隳，蓋少雙駕之瓦，□虛凰之磚。道光十有一載之三月，衆斜首等協同納道李樂共募修於焉，出史晨之家穀，率乙瑛之王錢，□粒米而爲山，截鉤金而輸庫，遂得工匠陶航各程其材，殿宇垣堵重新此日，爰成片石以書銘，同志落成之歲月。時道光十有二年榴月既望，秀山賈鳳靈摭其大略以記之。

特授朔平府正堂加二級紀錄□十次□羅賽英額捐銀壹兩　本行朱萬金捐銀陸兩　李進寶捐銀陸兩　玉安俊捐銀五兩　賈恭捐銀五兩

朔平府經歷黃延鑣捐銀五兩　賈鳳岐捐銀肆兩　石天福捐銀叁兩　石□倉捐銀貳兩　公義爐捐銀式兩　曹起明捐銀四兩　通盛爐捐銀四兩

朔平□捐銀式兩　于如河捐銀式兩　□當行捐銀叁兩　裴日章捐銀式兩　孫枝花捐銀壹兩式錢　崇德裕　大順魁　北興□　三家各捐銀捌錢

復興美　張勳邦　□金　三家各捐銀壹兩伍錢　玉成美　慶興永　義盛魁　廣興隆　大成局　衆長源　復興盛　萬盛隆　聚義店　許榮　郝□興　十一家各捐銀伍錢

三義德　萬□合　復盛店　泰和店　大同店　萬盛義　泰和永　興盛源　集成文　集成西　復盛成　德盛店　大成永　復全店　荣盛美　聚寶店　永成店　以上十六家各捐銀□□

張福英　郝世海　天合盛　□玉□　□□各捐銀壹兩　萬盛榮　世興魁　興泰源　大恒成　興盛永　江南□　天錫昌　和成永　陳有財　以上九家各捐銀□□

天義樓　廣順成　雲錦順　元泰興　永順德　六合永　公合店　復興園　樓子店　劉貴　姜發　王富　吉有維　王官榮　劉恭　李俊　董庫　以上十七家各捐銀叁錢

義美園　永合成　五福居　義□園　順盛永　萬順美　萬順永　錦泰生　萬隆錦　大成億　萬億永　二成公　天興順　遠吉舖　遠車舖　順昌房　昌作房　梁福　吳□　豐合永　恆茂永　天成美　興隆永　萬和泰　鳳鳴店　義順房　義皮房　大景魁　萬盛堂　永興樓　雲科　佟寶　翟金玉　孫喜　以上三十二家各捐銀式錢□□

賈鳳岐　募化平魯鄭文運　施財式兩　周□涛　郭紀二家　各捐銀壹兩　王大順　周冕　高山　陳漢　左雲　樊天榮　四家各捐銀伍錢　劉英捐銀四錢　□□魁隆店　□永泰　李□□　殺虎口候鋒縣　左堂　於汝弼捐銀壹兩　賈鳳靈捐銀式兩伍錢募化高日陞捐銀壹兩　周德洪　賈□寿　陽王懷耀　以上三家各捐銀伍錢

張佩祥募化歸化城天盛億　復成義　各捐銀貳兩　福合泰　公盛瑞　復泰義　元茂長　九勝永　復興瑞　左雲任瑨　任敏　□□　王爾惠　成宗　周□　王通興　右玉王際中　高山候銓　王繡　李玉忠　以上十三家各捐銀壹兩　永和堂　仁德堂各捐銀伍錢　許尚智　募化　馬五家　□□　翟進章　蕭玘龍　□□□　林萬錢　馬有□　以上四家各捐銀伍錢

戎瑞　□大忠　許印　林□陞　孫全　以上五□各捐銀叁錢　李發　□大富　王愷　刘進寶　李

印　王福錢　王福玉　以上七家
各捐銀弍錢

　　大成永募化　任重　三成店
和順店　三家各捐銀叁錢　姚現
祥　岳榮　谷永祥　田萬福　石
滿庫　李萬林　王剛　刘大順
崔世寬　刘海寬　十家各捐銀弍
錢

　　許連募化刘存貴　刘裕　刘
達　刘安　四家各捐銀叁錢　陳
有安　楊清伯　馬志德　白正貴
刘國富　孔照祥　常萬金　王萬
銀　張蘭　以上九家各捐銀弍錢

（碑阴）

　　杀虎口渠愼汝募化寧遠門郐
捐艮拾陸兩　北□科房捐艮捌兩
　　段士傑募化

　　左雲農民社捐艮壹兩　鄧
文中施艮五錢　姚峻德施艮叁錢
王天佑施艮弍錢　布至仁施艮弍
錢　本城郭懷德施艮弍錢　李仁
秀施艮弍錢

　　王安俊募化

　　李貴施艮叁錢　范正雲施艮
弍錢　刘德　窜維垣　冉瑛　池
五龍　武世瑞　李廣明　賈成
陸喜　刘柱　王程　温福　樊應
十家各施艮弍錢

　　石天福募化

　　耿萬福施艮五錢　闫世斌施
艮叁錢　樊玉喜施艮捌錢　長盛
店施艮叁錢　趙禎　孫羰科　在
安　王允中　在宝　許俊義　聶
旺　王立功　周萬義　任玘旺
安長太　以上十一家各施艮弍錢
王福錦施艮伍錢

　　朱俊募化

　　原三奇施艮壹兩　吉成永施
艮壹兩　德順昌施艮壹兩　隆茂
盛施艮壹兩　恒昌施艮伍錢　蘇
有財施艮伍錢　秦懷宝施艮四錢
樊廣善　張违富　史德　五福錦

陳明　蘇大成　達哈　以上七家各施艮三錢　張禄　杜月明　高成　王尚義　要禎　齊如智　張元旺　劉萬全　色勒春阿　王全　閆照林　沈來　蘇大忠　以上十三家各施艮式錢

　　王倉募化

　　韓延俊施艮伍錢　辛俊施艮伍錢　刘玘富施艮叁錢　高順元施艮叁錢　喬忠　林玘交　武洪　刘成　王貴　李正義　以上六家施艮式錢　來順鐵爐捐艮二兩

　　五萬鎰募化

　　平魯鄭文運施艮壹兩　寧遠天成孫在　聚義店　偏嶺天義恒　雲永泰　廣興店　以上五家施艮伍錢

　　楊何基募化

　　柳海金　李寬　李萬金　劉花　以上四家各施艮叁錢

　　賀有財　王有智　王逮傑　田太來　趙福　刘錦　柳瑞　趙玘　崔荣　石朴　佐萬艮　許陸　周桂　曹□　老福　張福　程太金　楊艮上　高威　杜俊　王寬忠　趙士科　池玉海　李萬倉　張獘倉　張獘有　王存位　刘萬福　郭法　邢庫　楊應山　溫潤　以上三十四家各施艮式錢　郭大魁施艮式錢　王林捐艮壹兩　王立榮捐艮式兩　趙通捐艮壹兩　賈英施艮叁兩

　　任忠施艮叁兩　募化

　　馬福英　趙帆貴　楊萬年　以上三家各捐艮式錢

　　陳秉成募化

　　王宗有施艮叁錢　馮守礼　世興恒　興隆公　刘世濤　以上四家各施艮叁錢

　　梁福募化

　　曹地明施艮二錢　王德俊　張天德　段金　王吉　李國清　郭天廣　郭連成　以上七家各施艮式錢

　　楊林枝施艮肆錢　募化

　　李存庫　田興　田喜　以上各三家施艮式兩

　　要延明施艮壹兩　募化

　　林福施艮四兩　曹玘明施艮叁錢　李應貴施艮式錢

　　李明誠募化

　　程值施艮壹兩　聚義□施艮壹兩　劉成施艮五錢　恒義永施艮五錢　□表正施艮五錢

　　李連□施艮式兩　募化

　　韓大成　王有倉　楊仲　趙奉　以上四家各施艮式錢

　　通盛爐募化

　　董生炎　蘇大倫　武書生　以上三家各施艮叁前錢　復盛威　董玉珍　冀滿庫　賈二套　昌盛泉　刘子榮　復興盛　以上七家各施艮式錢

　　張大德施艮叁錢　募化

　　慕宗順　慕宗礼　慕宗泗　王珍　以上四家各施艮叁錢　刘成忠　馬廣　韓德平　張德淳　以上四家各施艮式錢

　　谷世德施艮式錢　募化

　　張尚全　林福　曹玘明　董有通　要延明　趙全　王富　王天林　王成　以上九家各施艮式錢　雷鳴施艮伍錢　李寶施艮伍錢　盧義施艮叁錢　張彦旺施艮叁錢　牛富施艮伍錢

　　韓延傑募化

　　殺虎龍鳳庄施艮壹兩　刘謙施艮伍錢

　　王月富施艮伍錢　募化

　　衣丟施艮式錢　召延禄施艮式錢　潘有財施艮式錢　李俊　武廣　李印　要禎　冀滿庫　以上五家各施艮壹錢　陳有　田玉寶　□通順　蕭有　王林　趙昌　李獘富　李獘旺　李僕　□玘傑　趙三

泰　張有田　以上十二家各施艮壹錢伍

劉世富募化

章京正　李二禄　李弽富　宁荣禾　以上四家各施艮□錢　朱堂施艮叁錢　王功　郝文宣　王貴　郭鳳喜　以上□家各施艮壹錢　寧遠邢铁炉施艮式錢　孫貴施艮伍錢　龐寬施艮式錢　蕭有施艮式錢　高斌　王永興　王應喜　五□義　李旺　錢文汝　張士海　安海福　張德明　刘延全　王玉鸞　張士玉　許美太　張延貴　刘貴　韓吉慶　張鞋店　佟剃頭舖　閆建□　□□舖　張葵　李□荣　杜財　王昇

馬俊募化

大成美　克什佈　興盛永　永興茂　王富　李國富　哈素什　斯在祥　王天德　林有　白進財　朱永芳　常德　明璉　天成德　石玘傑　復興園　張士海　樊世太　何尔春佈　吳德安　刘天信　馬計和　谷倉　石壮林　盧錦富　以上四十八家各施艮壹錢

一宗石灰磚瓦打井錢肆拾叁仟柒伯柒拾文

一宗椽栈窊板木料錢式拾柒仟玖伯捌拾文

一宗黄土麦種土坏錢式拾陸仟肆伯文

一宗簾□□青灰錢伍仟柒伯叁拾文

一宗铁釘革黾頭笼錢柒仟壹伯式拾文

一宗靠木泥画工飯錢伍仟式伯伍拾文

一宗塑像金粧真金錢叁拾叁仟肆佰文

一宗粧藏買□供器錢叁仟式伯伍拾文

一宗画工輦熨粧修錢式拾壹仟文

一宗木泥工看廟工錢肆拾捌仟壹伯文

一宗買碑刻字工價錢拾叁仟伍伯文

一宗朔光設供献戲利市錢伍拾捌仟伍伯文

一宗白紙草黑紙白土裱□錢拾式仟伍伯文

以上十三宗共宗花費過錢叁百仟零陸伯伍拾文

以上共宗化過布施錢式百柒拾式仟零玖拾文

一□除净花項錢兩净短錢式拾捌仟伍百陸拾文

以上李進寶　王安俊　石天福　每一家六家　賈泰　賈鳳岐應摊錢肆仟柒百陸拾文　朱俊摊錢玖仟伍百式拾文

纠首經理人　賈泰　王安俊　朱萬全　李進　建寶　賈鳳岐　石天福　石倉　建修

木匠　季成玉

泥匠　趙天連

石匠　石福錦

画匠　王立荣

住持道人李明誠　徒王靈昇

大清道光拾肆年荷月穀旦立

重修三皇庙记

【简介】

清道光二十二年（1842）勒石。现存于右玉县右卫镇右卫中学院内。碑黑石质，长方形，高192、宽94厘米。

【碑文】

重修三皇廟記

縣城東門舊有三皇廟，其規制刱自前明暨國朝，順治九年添建中殿，崇祀釋迦佛、元始天尊、太上老君、孫祖、公輸子師諸神。於康熙二十六年，廟前復建樂樓，後屢有修葺，石碑□立可致考而知也。越自嘉慶二十年重修後，迄今又四十餘載，風飄雨蝕，陊剝惟多，有欹斜者，傾圮者，有雖整飭而□□□□者，有瓦礫摧殘而鞠爲茂草者，過者觸目感嘆而已，卒無能修復焉。幸於道光十四年，有道紀司都紀李明誠者，來守□□□□然發願，敦請社衆協力募捐，遂筮吉鳩工依次修葺。前欹斜者扶正之，傾圮者補葺之，鼠雀穿竄者驅除之，瓦礫茂□□□叐夷而建造之，而殿宇樂樓遂煥然復新也。工始於道光己亥夏仲，越兩歲而告竣，計費制錢五百九十千有奇，□□□□樂輸者，爰泐石以垂永久云。

道光丁酉科拔貢生候選真州州判邑人賈鳳翔謹□

邑庠增廣生張嶧書

兼署朔平府事糧補理事分府書施錢叁千貳百文

鎮守右衛等處地方城守尉江施錢壹千伍百文

殺虎口監督懷施錢陸千肆百文

兼署東路營參督朔平都閫府慶施錢陸千肆百文

殺虎口驛傳道富施錢壹千文

署殺虎右營守府朔平城守部廳郭施錢壹千文

朔平府經廳張施錢壹千文　右玉縣右堂沈施錢伍百文

驛傳道筆政廳賽施錢壹千文　署殺虎右營城守部廳陳施錢□□□

朔平閫營施錢貳千文　鐵山聞營施錢伍百文　雲石閫營施錢壹千文

朔平署城守部廳董伍百文　副司廳屈施錢叁百文　副司廳賀施錢叁百文　副委廳閆施錢貳□□

鐵山城守廳劉施錢伍百文　雲石城守廳王施錢伍百文

朔平府醫學正科黃守義以上募化

綏遠城正藍旗佐領平施錢壹千文　廂白正藍旗驍騎校伯施錢伍百文

管理廂黃正白二旗驍騎校候補防禦錢施錢伍百文　廂紅廂藍旗驍騎校　王施錢壹千文

廂黃旗領催兵丁等施錢肆千文　正白廂官兵等施錢貳千文

經理首事　韓光業　張煊　□□□　永成王　諾敏泰　任泰　梁興旺

石工錦生成　木工武校　王永惠　泥工郭錦富　趙起通　王秉義　馬富

住持　道紀司都紀李明誠

道光二十二年歲在玄黓攝提格畢霜月吉日刊

重修释迦庵碑记

【简介】

　　清道光二十三年（1843）勒石。现存于右玉县博物馆碑廊内。碑黑石质，长方形，高128、宽67、厚15厘米。额题"万古流芳"4字，碑面四周阴刻万寿花纹。碑文楷体，26行，约780字。碑文记载了重修宝宁寺原由经过以及施钱人花名。

【碑文】

　　重修釋迦庵碑記

　　釋迦庵創始前明天順八年，經萬曆四十七年重修後，於茲二百年餘矣。又見殿宇催殘，垣墉倒圮，不惟神靈之不妥，亦且觸目而難安，任其廢而理有不可，欲爲修而力惟不逮。歲壬寅□，楊公命眾議修，持緣募得數百金，可備資費，乃鳩工庀材，上吉興工，至癸卯歲而工方告竣。□見法像莊嚴，企若燦爛，輪□增輝，檁題生色，誠盛舉焉。復念工不作無以妥神靈，石不銘奚以陋眾志，於是求余作誌，愧余無文，與其俚語以繼創而始於不墜而詔来世，以□存云爾。

　　署理右衛城守尉阿勒經阿捐錢陸千文

　　殺虎口監督□捐銀陸兩

　　殺虎協鎮圖捐錢貳千文

　　朔平府正堂萬捐銀陸兩

　　朔平府正堂陸捐錢肆千文

　　朔平同知書捐銀貳兩

　　朔平營都府慶捐錢貳千文

　　殺虎協都府吕捐錢伍百文

　　右玉縣知縣昌捐錢貳千文

　　署右玉縣儒學正堂劉捐錢叁百文

　　管理厢黃　正白二旂防禦德福捐錢貳千文

　　管理厢紅　厢兰二旂防禦德克積額捐錢壹千文

　　綏遠城正白二甲防禦錢亮捐錢壹千文

　　管理厢□　正□二旗驍騎校伯捐錢壹千伍百文

　　管理厢□　正白二旗驍騎校慶捐錢壹千伍百文

　　朔平營部司廳郭　韓捐錢壹千文

　　鐵山雲石堡司廳劉　王捐錢壹千文

　　朔平營委廳□賀　周閏捐錢壹千文

　　管理厢紅　厢兰二旗驍騎校佟德捐錢伍百文

　　正黃旗領催兵等施錢伍千文

　　正白旗領催兵等施錢肆千文

　　厢黃旗領催兵等施錢肆千文

　　鐵山閣營兵等施錢壹千文

　　雲石閣營兵等施錢貳千文

　　朔平閣營兵等施錢肆千文

　　當行施錢壹拾貳千文

　　恒茂永　楊永春　施錢拾千文

　　天成永　復盛店　縣倉房　以上三家各施錢伍千文

　　大同王喜施錢肆千文

　　復全店施錢叁千伍百文

　　興盛源　慶興永　雲錦園　李栢林　張烈　張揚善　周捷陞　宋坦　史萬金　以上九家各施錢叁千文

　　大順魁　慶源長　大同店　萬盛義　廣興當　縣刑房　縣兵房　以上七家合施錢貳千伍百文

　　榮德福　廣順成　萬盛隆　廣福隆　長盛店　泰和永　北興澇　縣工房　元泰興　興盛永　公合店　廣元店　永恒長　萬生合　義盛魁　張體道　縣倉房　萬合隆　朱萬寶　魁元店　韓金　廣亨店　復恒店　恒興永　廣生富　廣生店　三合永　天益元　天□寶　石大禮　袁明魁　陳光照　李荣　以上三十二家各施錢貳千文

　　李□宗施錢一千文

　　三益德施錢壹千三百文

　　和成永施錢壹千二百文

　　大清道光二十三年歲次六月初旬立

　　右玉儒學廩生徐吉人熏沐撰

　　右玉郭淳謹書

重修碑记

【简介】

　　清道光二十三年（1843）勒石。原存右玉县圣水堂村庙中，现存于丁家窑乡政府院内。长方形，残高108、宽47厘米。碑阳记述龙王、关帝、圣母诸庙宇重修情况，碑阴为功德芳名。

【碑文】

（碑阳）

　　重修碑記

　　嘗聞事不難于始作，而難于繼興。始作者止引其端，繼興者乃承其緒也。始吾……龍王、關帝、聖母諸神宇，刱于雍正十二年，歷今以來，百有餘歲，牆垣坍塌，庙貌荒蕪甚□。所以……神靈而肅觀瞻也，邑人余二等欲重修葺，苐工程浩大非纖悉所能濟，乃謀諸同人……墜者舉之，既勤桓墉，惟其塗聖茨，既勤樸斲，惟其塗丹膔以荒蕪之區，轉而□……敢爲功也，亦願後之繼起者，世世相承，以重修于勿替焉爾。是爲序。

　　平魯縣壬辰副榜王憲撰

　　太谷縣武家堡李隆書寫

　　威遠城城守部廳候推守府畢全仁施錢壹千文……

　　原署山陰路都司世襲雲騎尉賀天錫施錢壹千文……

　　朔平營屬铁山堡城守司廳劉佐施錢壹千文……

　　威遠城外委把總徐訓施錢伍佰文……

　　威遠城額外外委史安富施錢伍佰文……

　　……珍裕和店張晉德……

（碑陰）

　　……

　　□□有施錢一千七百文　□昇武施錢一千文　周公德施錢一十一千伍佰文

　　温滿銀　任有化　龐財　陳海　王永泰　任有福　楊進山　崔元

施樹株人　劉天治　劉天有　賈成餘　于招泰　徐福　色林巴　施髮人　張二□与李氏　耿時義　薛寬　徐海　孫成　劉海寬　武古花　呂延明　范德　武萬金　雷義　耿金　王合　劉萬倉　李喜　李海明　李如林　黑進財　馬登雲　王昇荣　閆華　張義倉　藏海　張永　以上各施錢叁百文　孟玉林李萬春　賈庫　劉真忠　黃珍□　郭士其　閆中禮　張古成　金倉　張記盛　張永　吳述洲　王旭周英　馬普江　湛守信　賀存旺　庫德昌　閆寬　王元　張厚成　賀存義　張珍　王天財　李佩　王元祥　馬海　單荣　李志　劉貴謝海清　馬老四　池天善　陳復周　劉福　以上各施錢伍百文

　　趙寶珠　周倫　陳世璧　共施錢一十一千文

　　□□□募化錢一十一千五百文　□……

　　趙琳募化錢一十一千四百文郭……

　　馬國泰募化錢一十一千七百文　阿……

　　石□募化錢一十一千七百文王……

　　趙□珍募化錢一十一千三百文　方……

　　王喜仁募化錢九千九百文王……

　　魯永科募化錢九千六百文陳……

　　楊存珍募化錢八千八百文薩……

　　□義募化錢八千八百文武……

　　王達募化錢八千四百文永……

　　孫龙募化錢八千四百文張……

　　閆海募化錢八千二百文公……

　　單德庫募化錢八千一百文

　　張世發募化錢八千文

　　任□募化錢七千文

　　蘭有德募化錢六千二百文

　　劉秉金募化錢六千文

　　經理□……

　　大清道光二十三年歲次季夏月上浣穀……

五圣庙重修碑

【简介】

清道光二十五年（1845）勒石。现存于右玉县马营河村五圣庙院内。碑高170、宽70厘米。碑文记载了五圣庙始建与重修情况。碑阴为募捐人名目。

【碑文】

（碑阳）

五聖廟重脩碑

五聖祠爲正藍旂香火之地，其廟宇創脩在康熙甲戌之歲，規模閎敞。在康熙己丑之季，正殿中奉……帝，左馬明王、藥王，右火神、財神。東西配殿觀音大士、碧霄元君、龍神□□。屋宇巍然，金碧璨然，誠足以安神靈報神庥也。乾隆……駐於綏□□口，本旂人煙寥落□□□寺者幸不乏□碑石□立昭，昭可考也。邊地氣寒風烈，斯寺建□郊野，風餐雨蝕，屢葺屢傾，住持僧心焚脩□……自安□□□至綏遠□於正藍旂□中佐領平公諱安，壬寅之春，平公例領催常安、托地□佈、諾摸渾、托克通武、吉祥、前鋒委官明山、右衛……住特……弁□柒拾餘兩，平公□心工大費繁錢糧不給，令伊姪奇勒坦募化科布多官弁商民，銀叁佰六十餘兩，僧心募化張家口官弁商……平然□，筮吉鳩工庀材，率作興事，領催依勒通阿經理布施兼管視工事件，族長拉凌阿馬甲朱爾□額督理工程□□一切材料……以來□□□商敢□□□。傾者植之，頹者完之，腐撓穿漏者從而彌縫之，速漫□□□從而巧

鏝之，雖未嘗全覩昔日金彩輝煌之盛，而正殿、東西配殿以及三門……之厥，幾□妥以侑併蒙庥於□替也。工□竣，領催依公囑予爲文以誌之，予不能文，聊爲俚語，以紀其顛末者爾。

□□右玉縣儒學廩膳生員張焯敬撰

戎福□心薰沐篆額書丹

綏遠城移防科布多理院主事奇勒□募化

□□都督尉順德營遊擊京城正黃旂蒙古穆齊賢捐銀伍兩

辦理兵部事務主事加一級紀錄二次正黃旂蒙古□□□椿捐銀拾兩

□部額外驍騎校正藍旂滿洲什克坦捐銀伍兩

□恩騎尉直□馬蘭鎮黃花山守備加二級馬桂林捐銀貳兩

署理戶部筆帖式保題防禦鑲紅旂滿洲□喇□□捐銀拾兩

□部額外驍騎校正藍旗滿洲阿爾遜捐銀伍兩

□□尉直隸宣化鎮張家口協左營千總黃榮先捐銀貳兩

辦理理藩院蒙古事務主事正藍旂滿洲□奇勒□捐銀貳拾兩

□部額外驍騎校鑲黃旗滿洲蘇爾洪阿捐銀伍兩

□協中營中軍千總加一級紀錄四次沈連城捐銀叄兩

戶部候補防禦鑲白旂滿洲喜□□捐銀伍兩

戶部候補筆帖式鑲藍旂滿洲富喜捐銀貳兩

山西大同鎮屬臺懷幼把總盧國楨捐銀貳兩

候補防禦正紅旂滿洲烏勒□捐銀伍兩

戶部候補筆帖式鑲紅旗滿

三晉石刻大全·朔州市右玉縣卷

二三〇

洲果仁保捐銀叁兩

　　直隸宣化鎮属城守營把総加三級王澤宣捐銀貳兩

　　兵部委署委事正黄旂滿洲達明□捐銀伍兩

　　理藩院候補筆帖式正白旂滿洲全成捐銀貳兩

　　直隸宣化鎮懷安路把総姜德捐銀貳兩

　　理藩院筆帖式鑲黄旂蒙古和忠捐銀伍兩

　　理藩院委署筆帖式鑲黄旂滿洲穆齊賢捐銀壹兩

　　直隸宣化鎮属獨石口協靖安堡經制外委王國慶捐銀貳兩

　　理藩院□外驍騎校鑲藍旂滿洲吉□捐銀叁兩

　　委署驍騎校鑲白旂滿洲增禄捐銀壹兩

　　綏遠城官員　張家□官員

　　署理右衛城守尉印務協領正藍旂滿洲阿勒□阿捐銀貳兩

　　武舉鑲紅旂蒙古富成捐銀叁兩

　　宣化鎮水寧營部廳謝天富捐銀壹兩

　　正藍旂滿洲二甲防禦巴□□捐銀壹兩

　　世襲恩騎尉正藍旂滿洲忠□音捐銀壹兩

　　宣化鎮標左營部廳李廷棟捐銀壹兩

　　戊子舉人正藍旗二甲驍騎校……捐銀壹兩

　　正印筆帖式正藍旂滿洲呢克□佈捐銀壹兩

　　直隸提標河屯協郭家屯汛司廳魏宗湯捐銀壹兩

　　右□鑲黄正白二旂防禦……捐銀壹兩

　　經理人　族長拉□阿　委官依□阿　馬甲朱□額

　　監院廣心暨徒續慧　續敏

　　道光貳拾伍年歲次旃逢（蒙）大荒落戌律小重陽穀旦

（碑陰）

　　科布多商民

　　元成德　大盛魁　各施銀□拾兩　聚和源　田酒鋪　全義和　天成玉　天義德　以上五家各施銀
貳拾兩　天德成……和……榮聚成……德盛魁　吳承緒　七家施銀□拾伍兩

　　四合舖施銀伍兩　恒泰和施銀肆兩　天義成施銀叁兩　天祥永　天義和各施銀貳兩　谷皮房施銀
壹兩……

　　張家口商民旗兵

　　興泰成　順義成　萬順昌　興至和　興隆光　興至中　世德全　寶□榮　□玉德　永和廣　裕順
昌　德生□……　以上施……兩肆錢壹分　乾元德　四成興　萬祥德　泰玉成　義盛全　禄美園　世
長菓店　鄉耆侯錦　□上八家施錢伍仟捌佰文

　　鑲黄旗公中　正白旗公中　鑲白旗公中　正藍旗公中　正黄旗公中　正紅旗公中　鑲紅旗公中
□藍旗公中……施錢肆拾□仟文

　　綏遠城正藍旗頭甲

　　領催烏爾卿阿　前鋒祥慶　各施銀伍錢　貳甲額外驍騎校穆勒洪武　二甲委官　蘇勒金佈　馬甲
會保　阿瑪　察佈　□□　阿爾崩阿　哲爾精額　常安　富海　常順　奢圖肯　巴圖　富崑　居魯山

　　領催慶福　恩特合謨　花佈　格崩額　忠林　沙□　托克通武　阿瑪察佈　圖克坦　富瑞　克詩
圖　塔泰佈　花沙佈　托克托佈　詩克拉　智凌　慶泰　富來　來住　富成　諾謨渾　阿爾孫　發爾
薩　達郎阿　烏努春　□仁佈　謨金阿

前鋒委官副領催訥爾合春　烏勒西春　富呢杭阿　存禄　札克丹佈　明山　佛呢音佈　吉嘯泰穆隆武　存佈　花尚阿　努克坦

主事安精阿　合爾金佈　富僧額　松山　薩爾山　喜壽　奇勒坦　都爾孫　伯奇圖　倭協佈　拴住　碩倫　社勒恩

前鋒吉祥　沙坦　花連佈　多仁　音登額　達哈　奇轍佈　族長喜山　哈拉哈　色謨肯　塔罕吉拉罕　祥慶　忠林　佈音圖　吉抒　素克敦佈　塞尚阿　色克圖　札拉罕佈　忠福　慶禄　慶春富順　□忠　巴哈　色勒佈　富通　呢禄諶□　玉明　詩克坦　玉祥　達林　忠山　以上壹□□名每名施銀柒錢

畫工□旭施□貳佰文

壹宗料板木料鉄釘錢壹伯柒拾伍仟陸伯捌拾文

壹宗磚石土灰穛土錢壹伯玖拾仟零伍伯肆拾玖文

壹宗木泥畫工錢壹伯肆拾叄仟伍伯……文

壹宗寫裱管□米面錢拾柒仟叄伯捌拾陸文

壹宗零星雜用錢玖拾貳仟肆伯壹拾捌文

壹宗補還前項修理閣扇竪杆錢肆拾玖仟文

壹宗碑石刻字工錢貳拾柒仟文

石工　周永旺

泥□　任来

木工　永成玉

畫□　張旭

重修立马关帝庙碑记

【简介】

清道光二十七年（1847）勒石。现存右玉县博物馆碑廊内。碑青石质，圆首，长方形，高180、宽77、厚15厘米。额题"碑记"2字，两边线刻龙凤呈祥纹。碑面四周雕刻富贵长寿纹。碑文楷体，24行，约950字。碑右下角残缺，部分碑文漶漫不清。

【碑文】

重修立馬関帝庙碑記

嘗考関帝庙，正統年創修于南甕城之西南隅。自路侯毛公諱鑌者分鎮兹土，於崇禎乙丑歲下遷於□……間，山門僧舍各三間，視旧規模，雖云壯麗，葢亦具体而未備也。至康熙甲辰歲，本城閣會善士議捐修葺，復□□□□□□□舉焉，迄今二百餘年。棟宇傾圯，金粧剥落，戲楼坍塌，何以壯观瞻而妥神明耶。幸道光十九年至今，葉巡司 諱 運□又□□□士商賈相與共謀曰：威陽以斗邑懸塞，自建城而後，边疆鞏固，人民奠安，兼之貿易往來，成□其太年之福者，賴神之□□□。

關帝庙，普天同建，率土凛瞻，英灵丕著，而後億萬斯年永綿國祚，永庇生民，曷其有既哉？今傾圯若此，而吾儕坐視，無以答之神祀。于是慨發善願，協心捐募，早夜兢兢，共成其事。凡殿宇之損壞者，起建之，神像之圯塌者，□之，東□仍□□□四間□□□二座，内外垣壁及廊廡六間，戲楼三間，起葢彩繪又添做木匾、對聯、花布幛帳。庶幾載□□□□神之灵而爲邊城之□□□，非神功則無以庇城，非眾力則無以修葺。兹當工竣，爰勒碑刻名，永垂不朽。

大清道光二十七年歲次丁未夏五月上旬

廩生徐玉臨撰并書

署朔平府儒學教授張志賢捐錢壹千文

平魯營威遠堡千總池潤捐錢壹千文

右玉縣威遠堡巡檢葉運長捐錢伍千文

平魯營威遠堡外委徐訓捐錢式千文

太谷席振訓捐錢拾伍千文　聚泉盛捐錢伍仟文

威遠閣营捐錢拾千文　增盛店捐錢□拾千文

裕美堂捐錢□拾千文　□順店損錢伍千文

復元當捐錢壹拾千文　恒順盛捐錢伍千文

新盛當捐錢柒仟文　介賓王潤捐錢肆千文

大順店捐錢柒千文　王萬富捐錢肆千文

聚美寧捐錢柒仟文　大盛泉捐錢肆千文

義泰店捐錢陸仟文　平定鄭全捐錢肆千文

常順懷捐錢陸仟文　楊峻捐錢陸仟文

和林格　德和店

□□　德隆公

耆老徐泰臨

十里舖　朱天禄

朔州　雙盛魁

□□　謙和成

□河　大美當

大同　萬隆□

右玉　萬盛隆

□□　□開基
□□　萬盛昌
吳家窯　天順恒
大同　萬有公
朔州　順成章　恒興成
朔州　公合永
平魯　永順店　萬溢隆　魁盛
當　永和公
以上二十家各施錢三千
□□　公義美
大同　日興瞻
左雲　天義店　萬昌店
介休　劉廷用
朔州　永義興　謙益永　慶義
成
□□　永豐明
平魯　萬源當　萬溢當　萬隆
當　恒泰泉　萬源魁　大興公
□□　永豐當　隆天元
耆賓　王建業
□□　益和魁
□□　天合公
□□　廣和店
□□　沈鴻
□□　李超芳
□□　喬仁
□□　趙木鋪
右玉　恒茂永
□□　周滿庫
耆賓　陳飯鋪
耆□　孫明
威□　常懷靈
□□　劉魁
□□　善永科
□□　蒯□勇
□□　鄭麗
□□　郭振基
□□　孟仁
以上三十六家各施錢弍千文
經理人　□□　□□□
□□□　□□□　□□□　增盛店
沈鳴　徐玉臨　李□芳

重修火神庙碑记

【简介】

　　清成丰九年（1859）勒石。现存右玉县博物馆碑廊内。碑黑石质，长方形，高172、宽62、厚19厘米。碑文楷体，15行。碑面下部碑文漶漫不清。

【碑文】

　　夫以火德真君，尊稱回禄氏，號祝融，專司火德正位。離宮朝饗夕殯，民資生活寝氣息，坌國藉威靈。殺虎堡有廟焉，創自明末崇禎年間，修於本朝康熙二十年，又重以乾隆四十三年。嗣後雖屢加修葺，不過補其綮要，未嘗見其重新。所以廢瓦頹垣，凋殘不堪。迨至道光二十三年，本地大行商民舉意與甕城關帝廟，一時重修。是以蒙訖募化，并有本口耆賓秦公鉞在烏里雅蘇臺募化，無奈兩廟之工程浩大，□募化之資助不敵，未敢妄動，因將募化之金置爲公□□□□□。至咸豐四年，有協鎮鍾公者，字秀峰，□然創率捐廉資助，邀知大行商民，將前募化兩廟均分。請本口紳士馬公天垣諸君經理其事。先將□□□□□□隨於九年孟春，依然馬公諸君經理監修，□大行沿門募化，擇吉開工，閱數月而金碧輝煌，煥然改新，庶幾乎一新而無不新矣。猗與休哉！苟非□□□□□□□苦不措勤，内和外順，喜捨樂輸，曷克□此哉？倘厥之君子亦心其心，則天下永無廢弛之事矣，豈僅爲此一廟慶幸乎？是爲記。

　　　　欽差督理殺虎口等處稅務工部製造庫郎中内廷總理工程處事務裕印起捐銀貳拾兩錢陸仟文

　　　　欽差督理殺虎口等處稅務刑部提調奉天司郎中兼管廣東司掌印承印芳捐銀貳拾兩

　　　　欽差督理殺虎口等處稅務吏部文選司郎中掌驗封司印紀錄二次文印衡捐銀叁拾兩

　　　　朔平府糧捕理事府事印動捐錢壹仟文

　　　　殺虎口協鎮思大人捐錢壹仟文

　　　　欽差督理殺虎口等處驛傳道加三級紀錄五次台印瑋阿捐錢壹仟文

　　　　特調朔平府右玉縣殺虎口巡政廳加六級紀録五次李印廷誥捐錢壹仟文

　　　　欽依署理安徽壽□總鎮印務題陸蘇州府標中軍參將賈印鎰財捐錢叁仟文

　　　　右玉縣候□儒學教諭恩貢生武廷璵熏沐撰

　　　　右玉民尚崑熏沐書

　　　　經理人　賈育麟捐錢伍千文　李樸捐錢伍千文　同心當捐錢壹拾千文　王果舗捐錢壹拾千文　聚隆當捐錢壹拾千文　馬茂垣捐錢伍千文　張斗南捐錢伍千文

　　　　□匠　蘇爾康捐錢……

　　　　泥匠　張福玉捐錢……

　　　　畫匠　張□珍捐錢……

　　　　石匠　劉□元捐錢……

　　　　□匠　張永吉捐錢……

　　　　住持道□□□勇胡本莊

　　　　大清咸豐九年九月下浣吉立

重修瘟神庙碑记

【简介】

清同治四年（1865）勒石。现存右玉县博物馆碑廊内。碑黑石质，平首抹角，长方形，高164、宽65、厚16厘米。额题"重修碑记"4字，碑面四周雕刻花卉、几何纹图案。碑文楷体，24行，约720字。

此庙于咸丰元年五月动工重修，咸丰二年六月竣工，而碑记勒石于同治四年。

【碑文】

重脩瘟神廟碑記

朔平府郡城之西大街，舊建瘟神廟一所，係羣黎證善之區，两正黄旗香火之地也。規模壯麗，廟宇□□。相傳□□唐太宗創，碑碣闕如，殆不可攷查。前明宣德、弘治年間及國朝康熙六年、雍正五年重葺者四，迄今又歷百餘年矣。□歲月之遷移，殿楹傾圮，經風雨之侵蝕，金龕迹漫，甚非所以安□□□而□□瞻焉。八旗官弁□□每逢朔望，聖寺又期拈香叩拜，登廟者無不□而明然，立願修□。奈因工程浩大，獨力難成，奎心既發，勢難□率，於是闔旗官長領催等，糾集本城紳今善士，各出□資以倡尚義者，衆皆樂施恐後，未幾而百費咸脩。乃鳩工庀材，捐資集腋。自正殿過庭兩門、東西兩庫、抱廈山門以及旗桿、鐘樓、門樓、戲樓、兩耳房、厨竈垣□□，除□□□而躋補之，或拓舊基，或加新□，或易棟梁，或施□□，高下有倫，廣□□準，足□前規而垂後規。金碧掩映，丹堊交輝，煥然炳然，而廟貌爲之一新。是役也，始事於咸豐元年榴月，落成於咸豐二年既月。時即欲築碑建立，適值軍需之際往調頻仍，無暇整理，迨至同治四年二月間，有正黄旗董事者，諸公乘乞參言勒之石，本城之□防也。方嘉樂其事不敢以不文辭，謹爲之序。是將貴官善信喜捨資財及一切需費開列於後，以記不朽云爾。

管理鑲紅鑲藍二旗驍騎校由□生員出身德勒斌佈拜撰

正黄旗滿州正族長富忠敬書

管理鑲黄正白二旗驍騎校□□泰捐錢□千文

管理鑲白正藍二旗防禦賀音泰捐錢叁千文

管理鑲□正藍二旗驍騎校□諶捐錢□千文

管理鑲紅鑲藍二旗驍騎校佟□捐錢壹千文

管理鑲紅鑲藍二旗驍騎校德佈捐錢壹千文

綏遠城鑲白旗防禦□□□□捐錢貳千文

□□旗□房事務筆帖式訥□親□捐錢伍百文

□□旗□房事務筆帖式□林佈捐錢伍百文

候選補事□□□□斌保□捐錢壹千文

管理正黄正□旗防□□官□成捐錢□□文

管理正黄正紅二旗驍騎校□□□捐錢壹千伍百文

管理正黄正紅二旗驍騎校札□□捐銀□两伍錢

万古流芳功德碑

【简介】

清光绪八年（1882）勒石。现存右玉县博物馆碑廊内。碑青石质，长方形，高130、宽80、厚13厘米。碑面损坏严重，大部分碑文漶漫不清，碑体左右雕刻几何纹图案，下边为莲花纹。碑阳额题"万古流芳"4字，碑文楷体。碑阴楷体"寿"字，上钤印篆刻"崔宣"2字。

此碑似为重修文庙碑记。

【碑文】

（碑阳）

……

……不□□□

□命督此□□□政公…

□□□□於……聖心傳□□相□□堡之上有□□□位……直孟於是處□以，□年以久而□□爰命□人以董事喜頌□次之，余□即□成規□□修改建立，金聲玉振，□中□向署敬書清漢文□，額曰大

成殿。□於□□六年之三日恭奉大成至聖先師孔子神主四配神位□殿禮成，當是時□氣清明，瑞雪繽紛□□□焉，眾心□□士□之□奉聖主十二位，滋兼附□大備歟□神鐘禮器永□嘗烝意……□以待後之賢良而行期匆匆竟能如斯遂志，豈非聖心□慈有以命之乎？□裂□率子常紀、常徽、常聯守□首，頓首以敬書□起並志銘曰：

祖遜堯舜，惠章文武。上律天時，下襲水土。刪述六經，師表萬世。道貫古今，德配天地。

曲阜礼陵，億萬斯年。惟聖先覽，至道不宣。仰觀天文，俯察地理。與待偕行，祇□夫子。

天得以清，地得以平。日月得明，人得以成。巍巍大哉，聖世祥瑞。天下英才，永壽聖賜。

大清光緒八年清和之吉

欽差殺虎口監督兵部郎中花翎三品御宗室豐裂撰文并書

總司家人　張憲順

督工經承　李庚

經理經承　賈繁成　賈建枚　董樸真　馬文秀

（碑陰）

　　壽

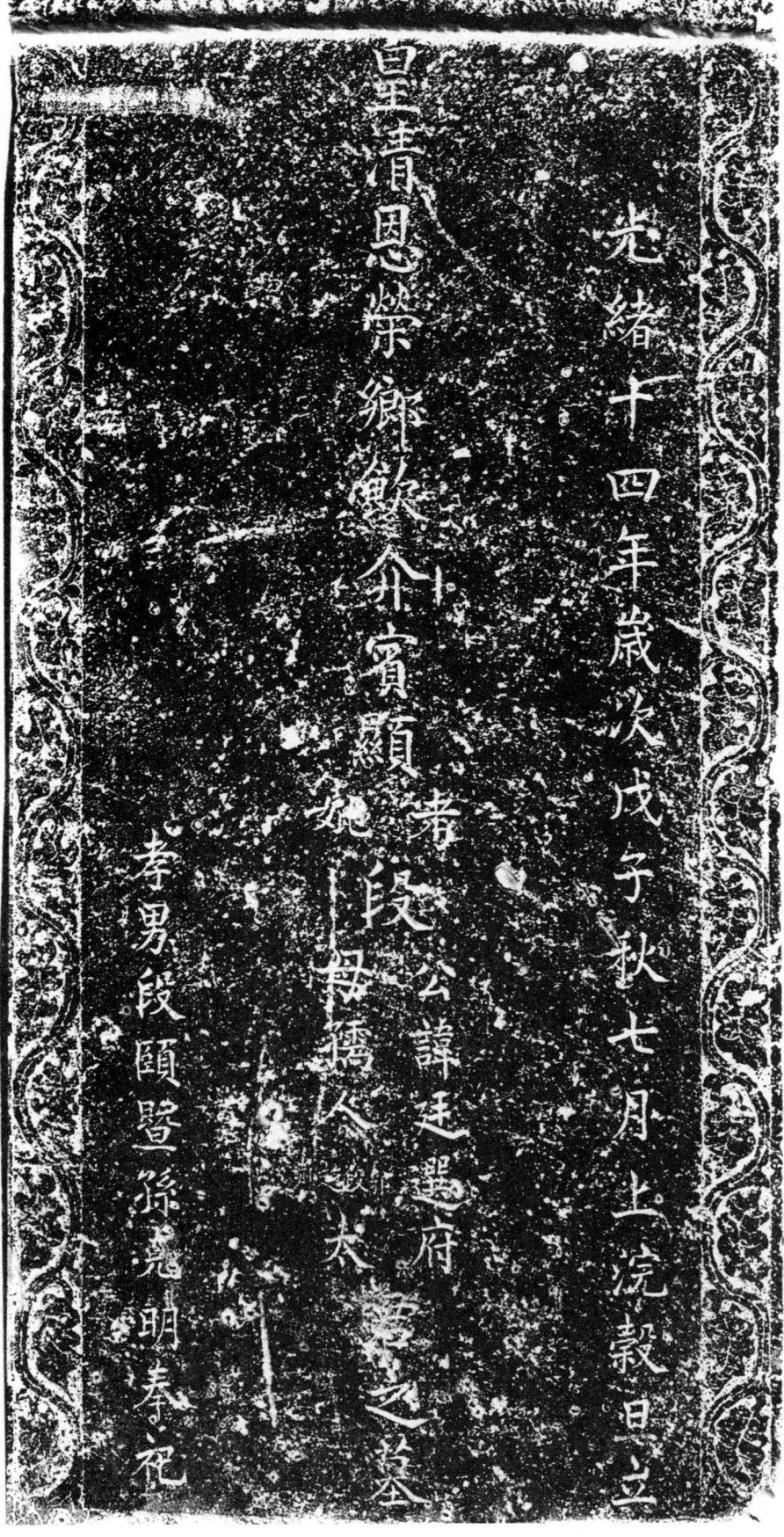

段廷选与妻墓碑

【简介】

　　清光绪十四年（1888）勒石。现存右玉县博物馆碑廊内。碑黑石质，圆首，长方形，高154、宽60、厚8厘米。碑首阳阴两面均浮雕双龙，碑阳边缘线刻缠枝花卉纹，额题"光前裕后"4字，碑阴额题"万古流芳"4字，碑文楷体，14行，满行40字。记述了段廷选的生平。碑文下半部文字磨损严重，漶漫不清。

【碑文】

（碑阳）

光绪十四年岁次戊子秋七月上浣穀旦立

皇清恩荣乡饮介宾显　　考 公 讳 廷 选 府　　君之墓
　　　　　　　　　　　妣　母孺人郭段赵郝

孝男段颐暨孙克明奉祀

（碑阴）

段公諱廷選，右玉縣民籍，朔平府學增生。自幼讀書入泮，多年教讀，因不第垂老無子，有志濟世活人，多讀醫書，精□脈理。凡鄉人有病，無論親疏貧富治之，多所全愈，亦不任意貪□，每□民因時入山採藥收之，遵古炮製。凡一切丸散膏丹，他人用之，多不應驗，□□用之，多見功德，□□於炮製之力也。年六旬有四，娶妾生子，卒後遺子頤，年方八歲，幼學商賈，弱冠以後有志讀書，□□爲樂，□乃孜孜勤學，尤善悟理境，後竟入泮，人以爲陰德所感也。後□也……又台奉撫憲修本縣誌，書採入名藝中。段母趙孺人，廷選段公之妻，吏員桂芳趙□之女也，少公十三……清至年近五旬，子息未存，嗣續幾乏，力勸公納寵不……凌侮之形，且能曲全公琴瑟調和□□在……當有壓選之心，公卒時，子頤年方歲……執理家□，是以公老來得子，嗣續不絕……力也……廷選公之如夫人郝氏，適公之時年方十八，歲盡夜……慧不足而公以醫術修濟世氏□公……亦有可取者也，因並爲誌。

恩□世……

重修五圣庙碑记

【简介】

　　清光绪十九年（1893）勒石。现存于右玉县马营河五圣庙。碑已残破成碎块，拼合后高约178、宽70厘米。碑阳四周阴刻花卉纹，碑阴四周阴刻连寿纹。

【碑文】

（碑阳）

　　重修五聖廟碑記

　　嘗謂祠宇者，神□□以妥靈，建修者人所賴以伸敬。其曰：壯觀瞻□□麗猶未也。郡之城北馬營河有五聖祠一座，原爲正藍期香火之地，其廟創在康熙甲戌歲，規模粗具，屢頹屢葺，後至乾隆年間，右衛八旗□防，遂分駐於綏遠城、張家口、密……寥落，雖每歲零星修補，亦覺難以整齊，幸而道光二十五年有佐領平公者，見其風餐雨蝕，乃動興善之心，即在綏遠城募化銀柒拾餘兩，科布多……拾餘兩，僧人廣心、□□又在張家口募化銀肆拾餘兩，勸助重修。至今四十餘載，風雨剝落日就傾圮，神靈之不妥，人心所不安也。夫有所作於前，必當踵於後。□□防禦格公諱勒渾、委官領催塔公諱清阿二公等，不忍坐視其廢□，邀諸公會議募修，彼時無不樂從，本□人等共捐銀壹百玖拾餘兩，恐其不足，又向綏遠城募化銀捌拾餘兩。庀材鳩工，以成盛舉。又有養育兵達林佈，業已病□並無親族人等，其所餘餉銀米錢叁□仟整，此項無有著落，遂將此錢充修廟工，今已用清，是人爲之力耶，實神降之靈矣。卜於光緒丁亥年興工至庚寅年□竣，扶頹振靡，革故鼎新，丹堊交輝，金碧掩映，則不爲觀瞻而觀瞻麗，豈不美哉。然事在一時者，尤思垂鑑萬世，用是飾辭，以誌不朽云。

　　右玉縣廩貢生裴鑾薰沐敬撰

　　鑲白旗六品頂戴領催□徽沐手書丹

　　欽加頭品頂戴鎮守歸化城等處地方管理綏遠□官兵副都統奎英捐銀捌兩

　　□□副領催桂林　族長訥勒賀　保春……戴　副領催慶林　馬甲常慶　蘇呼肯各施銀四兩三錢五分

　　欽命鎮守□倫□□等處城守慰紀録二十一次國順捐銀四兩　□□副領催喜林　馬□□□飲……扎拉豐阿　施銀三兩二錢五分　穆蘭奉施銀二兩九錢

　　管理鑲白正藍二旗以佐領□用藍翎防禦格勒渾捐銀叁……春興祥倭……林施銀二兩三錢　波囉蘇施銀一兩七錢　圖他蘇施銀八錢

　　管理鑲白正藍二旗滿洲世襲雲騎慰防禦金貴捐銀壹……副領催懷他哈　波羅蘇　吉哈……呼肯慶昌各施銀二兩二錢五分　穆金泰施銀二兩四錢

　　管理鑲黃正白二旗滿洲防禦全平捐銀□兩　該哈蘇　額勒賀泰　烏徹……特克什肯　瑞慶　祥英雅里杭阿　連喜　各施銀二兩三錢

　　管理鑲白正藍二旗驍騎校塔欽佈捐□壹兩……達林佈　施銀一兩二錢五分　特布賀肯　朔隆武福祥　各施銀九錢五分

正藍旗六品頂戴筆帖式達哈捐銀肆兩

鑲白正藍二旗委官領催塔清阿捐銀陸兩陸錢

奇成額　波第蘇　達山　諾珍　訥勒賀穆　那瑪蘇　郭仍額　成林　以上各施銀四兩四錢

六品頂戴候補筆帖式達□捐銀肆兩肆錢

綏遠城正藍旗滿洲頭甲委官　領催　前鋒　馬步甲等　共捐銀□拾壹兩叁錢肆分

綏遠城正藍旗滿洲二甲委官　領催　前峰　馬步甲等　共捐銀肆兩拾兩柒錢

善祥　祥林　族長瑞春　瑪克他春　祥春　色克圖賀　□嚕喜　各施銀二兩四錢

綏遠城募化人　該哈蘇　塔清阿　懷他哈　卓爾歡

經理人　喜林　該哈蘇　塔清阿　懷他哈　桂林　卓爾歡

石匠　姚致中　占魁

住持　趙鴻亮

□清光緒拾玖年歲次癸巳夷則月中旬穀□□

（碑陰）

　　……香火養□之地，共□□□□拾叁畝，其地年深日久，□旋□期面□……今將此地已然查明，刊勒碑石以□不朽。……□茶房廟有住房一所，香火□□□計地□畝，□廟前路西有地一塊□……此地北地還有□間二□，占去廟地畝數……姓占廟地南北寬二丈有餘，東西十一丈，閆姓占廟地南北一丈五……八尺，□□院俱列於帳簿□□，水渠兩□……塊，計地十三畝，廟東邊濠有地，計地六十畝，四至分明，約其□□……

謹將修理廟工一切花費開列於後

計開

一宗木泥包攬磚瓦石灰土□錢叁百叁拾□……米面錢壹拾玖千五百文

一宗椽檁屜木錢壹百伍拾肆千叁百壹拾□　一宗……□□□五千肆百玖拾文

一宗宠板錢貳拾捌千肆百零肆文　一宗黃……醋錢叁千柒肆拾文

一宗靠工煙錢壹拾肆千肆□叁拾文　一宗買……碑錢貳拾五千文

一宗拉木料□價錢壹拾捌千五百陸拾貳文　一宗□……□□利□□貳拾玖千文

一宗瓦釘錢肆千文　一宗零……用鎖□拾□千□百陸拾文

　　以上十二宗通共花費錢陸百捌拾壹千捌百壹拾□文，入過□施銀……十兩□五錢四分……十千零一百三十四文，□達林佈佈施錢三十千文　楊秀山五千文二……除出花用過，下欠錢三十六千六百□□文，此項錢閣旋公出。

"镇安"匾

【简介】

　　清光绪二十二年（1896）勒石。现存右玉县右卫城艺术粮仓。匾黑石质，长方形，高51、宽78、厚18厘米。匾文楷体"镇安"2字，首题"光绪丙申"。

【匾文】

　　光绪丙申
　　镇安

"通顺桥" 匾

【简介】

　　清光绪二十四年（1898）勒石。现存右玉县杀虎口通顺桥上。匾黑石质，扇形，上端长88、下端长65、高43、厚22厘米。匾文楷体"通顺桥"3字，首题"光绪戊戌"，落款"重修"。

　　通顺桥在杀虎堡西北、长城南300米处，黑色玄武岩条石砌成。石桥系单孔，拱形桥。桥的南面是直通堡城的敞路坡"御道"，路面用玄武岩铺设，石上车辙痕又深又宽。该桥为明代建杀虎堡时修砌，光绪二十二年（1896）大雨冲毁，于光绪二十四年（1898）重修。该桥是走西口出关前的最后一处节点，寓意走到口外"通通顺顺"。无数士民商贾在此悲伤垂泪，绝决而去。古有"小桥夕照"之景，今为重温"走西口"之地。

【匾文】

　　光绪戊戌

　　通順橋

　　重修

洋坟告示碑（一）

【简介】

　　清光绪二十八年（1902）勒石。现存于右玉县右卫镇姬家沟村居民院内。碑高138、宽63厘米。四周阴刻连寿纹。

　　此碑是庚子赔款后，为在义和团运动中右玉遇害的洋教士重新殓葬时保护坟茔所立。

【碑文】

　　……樓……重……宜恪守禁……愛護方符……上年本省被難……惨虐殊深憫惜業經……禮棺殮安葬新塋，□經本朝□周示□□□有各教士□……附近各鄉保值遵定例，隨時嚴……經有□查自拳變頗有……毁棄，尤爲可惡，除飭洋□□查……西墓匪棍根一合行出示，嚴禁……人等知悉，凡嗣後毁踐□教士新舊墳□者，一經發覺，定行照例嚴……保一併究治，決不寬貸，勿謂言之不預也。指示！

　　右仰通知

　　光緒二十八年三月一日

　　本告示　分省補用知縣石榮暲書發

洋坟告示碑（二）

【简介】

　　清光绪二十八年（1902）勒石。现存于右玉县右卫镇姬家沟村中。碑平首抹角，高139、宽61厘米。碑头线刻龙纹，四周线刻连寿纹。

　　此碑是义和团运动后，右玉县府署为被杀的西方传教士所立。碑文中详细记载了整个事件过程，以及被杀传教士的具体情况。

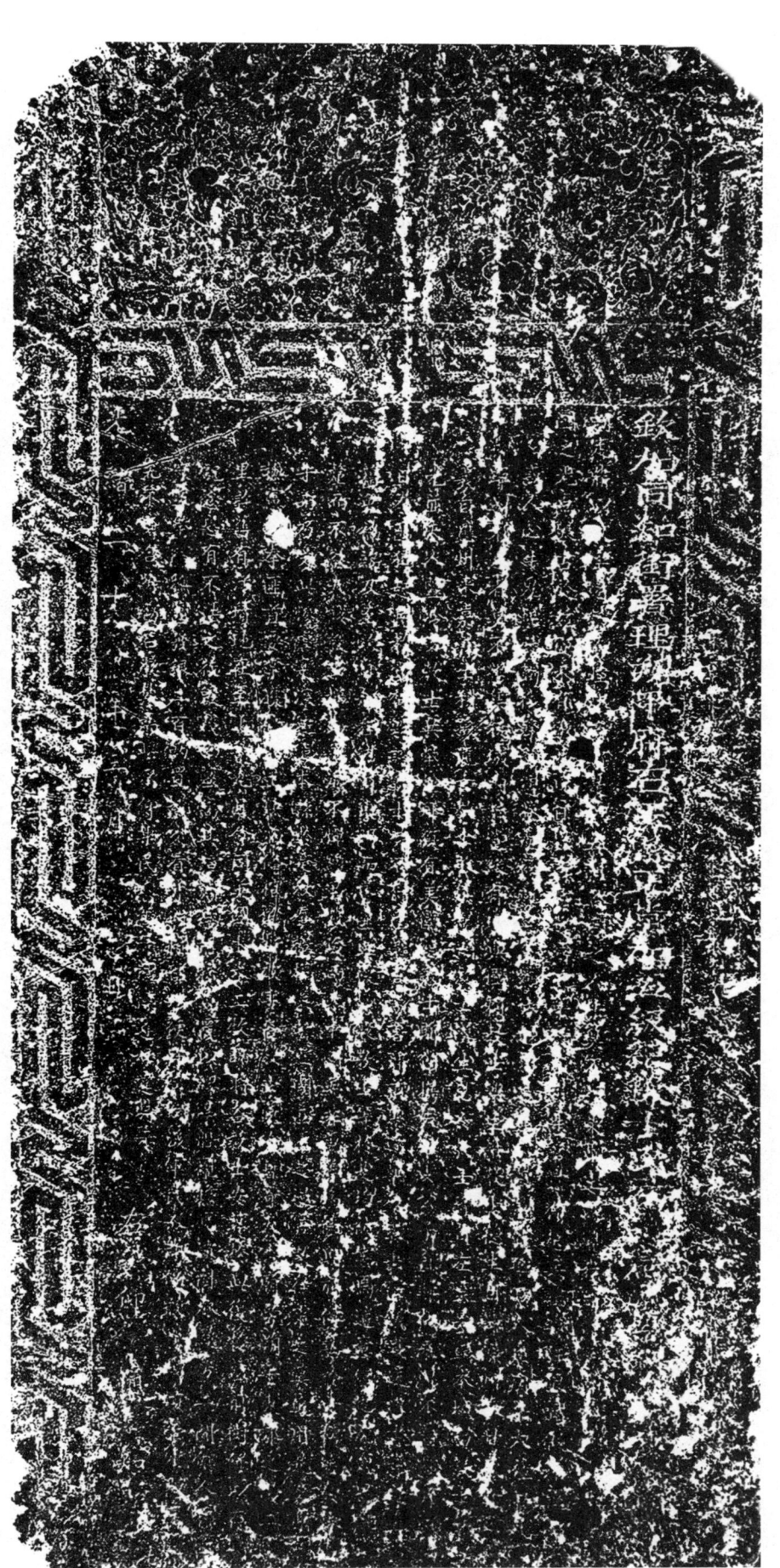

【碑文】

　　欽加同知銜署理朔平府右玉縣正堂加五級紀錄十次……

　　朝定情以□□□□睦□□□是以五□備之人士，俱不來□全□觀我□□□□□國之光□古於茲□未有殘□□此，自□□□□緒□年□□□起，□興□起兵端，□蜂□狼嘯，假□說惑人心，牛鬼蛇使鐲□蜂□遭荼毒□□□□□□駭還□□□□□□誠也。西人任朔平大禮□幾矩以□□者，莫不畢□於城內教堂，緣有瑞典國賴教士樂生、畢教士德生、□□源□教甘□□公義，自應州來，嘉教士利孫□□、□教士□□□、祝教士漢生恩，女教士壁□左雲□與本城白教士□光並夫人暨冷女教士共舉，□□復美國□教士斯伯攜夫□女公子自歸化來□，不□□□□日。拳匪猝起，□教□□毀，該教士□不得□□□□□著□□縣，還與各教士□議護送教士，□□□籍免協□，及至次日，□釋勉□東門□，拳匪□後□，衆教士等於是均殺害焉。遭意外之□□思□□而不教，夫設教士梯□□海不憚，萬里□險而來中國，無非教善爲懷，此亦□□於□何害於□乎？而乃受此慘虐寔深，□□本縣於是秋拳奉檄權□□土□西人之遇，告以往事之莫追，用是□撼當□拳匪首要，夺……天□□廟旁。朔□郊□二里許舊有洋墳地，以至上□九月會同英國、葡□二牧師，將各教士安葬於此，復□□前樹碑，以存記念。恐有不法之徒毀殘□墓，高其垣□，□□□□，覆以碑亭，壯觀瞻焉。墳園□□房二間，僱人看守，□奉撫臺發銀二百兩，買□交看守□□□□便□□□□軍民人等，倘敢毀殘墳塋，定□□究不□，合□勒石嚴禁，爲此示仰軍民人□，一體□避□□□示！

　　右仰通知

　　光緒二十八年三月□日

五圣庙重修碑记

【简介】

清光绪末年勒石。现存于右玉县马营河五圣庙。碑黑石质，圆首，长方形，高149、宽64厘米。碑阳右侧存有部分文字，左侧磨损不清；碑阴文字大部清晰可辨，额题"碑记"2字。内容记载的是捐资的商民铺户，其中商铺共有49家，包括领催、副领催、马兵、步兵、前锋、马甲，共有322人。

根据文中"乾隆叁拾年"后110余年推断，当为光绪末年立碑。

【碑文】

（碑阳）

五聖廟重修碑記

康熙叁拾叁年，右衛北門外馬營河駐防正藍旗滿洲蒙古官兵人等，建立過五聖廟壹座，於乾隆叁拾年分移張家口綏遠城鎮守，以後至今壹百壹拾餘載。今因年深日久，風雨毀壞正配殿宇。有綏遠城管理鑲白正藍貳旗滿洲協領福公諱珠，□不忍坐視此廟毀壞，誠心以表先人之意，同綏遠右衛本旗滿洲蒙古官員兵等出銀捐修，協領福□並暮（募）化綏遠城八旗滿洲蒙古官員兵丁舖戶人等，施銀捐修，共成善事，流芳於後，爲此云爾。

□□綏遠城正藍旗滿洲領催寧□納手書

管理鑲黃正白貳旗□洲協領紀禄貳次阿……黃旗滿洲……烏勒德恩施銀伍錢……正……旗

（碑阴）

商民……隆□豐施銀拾伍両　□□香施銀拾伍両　世錦□施銀拾両　施□寧施銀捌両　白仁堂施銀伍両　三□園　義□荣施銀各肆両伍　萬□德　□順興　□通永　施銀各肆両　昌順源　合興荣施銀各叁両伍　萬和□　義源成施銀各叁両　順興泰　逢興隆　永盛泉　施錢各貳両伍　如川永　恒盛瑞　義成公　茂長成施錢各貳両　如意泉　義繁成　谷合昌　萬永興　江南□　施銀各壹両伍　吉祥合　永全坊　意和永　寶永□　寶善堂　德興永　廣源恭　施銀各壹両　旅樂坊　□飯長　萬和成　德全永　興隆和　協成泰　西同仁堂　大生堂　信成當　永順當　興隆全　如川盛　施銀各□両　萬成永　興盛園　施銀各伍錢　萬成玉　義隆店　永興盛　瑞生和　施銀各伍錢

領催鑲紅旗蒙古

領催額納爾圖　特爾公額　五十八　額爾勒額　巴彥諾木圖　□勒德圖　五十九　忽爾西阿牛托爾於額　□□爾額

領催□□　九□　金□真　額爾洪額　依郎阿　前鋒　富常保　那月珠　穆特思　莫□恨　胡東阿　馬兵　遠春　同禄　七十八　素俗通額　八十九　八十四　安德　烏寧阿　六十八　克什佈　烏爾依泰　常火　扁没阿　伯多車　楞圖肯　富□杭阿　富合精額　□□□　□□□　烏凌額　溫登□佈中阿　合楞額　德泰　海洪阿　保存　施銀共叁拾壹両伍錢柒分

萬勒川阿　依蒙□阿　舒町阿　熱察　依克精阿　保明　諾木米阿　盖哈佈　烏爾清阿

步兵善慶　額爾登額　阿勒精阿　色□精額　德克登額　烏增額　肯德佈　烏什杭阿　佈音泰施銀共叁拾壹両伍錢柒分

正藍旗滿洲武甲

領催阿木當阿　副領催　包克垣佈　□清阿　哈爾莽阿　前鋒　多隆烏

馬兵　常福　□圖洪額　明安　哈佈肯　馬兵　托倫佈　吉勒圖堪　阿爾賽　□平　緑遠保　訥奇顯　納瑪山　庫蒙額　平福　七十八　五十四　存玉　存德

正藍旗滿洲武甲

領催甯□納　遠寧額　巴寧阿　前鋒　哈爾通阿　德絶精額　布平　諾門　明山　珠爾松阿　福

纳佈　諾隆勒　细碩洪阿　副領催　佈素保

　　馬兵　德克端　富忠　□□佈　多福哩　烏黑精　足連佈　素克益佈　盛安　哈明阿　常爾洪阿　叶勒敏　富順　巴究阿　觀音保　□德赫　施银共　伍両柒錢

　　馬兵舍爾图　富神保　阿金泰　巴楊阿　高阿泰　勒福　依胡額　塔清阿　□爾阿　吉慶保　伯克德陳　德克登佈　噶爾佈通　額爾格图　依克保　齊成額　發福閑山　音德佈　哈佛卡　德克德铺　准人　富克錦　雙全　興順　福隆　平安　舒寧　□順鴻

　　步兵同住　忠福　德家保　那丹珠　富立　哈拉哈　烏雲珠　工紳佈　图音佈　連克阿　呢克佈　養育□　踏克陸佈　阿秋　吉拉錢　喚白仁　花火佈　色勒佈　福来　福通　海祥　都爾遜　喚仁佈　福德佈　索忽敦佈　業佈克額　依克垣　浚保　韋它保　巴哈图　扎克丹佈　施银共捌拾玖両貳錢柒分

　　鑲白旗蒙古

　　□□二保　□阿佈　□黑克图

　　馬兵吉□保　特爾慶阿　薩紫阿　齐孟　蘇哈佈　哈佈爾　佛爾礦額　六十八　喜□泰

　　右衛正蓝旗满洲

　　烏爾图　德克吉克　巴满阿　德雲　三□　伯楞□　依勒飛背……領催　白堡里阿　□□里　巴巴垣□　施銀共柒両叄錢

　　阿失阿　□克善　依什托依　富保泰　懷罕　步甲　□□泰　佈□□　庫爾禪　依克瑪額　克德賀　鄂倫圖　德福　福□□　□德保　莫音泰　依勒阿……

　　兵□忽梁帖扎　增福　額瑪□□　图額崩阿　城登扎□　□託　花寧佈　舒明阿　拜彦　特靈阿　图音佈　百□額　富□春

　　領催馬甲

　　伯啓图　色□次額　□　□通佈　富雲佈　買成額　卡拉春……□□　達□阿　□明　五十□　□□　花沙佈　□□□　卻克□　□雲阿　图明　登里阿　扎買珠　養老兵　富克金佈　施银共伍拾陸両　花良阿　羅泰　伯音图　伊滕額　满福　胡敦　□克登額　施錢共陸拾伍両玖錢　□察齊　□哈佈　明安佈　色克图　財神保　佈仁色□　三□福　舒克陞阿　明德　□□恒額　□□阿　五十九　福松阿　烏四保　副領催　□克能　□□楞□　額朝德阿　養育兵德成額　那　潭　阿奇泰　問福　图奇　副領催　阿□□　吉神克阿　保保　富明　排霄阿　□□衣　依明阿　富寧　巴若諾图　□寧阿　□克德賀　魁福　福完　公福　經爾克　前□　□□　哈勒□　□朝□阿　依□納□　□勒肯　百□明　图切　明保　站住　依察阿　遠瓜阿　满阿□泰　□□□　達□阿　□勒阿　温綠連　額納登佈　富色□　依□納阿　□登飾　□十四　□肯泰　阿克奇阿　□家保　□德阿　阿寧阿　巴克□阿　阿勒精阿　馬泰　常寧　察喜　哈額□□　明通　□□泰　□□阿　□善體精忠……

改建税厅修复衙署碑

【简介】

　　清代勒石。现存右玉县博物馆碑廊内。碑黑石质，长方形，碑上半部残缺，残高128、宽60、厚15厘米。碑面四周阴刻富贵不断纹，碑文竖向阴刻行楷体，现存17行，字数不确。

　　杀虎口税厅于清顺治初年设立，衙署建于中关西门口北侧，全称"钦差督理杀虎口税务监务监督署"。署门悬挂"户部衙门"大匾，故民间俗称"户部衙门"。专管山西天镇新平堡至陕西神木堡之间长城出入关税，日进"斗金斗银"。

　　相传，光绪二十二年（1898）阴历六月二十一、二十二日杀虎口连降暴雨，冲毁税厅衙门。此碑为记录兴建税厅和大栅口的始末。

【碑文】

　　……次有立德，抑又思之，古來欲行實事者，必先德實心，天下不少實心之人，特少實心而能幹事之人，所謂實幹事者，利必興、弊必除，廢者，修頹者，振……丙申季冬奉……六月二十一二等日，大雨滂沱，連宵達旦，河水暴漲，終將大關稅廳柵門先後冲刷無存，實不測之偏灾耳，即经據情咨報……嗣准，晉撫照會轉准……是不扼要，有無室碍商情，速即飭委會堪應需工料若干，妥爲估計，會衙覆……方尚可改建，隨輾戛開柵口，僅築地基以爲權宜，徵收課稅之計。其應需工料，若干口及估計旋即卸事，余到位未久，隨即往堪得要根……案各房屋牆垣，或坍塌滲漏，或傾圮不堪，亟應一律修葺。瞬至丁酉春明，適……関會同撙節，估計得改建稅廳、修復衙署各工需銀五千二百八十七兩零，當即咨復會衙具……籌撥其間，輾轉遲延半載有餘，相沿至中秋後始准。……令即派吏往領，業經備文派吏赴省請領，去後旋於九月十八日准。藩司批開飭委傳員巡檢李振芳將工料銀兩搭解來問。……其實款不虛糜，俾商旅藉壯觀瞻而丁役尤安居守，無如木料磚石等項須採自甯武、大同、左雲各處，道路既云窵遠，近……之瓜期將屆，展布未遑且自愧，欲行實事又無幹事才，願期時違何恨如也。伏望浚之。……葺，庶旬月而告成，且立功以垂遠，以匡余之不逮云爾哉。是爲記。

　　……月

　　督権使者恩長建立

　　五品頂戴候選縣丞王安鼐撰並書

　　候選巡檢大關總辦馮汝賢經理

　　經理戶科四經承　張作開　張佖　李允恭　張近仁

　　稿書　李庚

　　四經制　張德明　張崧雲　温紀賢　張彦良

重修召伯营庙碑

【简介】

　　清代勒石。现存右玉县博物馆碑廊内。碑青石质，长方形，碑上半部残缺，部分碑文损坏。残高102、宽66、厚13厘米。碑面四周阴刻缠枝花纹，碑文楷体，14行。

【碑文】

（碑阳）

　　……廪膳生員馬凌雲撰並書丹

　　……百餘載未重新之，兼焚修乏人，以致棟宇漸圮，道院盡墟，後閣傾……人，於是闔會衆信洪雲騰等，僉慨然曰：廟貌不飭，何以妥神靈，相……理其事，适值衛守許君萬鍾守禦兹土，吏習民馱，境宇帖然，無虞……會首洪公發心募義，捐銀五十兩，闔會衆信人等各捐資財，不□……焚修，舍己囊積於殿前，新創靜室三楹，閣後添建靜室二間，由是……乙而修理焉。俾已歆高閣復巍峨也，將傾廊廡再嚴整也，前後配……者，悉從而鼎新之，猗歟盛哉！揆厥所由則皆郡守許君、會首洪公……之興役也，肇工於癸卯歲之春，落成於丁未年之秋。凡歷五紀，屢……工既竣，欲勒石而謀於予。予曰：召伯營廟尹氏稱之魯厚作泮詩……於民亦足繼二公後塵乎？予不能文，因備述巔末，俾後之祀。

　　……備加一級許萬鍾

　　……糾首信士洪雲騰

　　……第六代道會司住持王陽初　雲霞　焚脩法徒胡來珆　馬來潤重建

……

丁酉科舉人賈宗孟

……馬化蛟銀一兩　信官火文林　王進豹　郭士俊　史慶　喬鯢鳴……葉斯衍　白鉸　喬岊　洪□□　李培昊　段綠　張鳳彩　司朵霞……安自公　賈宗儒　火瑛　馬凌雲　賈承謨　賈天培　周孕奇　岳毓麟　以上各捐銀二兩　各募化銀一兩

□進祿　王寶　姚金玉　以上共銀□兩　……興　喬英　許承業　李從蘭　聶震達　樊守義　張茂基　史績　辛棋　東啟仁……信女季門劉氏銀七錢　周世宦……水映明　以上共銀十兩

……張希貴　張起富　李逢聖　張鳳岫　張應恩　李作舟　樊萬良　閆從義　宋嘉喜　馮彥章……

泥匠　馬遂　宋德烜　何天其　李應春

木匠　相進　魏祥　劉正溪

鐵匠　史弘科　劉騰蛟　李舉

應州石匠　甯德　孫鳳

施財樂人　孟國忠銀十六兩

閆天亮　劉世迁　各銀一兩

張世軍　張朝　馬汝惠各銀一兩

白柱　梁兆……

大同右卫城真武庙兴创记

【简介】

　　清代勒石。现存右玉县博物馆碑廊内。碑青石质，长方形，残高110、宽95、厚20厘米。碑左上角残缺，部分碑文损坏。碑面四周阴刻花卉纹，碑文竖向阴刻，楷体。

　　根据碑文内容推测，此碑应立于朔平府创立之前，其时右玉仍属大同府治。

【碑文】

　　大同右衛城真武廟興創記

　　賜進士第前翰林院檢討楚府……

　　直隸河間府青……

　　鄉貢進士直隸河間府青縣……

　　大同控冀州西北之陲，其地……國朝則爲大同府，以其……天啟昭代百有……北拯真武廟於其上，蓋亦所以福民□□□□□殿五間，極其高郭……□歷顛末，廊之兩端又肖二郎、關王，皆爲從祐聖設也。廟之前……清閣，玉皇殿興創漸備，所司以住持乏人，不足以永

香火之祀……□委祀人愈重之，積工數年而創立益增殿之丙序則架

二……□廟之北隅又重建方丈，以及庫庾庖湢之廬，皆備焉。

一元……□□輩皆感異夢，各施金帛車馬，重飭諸神像

設及龕牀帷……□□樂用，是人心益勸，百工皆

刻期而成，以故廟制尊嚴……□□□仕邊

境矣。一元亦以爲自非貴人長者，疏財

造福焉……□□□□走盡千里，丐言

勒諸石侯以繁……□□□□□□□

其必有神於人國者歟？且……□□

□□□□□□□十一廟之首，況

其□□乎？夫是廟……

　　　　……

　　　　……丞侯能　山西

行……

　　　　……事蔡瑄……

重修樊家窑庙宇碑记

【简介】

　　清代勒石。现存右玉县博物馆碑廊内。碑青石质，长方形，碑左上角残缺，残高195、宽80、厚23厘米。碑文竖向阴刻，行书，17行。

【碑文】

　　樊家窑去平集可五里许，山沓水还，當章皇帝御極之二年，邑人建廟焉。且因山爲閣，因水爲池，亦一方之勝槩矣。歷今幾七十年，雖屢加修葺，□□動大役興大工，以故殿宇傾圮，墙垣敗□。督理稅務雅公，集僚友會飲於兹，慨然有更新之志。謀之邑之縉紳耆老，即捐俸金若許；募之達官顯者，與十万之善居士，又得金若許。命高君尚木、胡君新元、齊君國鼎等董其事。一時鳩工庀材，有昔之舊而今新之者，若廟、若閣、若配殿、若鐘鼓樓、若東側之道院是也；有昔之無而今有之者，若亭、若軒、若牌坊、若西側之道院是也。是役也，经始于壬辰之春，告竣于甲午之秋。道人常守中即持緣募化，始終是役者也。因囑余爲記。余曰：樊家窑之有廟有閣有軒有亭也，人之爲之也。樊家窑之有山有水也，則非人之爲之而天之爲之也。夫天下何處無山，何處無水，吾鄉窮邊極塞，地势荒凉，無名山大川足偕遊人之瞻眺。而山與水亦在有之，然凡山皆丘也，而懸崖陡壁、峰巒峇峙，惟樊家窑之山最象；凡水皆水也，而盛沸喷湧、迅流急湍，惟樊家窑之水爲獨奇。盖天下事有其質，必有其文，玉之良也，必加以□琢；木之美也，而必施以繪；□之貴也，而必附以文章。不寧推是，以天之質言，高且明也，而必有日月星辰風雲變幻之色以章之；以地之質言，廣且厚也，而必有山川草木昆虫鳥獸□魚以缀之。然則樊家窑而無此山無此水也者，可不必有此廟有此閣有此軒與亭也。樊家窑而既有此山有此水也者，即不無此廟無此閣無此亭與軒也。每當春夏之交，携友朋數輩，出郭門，沿小河溯流而東，一路畦田千百，□樹蒼茫，覽雞犬桑麻，俱非□径，抵混□□□□是乎□□□□是乎發源，登高而望之，□畉错綜，廬舍參差，陰晴風雨瞬息变態也。其可閑質□望文者，又寧有□哉？然則樊家窑……此廟無此閣無此亭與軒也，抑樊家窑而有此山有此水也者，當不□論□之有此廟有此閣有此亭與軒也。……某處宜臺，某處宜閣，某處宜亭與軒，然則因質以生文，又因踵事增華，後來者又當居上矣。是为記。

　　募緣道人　常守中

　　住持　蘇拮　賀□肇　張素

　　徒梁蕤　梁奎　賈太簇　高鐘　李林　閔則　楊標　黃太仲　王工　张貴　武呈

　　孫張詔　張述　高達　張英　張清□　鞏满　屈澤

修庙碑

【简介】

清代勒石。现存右玉县博物馆碑廊内。碑青石质，上半部残缺，残高95、宽90、厚20厘米。碑面下边雕刻荷花纹，碑面磨损严重，部分碑文漶漫不清，碑文楷体，13行，满行残留18字，共160字。

【碑文】

……青臺馬政撰文

……常州周忠書丹

……□□秦勁篆額

……清逺本地凡類宣德間衛士建……從之□□不慈具迴廊之壁，則繪祐聖履……道流□□□□建……事一□□□□夙夜匪寧清修苦行，勤於……殿陛□□□□五龍之神亦肖其像於門……軍政□□□□□百户趙鑒、士人張達、郭……官之□□□示響應……不諮嗟羨而曰：俾廟宏麗如是，則足以係……告後來一旦以青邑大尹周侯盡已興其……若□武之設，雖出於道書之寓言，然而……而一時然至義士皆樂成其事，用心誠可……者知所勸云。

……葉椿

□持　黄□明

麻续先墓碑

【简介】

清代勒石。现存右玉县右卫城东麻家坟。碑黑石质，长方形，高128、宽67厘米。

从碑文记载看，麻续先是麻振扬后裔。麻振扬为麻锦之孙，清初曾任江南京口右路总兵，故其子嗣当为清代人士。

【碑文】

先兄字紹宗，茲典□塞監□與管成子耐□朋相謀書撰，以述……續先字□宗，號湧□公也，當其甫冠時，嘗謂諸祖大半系明清功臣，文則禮部侍郎刺史，武則提鎮元戎等職，其戰功節志多著於臺海鎮江濟……□考，即史記□□中亦聞載其事矣，而先人之顯達者十錄八九，功名之未發者□……曾祖父文醇，推傳□發於□芹博士而已，我兄喟然歎曰：此不足爲麻氏之嗣也。於是法步祖風□……嘉慶丁巳，遇川楚教□□亂，我兄從將征伐，奮勇出眾，節次受命於陝西延綏□佐校尉，□□中州教匪滋擾□秦，伏征除，期年餘賊勢削□，奉告以甘□……將軍，補授……□逆匪戕官圖城，我兄帶甘兵往□出裕關入夷境，冒矢石臨血戰，奮勇剿安。壯哉！

……明威將軍，由是聲聞三邊，名振當時，賊匪削滅，□軍訊撤下車神木，功屬□□關亭□□安……□不理明詞達，執意刀矛矢傷復發，加之年屆桑榆，告休歸里。觀吾兄之臂股，摸其皮膚，□不令人……痛哉，正□養傷愈，傳家政□養家嗣風家門□福於……申□孟冬，我兄仙逝，享年六十有三矣。生三子，尚幼，伯城試場未□，餘皆髫齔。誠哉我兄爵□德尊……之士也。嗚呼！嘆有前車之覆，憾無後車之鑒，今竪墓誌，功難盡述，刻銘大署，明誌於後，待後人覩斯……斯備以興勵志，俾益於先人焉。

重修观音阁功德碑

【简介】

清代勒石。现存于右玉县博物馆碑廊。碑黑石质，圆首，长方形，高 155、宽 65、厚 13 厘米。碑四周及额首均阴刻云气纹。

【碑文】

重脩觀音閣捐財姓氏開列於後

吏部侯銓經歷司劉光業施銀叁拾捌両

欽天監天文生賈奇珍率男懷道、侄懷德施銀壹拾陸両

宣化府同知王大明率男保安施銀陸両叁錢

劉來銳率男履德施銀伍両

趙位伯率男侯銓州劉世德施銀伍両

吏部侯銓州同知馮秉憲率男通壽　金粧聖像一尊施銀□□

經歷司和静理施銀貳両

國子監監生宋□施銀貳両

朔平府學生員殷發柱　右玉縣學生員劉履豫　各施銀伍錢

趙璉率男鮑□　王大次　杜子茂等施銀陸両

當行姚文焕等施銀貳両

菓木舖賈奇珍等募化各家□銀拾捌両　溫琗　靳生台　邱荣　張彦　富大有　張秉傑　趙之臣 曹建極　張亭　馬世忠　崔昌宗　祁天福　張譽　史紹芳　各施銀叁両　齊天壽　王守經　孔聖□ 李成棟　何琪瑛　張霄　錢宸選　張裕　張璉　康澤　楊敏　溫宗堯　各施銀貳両　张進臣　施銀壹 両伍錢　張善　溫□　楊馥　恒興譽　□泰　閆生義　靳肇舉　張翰　□維精　張士儀　姚承先　趙 懷瑜　尹貞　姜昌周　樊荣　郭景儀　齊□　錢麟徵　秦國興　□訓　賈奇璽　阮禮　張存智　樊富 祥　戴遜　王三貴　馬良　張明乾　劉□　□三才　趙大儒　梁赴科　猛可什加　王柱　馬金雲　盧 敏　申之公　张秉钧　□□相　義合庄　溫珩　等各施銀壹両　黄酒行程法士　等施錢□□　和承宗 任忠英　焦永盛　張士元　張雲龍　姚士傑　王儒翰　張□傑　許日昇　溫世明　王昇　安盡忠　魏 自通　郭□　吳純美　郝荣報　李新亮　蓬鶴　張簡　段成宇　田淑齊　郭景儀　王業昌　劉禄　王 鳳鳴　張譽　张裔　武福□　劉靖圻　董德　陳鎮邦　趙大興　郭永　許國茂　李貞　各施銀伍錢 宋門靳氏施貼金錢肆佰文　任忠傑施貼金銀四錢　　姚士奇　馬爾瑗　李維元　王廷輔　□紘　王美 金　任良臣　李作□　韓作塩　朱士貴　王聖章　達尔駕　白燕　岳付□　靳肇舉　楊先春　張雲 陸瑾　王秀□　趙位男　百成店　□佩　增盛店　李继唐　任天作　廣成店　永成店　權進□　武紹 文　逯□　閆思敏　宗□□　許偉　田尔成　孫起貴　石文玉　陳紹業　段琳　和守仁　張恒茂　周 文郁　邵□　常見興　劉述伶　武正禄　石之□　各施銀貳錢　聶明□　施錢壹佰文　溫珵施旗杆錫 □壹□　曾文孝施銀壹両式錢

福缘善庆碑

【简介】

清代勒石。现存右玉县博物馆碑廊内。碑黑石质，圆首，长方形，高204、宽78、厚15厘米。额篆"福缘善庆"4字，额下缘阴刻二龙戏珠纹，四周阴刻花卉纹。

【碑文】

……商民

□□□ 李三 各捐銀叁拾兩 金滿銀 金滿倉 各捐銀式拾伍兩 樊普秀 郝有 賈懷智 馮成和 張仲僑 恒泰泉 各捐銀拾伍兩 李順 李德 李轸 李瑞 各捐銀拾式兩 王尚義 閆天福 各捐銀叁兩 王宝 惠隆店 李福 各捐銀□兩 孫廷貴 魏旺 各捐銀陸兩 八里庄 門村捐錢钱六千 生員劉廷聞捐錢六千 董庫 趙發花 趙春 各捐銀伍兩 王永禄 李到才 各捐錢伍千 高有倉 董廷禎 各捐銀四兩 劉宫 楊發 各捐錢四千

廩生柴俊 生員馬福興 柴照 李發源 廣興當 郭福 乾吉慶 王永清 王宗顯 各捐錢三千 馬成功 张有珠 袁俊 張普 张永泰 郭天貴 楊登仁 各捐銀三兩 崔喜捐銀 二兩五錢 王舉 捐錢二千五百 王漢富 王富 劉有福 劉通 胡世昌 陳永安 郭祥 馬文魁 牛錦元 各捐銀式兩 生員王俊士 戒生王吉士 張武陽 薛有金 張宝 廣盛源 樊天貴 薛富 唐會 各捐錢式千 王士福 蘇錦 各捐銀一兩八錢 张宏道 姚進荣 崔荣 李正河 崔□ 宋□□ 李鳳岐 各捐銀一兩五錢 生員常清 張福 楊喜福 張尔會 賈寧 王林 傅保 王文傑 各捐錢一千五百 曹春福 趙俊 郭鴻順 程稷 李禄 趙海潮 景發 王秉德 柴珍 各捐銀一兩 貢生蔚琚 喬良 高永順 謝珍 康國義 張通 黃絹 李鶴 王廷仁 李荣 李廣明 李印 高有福 薛雲 王盛 樊通 王秉钧 李雲 郭雪鏡 王順 庫喜 董有富 各捐錢壹千

破虎堡商人 天泰當 天元當 復興局 各捐銀十六兩 永盛和 捐錢十千 三合錦捐銀七兩

牛心堡商民 長春當各捐銀十六兩 德聚盛捐銀十一兩 永順當捐錢二千 生員王應選 忻州館 德盛永 王富 各捐錢一千

天□賓崔珂募化 唐豊當 天泰當 束□雲 各捐銀八十三千 萬錢留 廣生當 各捐錢式十一千 張際盛 捐銀十兩 天益永 永慶寧 庠生曹尚智 庠生王謨 天豊永 御耆李天柱 監生李濛 孟瑩 天錫永 天順興 各捐錢十千 萬和永 捐錢八千 朱峻復捐钱六千 萬亭禧 生員谷廷棟 天興隆 石潤 生員成英然 益盛長 清和公 生員王焕 生員李滿 □廷璧 御耆董彦 御耆呂□ 許秀 各捐錢五千 萬泉湧 捐錢□千 廣生盛捐錢四千 三合益 永益富 永盛公 各捐錢三千五

天興岐 萬順湧 御耆崔華 石建基 朱富貴 天合德 謙和吉 郭忠 各捐錢三千 富豊店 永亨全 永和成 王合泉 天成德 自立成 各捐錢十八千

庠生白永興募化 生員张全云捐錢十千 唐富捐錢八千 武生高斌捐錢七千 張璉 生員趙通 府谷武瑛 馬文元 各捐錢六千 生員申文亭 萬元永 各捐錢五千 生員郭坦 萧起隆 宋滿 王富 各捐錢四千 武生李載陽 傅九經 瞿相 天義永 萬興湧 各捐錢三千 天慶永捐錢二千五百 張玘 張成宗 各捐錢式千

耆賓慕存仁募化 監生趙廷雲捐錢十千 孫儒長捐錢四千 三義公 韓復興 生員楊世荣 杨萬喜 各捐錢三千 王茂起 郭萬 蔡善 生員王牲 廣義成 各捐錢式千 王玉 邊輅 各捐錢一千

耆貴何尚義募化 劉國棟捐錢十五千 武生李廷章捐錢五千

庠生秦裕琚募化 武生王訓 捐銀十二兩 武生于振辉捐銀十兩 武生李□然 捐銀六兩 貢生柴選 捐銀五兩 長盛隆捐錢五千 庠生康潤捐銀三兩 康森捐銀三兩生員 王文盛 康□海 義和店 康□賛 张殿颿 馬忠極 □廷相 崔維 恒義永 湧盛泉 王俊 秦進玘 天興義 各捐銀叁

両　劉富捐銀一両

　　貢生李玦山募化　德順貨店　捐錢四千　義興店　長盛貨店　永和店　各捐錢三千　恒盛魁　李興德　復誠號　天合長　萬盛珍　段忠　天廣店　萬順玉　協成號　增和泉　和順店　玉合木店　天成店　義生桓　德順店　天盛魁　貢生李祖齊　天相德　各捐錢弍千　公盛當捐錢一千五百　萬順德　萬順米店　晋合泰　集成茂　和成店　簾蔴舘　天慶魁　興德魁　张褚　隆盛選　各捐錢一千

　　張丕高募化　隆盛店　源□有　新盛文　萬合隆　錦成泉　復恒店　吳通海　和順當　忠和店　天元店　源盛有　各捐錢弍千

　　寧遠募化　崔□□捐銀一両　豊恒沛　霍大謨　永成店　慶復興　廣生隆　天成當　廣順興　王順店　各捐錢三千　公信店　萬全店　各捐錢二十五百　永順興捐钱二千　永盛隆捐錢一千五百　天錦昌捐錢一千五百　四盛成捐钱一千　德昌興捐錢一千

　　崞陽庄募化　舖户捐錢卅六千　地户捐钱卅六千　店户捐錢十五千　張桂宾捐錢廿千　先户王者代捐钱三千

　　雙古城募化　恒成當　永恒祥　隆泰當　萬順德　萬順魁　各捐艮二両　萬満楼　捐艮一両五錢　三義魁捐錢一両五钱　集成永捐良一両

　　朔州募化商人　萬義當　順成當　晋源當　大成當　廣泉當　源成當　義成當　豊盛當　源合當　廣成當　各捐銀五両六錢　長隆缸　廣義缸　元隆缸　豊盛缸　廣源缸　協成發　聚和永　豊有成　聚合永　茂盛隆　復泰魁　泰和永　復聚成　合興缸　合益成　松盛缸　三德公　永和合　慶荣缸　復來成　廣生缸　廣成缸　和合缸　萬成缸　德隆缸　聚成缸　于兆缸　湧泉缸　德泉缸　合成源　德成缸　復慶隆　九如缸　復□缸　萬泉缸　公合缸　惠来虹　義盛公　長福缸　義興缸　合義缸　廣泉泰　義盛缸　以上共捐銀六十八両一錢　孟汝陽　合盛興　德泰永　泰山沸　恒成號　義興永　寶源號　德慶源　永豊缸　以上共捐銀五十両四钱　廣隆號　謙亨號　廣来號　聚盛號　豊源號　義生和　先慎德　謙和永　廣興號　和克吉　以上共捐銀十七両　義盛店　泰和店　四盛店　雲和店　德興店　復元店　慶和店　廣億店　廣長店　以上共捐銀廿三両　萬□號　天成義　隆盛昌　□盛義　永盛成　慶泰號　慶源□　全盛公　永泰號　義盛豊　義盛□　長慶盛　和順公　德盛□　以上共捐銀十六両二錢　吕順捐錢一千文

　　左雲募化　粮店捐錢五千　當商　布商　缸房　油房　各捐錢十千文　碾房捐钱十五千文　趙文捐錢一千文

"混元峰"碑

【简介】

    清代勒石。现存右玉县杀虎口风景区樊家窑村北混元峰山洞中。碑青石质，长方形，高约80、宽120厘米。混元峰在杀虎口东北5里许，此处峰峦层叠，"水光潋滟晴方好，山色空濛雨亦奇"。峰下原有斗母宫等庙宇群，峰中有碧水喷涌而出，名"混元流碧"，为古时"恒阳十景"之一。

【碑文】

    混元峯

中华民国

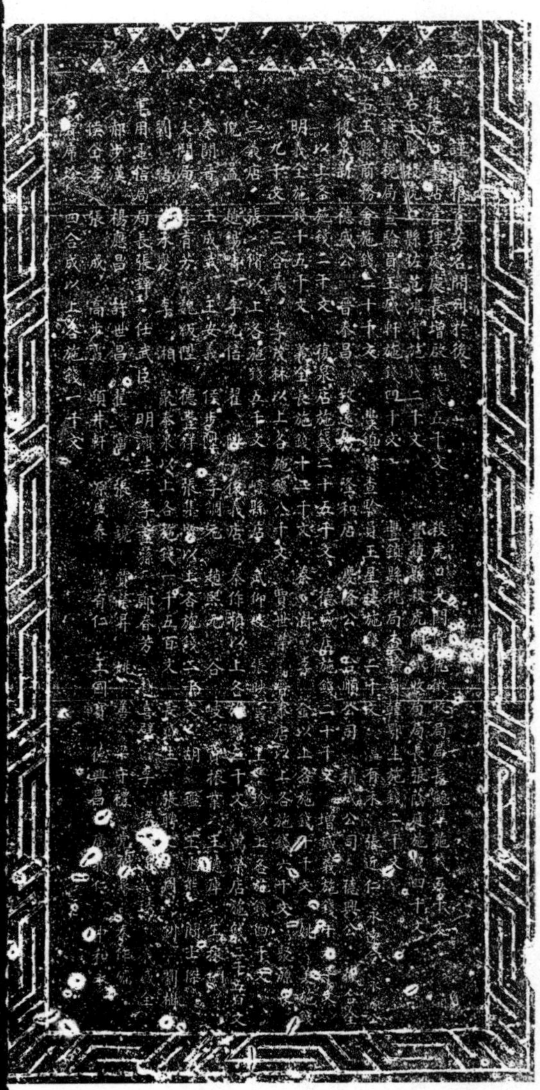

重修碑记

【简介】

中华民国7年（1918）勒石。现存右玉县博物馆碑廊内。碑青石质，平首抹角，长方形，高195、宽75、厚14厘米。碑阳额篆"万古流芳"4字，碑面四周雕刻花卉和几何纹。碑文楷体，17行，500字。碑阴额题"永垂不朽"4字，开列捐资姓名。

清代顺治年间，杀虎口设户部衙门，收取关口出入关税，故有"日进斗金斗银"之说。商贾云集，财富斗计。文中李金、秦作桢等，富甲一方。秦作桢更是晋商泰斗"大盛魁"大掌柜秦钺之孙，誉满晋蒙商界。迨至民国三年（1914），税关迁至内蒙古丰镇，杀虎口经济才逐渐萧条下去。

【碑文】

（碑阳）

重修碑記

古殺胡堡之玄帝、火神觀，不知始於何時，父老相傳，蓋元季之所建也。在昔爲吾鄉鹽賈武人之大社，清之中葉商業既衰，然後鄉之權署府史主之。有清衰，權運移兩觀之社，遂不舉焉。而觀之金樓寶闕，曾幾何時□爲破壁危軒。丙辰春，鄉老悼之，遂議踵事，爰集群貲補其缺漏，起頹而振墜。計自民國四年六月興工，至六年五月竣事。舊有膳臺抱廈，既大破壞，從衆撤去之，以其材變價二百六十餘緡助工，計凡糜款二百五十餘元，葺完正殿及廡十數楹。既告厥功，特記其舉事，大略如此。

殺虎口縣立國民學校教員兼校長楊煦薰沐敬撰
殺虎口女子國民學校教員兼校長楊熾沐手書丹
一宗椽錢一十二千九百一十文
一宗铁錢一十二千九百二十文
一宗磚瓦錢三十九千一百二十文
一宗泥工錢一百六十三千文
一宗木工錢六十四千一百二十文
一宗瓦板錢二十七千五百二十文
一宗铁工錢一十七千五百四十文
一宗石灰錢七十九千四百一十文
一宗土錢二十二千五百五十文
一宗水錢四十八千七百六十二文
一宗刻字勒碑錢一十七千文
一宗看廟錢一十千文五百文
一宗移土錢三千六百一十文
一宗□錢一十四千五百二十文
一宗雜用錢二十三千三百三十文

經理人　增盛義　張儐　復泉店　張慈雲　楊煦　楊熾　賈世榮　李中敏　趙錫疇　王清　張升雲　任克恭　郭培成　秦澍　三義店　李金　復合全　秦作楨

住持　姚合玉　趙合堂
泥匠　賈立業　李玉璽
木匠　任跟心　尹殿昌　陳德
石匠　姚陞　趙五喜
中華民國七年十月吉旦

（碑陰）

謹將捐資芳名開列於後

殺虎口臺站管理處處長增啟施錢五千文

殺虎口大關貨稅徵收局局長鮑準施錢五千文

右玉縣殺虎口縣佐范鴻賓施錢二千文

豐鎮縣殺虎關徵收局局長張蔭庭施錢四千文

豐鎮縣稅局查驗員王盛軒施錢四千文

豐鎮縣稅局查驗員韓鄂生施錢二千文

右玉縣商務會施錢二十千文

豐鎮縣查驗員王星樓施錢二千文

溫有禾　張近仁　永遠合　永源公　復泉新　德盛公　晋泰昌　致遠店　隆和店　慶隆公　合順公司　積成公司　德興公　復合全　以上各施錢二千文　復全店施錢二十五千文　德盛店施錢二十千文　增盛義施錢十六千文　明義全施錢十五千文　義全長施錢十二千文　秦澍　李金　以上各施錢十千文　姚美施錢九千文　三合義　李茂林　以上各施錢八千文　賈世榮　晋泰店　以上各施錢六千文　聚源長　三義店　張償　以上各施錢五千文　崞縣店　武仰岐　張映雲　王珍　以上各施錢四千文　倪益　趙錫疇　李允信　翟陞　復義店　秦作楨　以上各施錢三千文　萬榮店施錢二千五百文　秦開晋　王成武　王安義　侯步陞　李調元　趙熙元　谷岐　賈振業　王德庫　王振綱　大關局　李育芳　魏級陞　德豐祥　張集賢　以上各施錢二千文　胡鑑　王兆熊　閆士傑　劉緒　黃承燮　李相　聚泰泉　以上各施錢一千五百文　長盛生　張聘之　周釗　劉樹榮　軍用電信局局長張錚　任武臣　明濟生　李蓋蓀　鄭春芳　趙喜璧　李琇　溫琇　義盛全　郝步漢　楊應昌　許世昌　翟富　張鏡　賈榮昇　姚善　梁守禮　党樹泉　秦作礦　候全孝　張成　高步霞　頤井軒　源盛泰　羅有仁　王國賓　德興昌　廣義仁　中和永　賀席珍　四合成　以上各施錢一千文

督军兼省长阎示碑

【简介】

中华民国10年（1921）勒石。现存右玉县博物馆碑廊内。碑青石质，圆首，长方形，残高145、宽71、厚21厘米。碑下半部残断成两块。碑面四周阴刻线纹，碑额横向阴刻两行楷体"中华民国十年七月立"，"督军兼省长阎示"。碑文竖向阴刻，楷体，4行。

阎锡山曾发文："贪官污吏劣绅土棍，为人群之大害，依法律的手续，非除了他不可。"之后全省各地刊石明示。

【碑文】

中華民國十年七月立

督軍兼省長閻示：

貪官污吏、劣紳、□□，爲人羣之大害，□□律的手□，非除了□不可。

□玉縣知事黃驥遵刊

梁济与王畹墓碑

【简介】

中华民国 17 年（1928）勒石。现存右玉县博物馆碑廊内。黑石质，长方形、高 176、宽 64、厚 19 厘米。碑阴竖向阴刻，楷体，10 行，340 字。该碑为右玉名士梁济先生与夫人之墓碑，由其子梁文绍、梁文绪所立。

【碑文】

（碑阳）

中華民國十七年八月穀旦

五等嘉禾章國務院存記道尹山西實業司司長故顯 考　梁　公濟府　君之墓
　　　　　　　　　　　　　　　　　　　　　　　妣　母王太

男文紹　文緒奉祀

（碑阴）

　　先考伯興府君，生於清光緒八年五月十四日午時，八歲而孤，十八歲入邑庠，二十二歲考入山西大學堂西學專齋，二十五歲畢業，學部復試，獎給舉人，隨即派赴英國留學，入威爾司大學鑛學工程科，三十一歲畢業歸國，時民國元年也。歸國後，歷充山西臨時省議會議員、都督府口議、勸業道顧問、實業學校校長等職。二年春，署理山西實業司司長，兼巴拿瑪賽會籌備處總理。三年秋，實業司裁缺，山西巡按使金特保大總統令，交國務院以道尹存記，並獎給五等嘉禾章。後以政見不合，告歸田里，專辦地方公益事宜。數年之間，右玉疊遭兵燹而事繁且劇，身心交瘁，遂以十七年春正月初九日遘疾，二十四日子時棄養，春秋四十有七。先妣諱畹，與先考同庚，生於十月初三日亥時，十六歲來歸，二十六歲生男文紹，三十四歲生男文緒。先考逝世，先妣終日哭泣，過爲悲傷，遂以二十九日丑時，一慟而絕云。

　　男文紹　文緒　泣血謹述

梁济先生碑

【简介】

中华民国 17 年（1928）勒石。现存于右玉县右卫镇东街路北。碑黑石质，长方形，残高 128、宽 100 厘米。

据城内老者回忆，此碑原立于右卫城南门瓮城内，为曾留学英国的梁济先生而立。梁济先生不仅有功于山西，更造福于家乡，力争将山西省省立七中设置到右卫城，为右玉和雁北各县培养了无数人才。

【碑文】

……山西右玉人也，禀嶽之精，鍾瀆之秀，性篤堅貞，行敦孝友，俊德克修，彝倫咸序，其姿度之淵……萬傾之陂奥乎不可量已。童年食餼，弱冠知名，才茂當時，□聞籍甚，婆娑乎文雅之囿，逍遥……書於手，誦讀則不忘於心，研精耽道，造詣深邃，又復欲治西學，以期該博，乃考入山西大學……然，一貫京師，□□獎以舉人，兼派赴英留學。於時清政不綱，四海解紐，強隣窺窬，憑陵疆土……生，目擊時艱紀□，有澄清之志，以爲競存之要，在乎學術，遂受命不辭，負笈西波，涉重洋，逾……倫敦入威爾司大學礦學工程學科……不已。□□不計而優博□於……山西實……建□山西實業之基，先生開之也。三年秋，以實業司裁撤去職。時項城當國，專好兵戎，急荒……□□於□乎，浩然歸田里，養志邱園，頤情詩酒，意淡如也。在位屢招，咸謝弗就。先生雖富貴，浮……□□，見義勇爲，凡地方公益善舉，罔不惟力是視。□□年，晉馮有釁，訴之干戈，馮軍圍攻右玉……血肉齊飛，尸骸與邱山等峻，孤城有傾陷之憂，幽谷無喬遷之望，□□惶惶，路有哭聲。先生……返兩軍之間，片言息爭。全城解危，展喜之如齊，弦高之犒秦，方兹蔑如也。先生外恭内和，恂……之徒，景從響附，奉爲圭臬，即先後蒞任縣宰，亦莫不備禮造門，咨事質疑。而先生雖高龍邱……□之情，故人無分官民，事無論巨細，得先生一言，糾紛立解。右玉叠遭兵燹，徵發浩繁，而人……知有兵戈之亂者，胥先生綱維之力也。十七年正月九日寂疾，於二十四日卒，春秋四十有……維先生之德暉，爰鑴兹石，用垂不朽，其辭曰：

□同至道，用行舍藏。進能匡國，退亦化鄉。救焚拯溺，保我梓桑。學貫中西，勳在彝常。

惟此哲人，□山□梁。祁祁士庶，涕泣徬徨。刊石勒碑，建之路旁。仁風所播，永永靡忘。

嗟爾來者，斯□斯望。

前衆議院議員清查蒙荒專使代理右玉縣知事新民康□沐敬撰

右玉縣高小校教員邑人□世承敬書

西右玉人也稟嶽之精鍾瀆之秀性質堅貞篤行敦孝友儉[illegible]是修彝倫[illegible]其姿度之淵
博之概與乎不可量已童年食餼弱冠知名才茂當時[illegible]聞甚姿[illegible]文雅之圓道遲
書於手誦諸歸不忘於心研精既道造詣深遂又復欲[illegible]之期該博乃考入山西大學
堂[illegible]貫京西[illegible]矣以擇人兼欲起其留學於時清政不綱四海鮮紅[illegible]階號令[illegible]後疆土
[illegible]有澄清之志以為救存之要在乎學術遂受命不辭召[illegible]西[illegible]

建[illegible]山西實業之基[illegible]之也三年秋以實業司長擢去職時項城當國[illegible]
[illegible]於[illegible]乎浩然歸田里養志邱園頤情詩酒意[illegible]如也在晉[illegible]招威識鼎鼐先生雖當貴游
[illegible]義勇為凡地方公益善舉不遺力是視[illegible]年晉[illegible]有[illegible]之禾[illegible]軍圍攻右玉
[illegible]兩[illegible]飛尸骸與卯山等峻孤城有傾陷之憂[illegible]谷無[illegible]邊之[illegible]惶惶路有哭聲先生
遂[illegible]之間片言息爭全城解危民喜之如齊[illegible]高之[illegible]秦[illegible]如也先生外樂內和愉
之後景從響附奉為圭臬既先後[illegible]任[illegible]亦[illegible]不備[illegible]造門咨質疑而先生雖高龍節
[illegible]之情故人無分官民事無[illegible]巨細得先生一言[illegible]立解若玉[illegible]遺兵[illegible]徵發浩繁而人
知有兵戈之亂者胥先生綱維之力也十七年正月[illegible]日[illegible]疾於二十四日[illegible]春秋四十有
維先生之德碑爰鐫茲石用垂不朽其辭曰
岡至道用行舍藏進能匡國退亦化鄉救焚拯溺[illegible]蔡學貫中西[illegible]在[illegible]惟此哲人
[illegible]神祁士庶涕泣徬徨刊石勒碑[illegible]之路[illegible]信風所播永永[illegible]志[illegible]而來者斯[illegible]斯望
[illegible]議院議員清查蒙荒專使代理右玉縣知事[illegible]民[illegible]敬撰
右玉縣[illegible]人[illegible]書

泰山石敢当

【简介】

中华民国年间勒石。现存右玉县博物馆碑廊内。碑青石质,圆首,长方形,高68、宽31、厚10厘米。碑文楷体"泰山石敢当"5字。

【碑文】

泰山石敢當

中华人民共和国

殺虎口

殺虎口置雁门关之北，长城脚下，控扼塞南屏障中原，自古为兵家要塞，春秋战国至秦汉皆称参合陉，唐宋曰白狼关，明曰杀胡口，正统十四年名杀胡堡，清康熙三十五年始称杀虎口。

杀虎口乃自古用兵要冲，因地处雁南伏钩地，唐马突厥，宋时契丹，明中期蒙古频扰塞南，此处扼南北通衢，为出入要冲，明嘉靖二十三年始筑杀虎堡，周三里，高四丈三尺……

……

右玉县人民政府 立

二〇〇〇年十月

革命烈士纪念碑

【简介】

1986 年 10 月 1 日立。现存右玉县城正北的贾家窑山上。

是为抗日战争以来在右玉大地上牺牲的革命烈士而兴建的纪念碑。碑体底座分三级，第一级 9 米见方，0.5 米高；第二级 6 米见方，0.8 米高；第三级 3 米见方，1.2 米高。碑体底部 2 米见方，碑顶部 1.6 米见方，高 7.7 米。碑体为黑色花岗岩、青白大理石贴面。

【碑文】

（碑阳）

革命烈士永垂不朽！

（碑阴）

抗日战争中为民族解放事业在右玉壮烈捐躯的陈一、华宇洪、任一川等五百余名烈士流芳百世，永垂不朽！

解放战争中为人民解放事业在右玉英勇献身的王树楷、罗天泽等五百五十余名烈士彪炳千秋，永垂不朽！

右玉县人民政府

一九八六年十月一日

杀虎口碑

【简介】

2000 年 10 月勒石。原立于杀虎口关口边，原立于杀虎口关口边，现存于右玉县博物馆碑廊内。青石质，长方形，高 96、宽 122、厚 12 厘米。该碑竖向阴刻行书 22 行共 340 字。

碑文记载了杀虎口的历史沿革、地理环境、人文经济等情况。

杀虎口为中原通向大漠的必经之道，中原之门户，京师之锁钥，绾毂南北，长城陉喉。自古为兵道、粮道、商道、茶马之道、移民之道。三大移民之走西口，就是从这里走向草原，移民垦边。富甲天下的晋商也从这里纵横大漠，驰骋欧亚，互通有无，汇通天下，成为著名的茶马古道。杀虎口作为南北之交通枢纽，通关要道，明设马市，清设收税衙门，管理着长城沿线（东自新平堡西至神木堡）的所有进出口关税，日进"斗金斗银"，盛极一时。

【碑文】

殺虎口

殺虎口置雁門之北、長城脚下。北控朔漠，南屏中原，自古倚爲要塞。春秋戰國至秦漢称參合径（陘），唐宋曰白狼関、曰牙狼関。明正統十四年名殺胡口。清康熙三十五年始称杀虎口。

殺虎口乃自古用兵要冲。周征獫狁、秦漢伐匈奴，唐击突厥，宋讨契丹，明平韃靼，清剿噶尔丹，均經由此地。北方诸族南扰，亦将此地視爲入口。故歷朝均扵此屯兵扼守。明嘉靖二十三年始築殺虎堡。堡周二里，高三丈五尺。萬曆四十三年扵近関處另築平集堡，互爲犄角。

明末清初，殺虎口漸爲邊陲集貿重镇。明廷始设馬市，及清入関，邊貿愈加繁榮。時堡內店鋪林立，集市繁華，蒙漢商賈，頻繁往来。順治年间，清廷设殺虎関税務監督公署，直隶户部专收山西天鎮新平堡至陕西神木段之進出口关税。据史载，清末殺虎関年鮮税銀達十二萬兩之多。故民间有"日進斗金斗銀"之说。嘉慶、道光年间，堡內外住户近三千，人口達一萬五千衆。衙署、学堂、庙宇、牌楼櫛比鱗次，商貿經济之盛乃至極致。

民國初，京包鉄路脩设，殺虎関税務監督公署移駐内蒙丰鎮。関税東流，人丁骤减。歷经戰乱，城堡失脩，一代雄関，漸次式微。

二零零零年十月

右玉縣人民政府　立

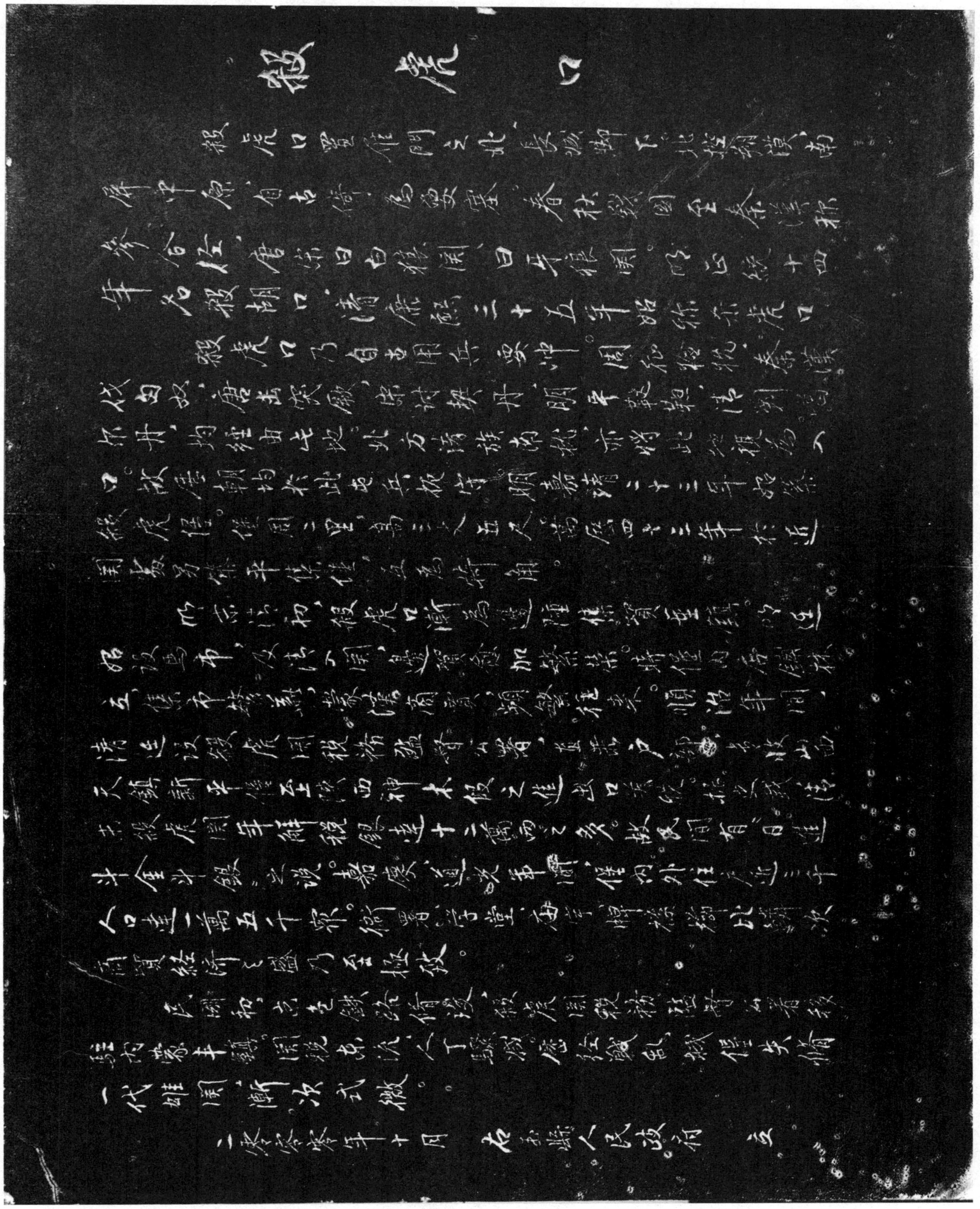

殺虎口

殺虎口置雁門之北，長城腳下，北控朔漠，南屏中原，自古倚為要塞。春秋戰國至秦漢稱參合徑，唐宋曰白狼關、曰牙狼關。明正統十四年名殺胡口，清康熙三十五年始称殺虎口。

殺虎口乃自古用兵要冲。周征獫狁，秦漢伐匈奴，唐击突厥，宋讨契丹，明平韃靼，清剿噶尔丹，均經由屯地。北方諸族南犯，亦將此地視為入口。故歷朝均於此屯兵扼守。明嘉靖二十三年始築殺虎堡，堡周二里，高三丈五尺。萬曆四十三年於近關處另築平集堡，互為犄角。

明末清初，殺虎口漸為邊陲集貿重鎮。明廷始設馬市，及清入關，邊貿愈加繁榮。時僅內店鋪林立，集市繁華，蒙漢商賈，頻繁往來。順治年間，清廷設殺虎關稅務監督公署，直屬户部，专收山西、天鎮、新平堡至陝西神木段之進出口稅收。據史載，清末殺虎關年解稅銀達十二萬兩之多。故民間有"日進斗金斗銀"之說。嘉慶、道光年間，堡內外住户近三千，人口達一萬五千家。衙署、學堂、廟宇、牌樓，櫛比鱗次，商貿經濟之盛乃至極致。

民國初，京包鐵路修通，殺虎關稅務監督公署移駐內蒙豐鎮。關稅東流，人丁驟減，屢經戰亂，城堡失修，一代雄關，漸次式微。

二零零零年十月　右玉縣人民政府　立

移民新村建设碑记

【简介】

2002 年 6 月立。现存右玉县新城镇东街移民新村。碑汉白玉石质，长方形，高 100、宽 800 厘米。

【碑文】

移民新村建设碑记

脱贫致富为百姓之众望，移民开发乃扶贫之德政。

右玉昔为边地要冲，僻远荒寂，土瘦人疏。建国以来，历届县委、县政府励精图治，百业大兴，然仍有近百村落散居僻壤，万余民众苦事田畴，生计困顿，行路、饮水、就医、照明、求学诸难尚未得解，其生存之地，因粗放耕作，亦日渐趋恶。世纪之交，省委、省政府投移民开发之专资以资助，县委、县政府，诚怀为民之爱心，恪守为民之职责，践行"三个代表"，深谋关怀民生之大计，实施"百村万人移民工程"。新城镇移民新村应运而起。自二〇〇一年三月兴作，讫次年修建移民住舍近两千间，并配套较为完善公益设施，接纳全县八方移民六百余户两千五百多口人。新村容养殖、加工、服务、劳务于一体，创举龙头、建基地、强集镇之特色。期间，温家宝、田成平、刘振华等领导曾莅临新村视察指导，市、县领导及上级主管部门曾多次现场办公，排忧解难。移民新村之建设，惠及万民，安泽百世，实乃丰功大业，善政深仁，可嘉可彰，故作铭树碣，谨叙颠末，告诸来者，以冀垂之永久。亦望受惠移民发愤图强，艰苦创业，早日走向文明富庶。

新城镇党委、政府

公元二〇〇二年六月

右玉绿化赋

【简介】

　　2012 年勒石，现存右玉县小南山绿化丰碑基座上。黑色大理石质，长方形，高 300、宽 1600 厘米。由右玉籍学者李淑章、高海撰文。

　　自明代以来，右玉作为边陲地区，生态逐年恶化，至新中国成立之时，已经是"一年一场风，从冬刮到春。白天点油灯，黑夜土堵门"的恶劣生态景象。土地荒漠，几乎已近沙漠边缘。从第一任县委书记确立了"右玉要想富，必须多栽树"的战略思想后，以后历任县委、县政府领导带领全县人民"一把铁锹两只手"，五十余年来持续不断地植树造林，将一个森林覆盖率不足 3% 的不毛之地，变成了绿化率达到 53% 的"塞上绿洲"，享有"中国生态环境优秀县""全国绿化先进县""国家生态示范区""中国魅力小城"美称，荣获"联合国最佳人居奖""中国优秀环境奖""中国低碳旅游地"等荣誉。

【碑文】

　　右玉绿化赋

　　时在三春，云呈五彩。古府朔平，历朝要塞。同胞眠于虎口，烽火起自狼台。也曾运佳以气顺，毕竟少欢而多哀。俱往矣，赖千里东风，扫万里阴霾。天晴也，看红艳艳一轮朝日，染绿油油一片林海。

　　敢问苍天：何以如此偏我，绿色溢群山，生态谱经典？大地对曰：知否天道酬勤，自强以不息，天行而自健！唯其万千民众拓荒于不毛，方树起三北绿化造林之旗帜；只因数任公仆挑战于风沙，才赢得国内生态建设之模范。

　　伟哉，右玉！

　　夫治州立县，生民为先；存政之要，当在官贤。向之右玉，民生维艰。冬长夏短，地瘠天寒。征伐有代，战乱经年。滚滚兮泥流，濯濯兮尘山。风驰沙走雾漫漫，雨落水狂恶浪翻。麦菽无收头撞地，饥寒相逼口呼天。

嗣共和开国，政张新弦，百废待举，万民摩拳。县委政府高瞻远瞩，丁壮老幼一往无前。集众志，汇群言；美乾坤，壮河山。不信春风引不回，敢教日月换新天。政策归心，人民奋战；党员带头，干部当先。适草适木，或乔或灌；因时因地，亦固亦迁。堵风魔于山口，治沙虐于荒滩。植沙柳以护河岸，建林网而保农田。迎风扬锄，洒血汗于荒土；傲霜挥锹，献忠勇于莽原。艰苦奋斗，有子规之诚；无私奉献，比精卫之坚。百折不挠，如夸父之追日；顽强拼搏，若愚公之移山。历五十载余，时移岁替，持之以恒无顾返；虽十七任迁，人更事迭，不改初衷又加鞭。

于是焉，岭树重遮千里目，苍河更绿两岸天。登高远眺，林涛翻卷；俯流濯足，清波涌泉。林网保田以幽幽，牧草护土而芊芊。稼禾欣荣于平畴，牛羊欢爱于旷野。花草簇楼起，山水抱城眠。景回路转，通衢连起城乡村；柳暗花明，旅游推出农家园。蓝天白云，歌声传阡陌；晴空丽日，雁影照塞边。李洪河畔，花黄蝶飞，草鲜春雨后；中陵湖上，鱼跃鸭闲，波涌暖风前。兔走雉唱，辛堡梁岗万类竞烂漫；鸟鸣蜂忙，苍河净水不舍昼夜间。南山春临满眼翠，北地秋来遍地钱。

美哉，右玉！

看今朝：北疆大地上，红旗一杆，哗啦啦迎风飘响；湛蓝天空下，绿洲一片，浓郁郁溢彩流光。招四海好友光临游赏，邀八方嘉宾墨赐诗章。小憩齐乐，大计共商。凭谁道前人栽树，后人方乘凉？分明是立竿见影，今世便辉煌！

任重道远，前程在望；继往开来，后人更强。应知后浪胜前浪，绝非谬奖；当悟先生畏后生，毫不夸张。浩浩乎，青山不老，切盼春来碧海更卷千重绿；冉冉兮，大地有情，坚信风展红旗长飘万代香！

壮哉，右玉！

时公元二〇一二年夏月

雨露希望小学碑记

【简介】

　　2015 年 7 月勒石，现存右玉县城雨露希望小学，共 2 通，并立于校园内。红色大理石质，右碑高 300、宽 240 厘米；左碑高 270、宽 210 厘米。右碑为校名碑，文字用金属锻造，干挂于石面之上，由山西省委原书记胡富国题写；左碑碑文楷书，记述了两次捐资兴校的过程。

【碑文】

（右碑）

　　雨露希望小学

　　胡富國题

（左碑）

　　建校铭

　　雨润幼苗绽新蕾，露滋学林舒嫩叶。公元一九九六年阳春，朔州市府倡行助教，平朔露矿捐资百万，县府等额配资，择地两公顷，建楼三幢，立成新校。时任省委书记胡富国亲题校名"雨露希望小学"，意寓右玉谐雨露矿携手共建，以彰懿行，泽励后代。自此，塞上绿洲欣增育才摇篮希望乐园，频现桃李芬芳。

　　公元二〇一二年，县委县府汇察民意，陋其场地之狭、设施之隘，遂再举新措，斥资两千万，拆两幢二层旧楼，筑万平五层新楼，并悉数配套相应教学器具，历时逾载，校貌焕然一新，师生心舒气畅。鸣呼！重教之树常青，百年伟业可兴。愿巍巍学宫施教有方，莘莘学子英才辈出。

　　公元二〇一五年七月立

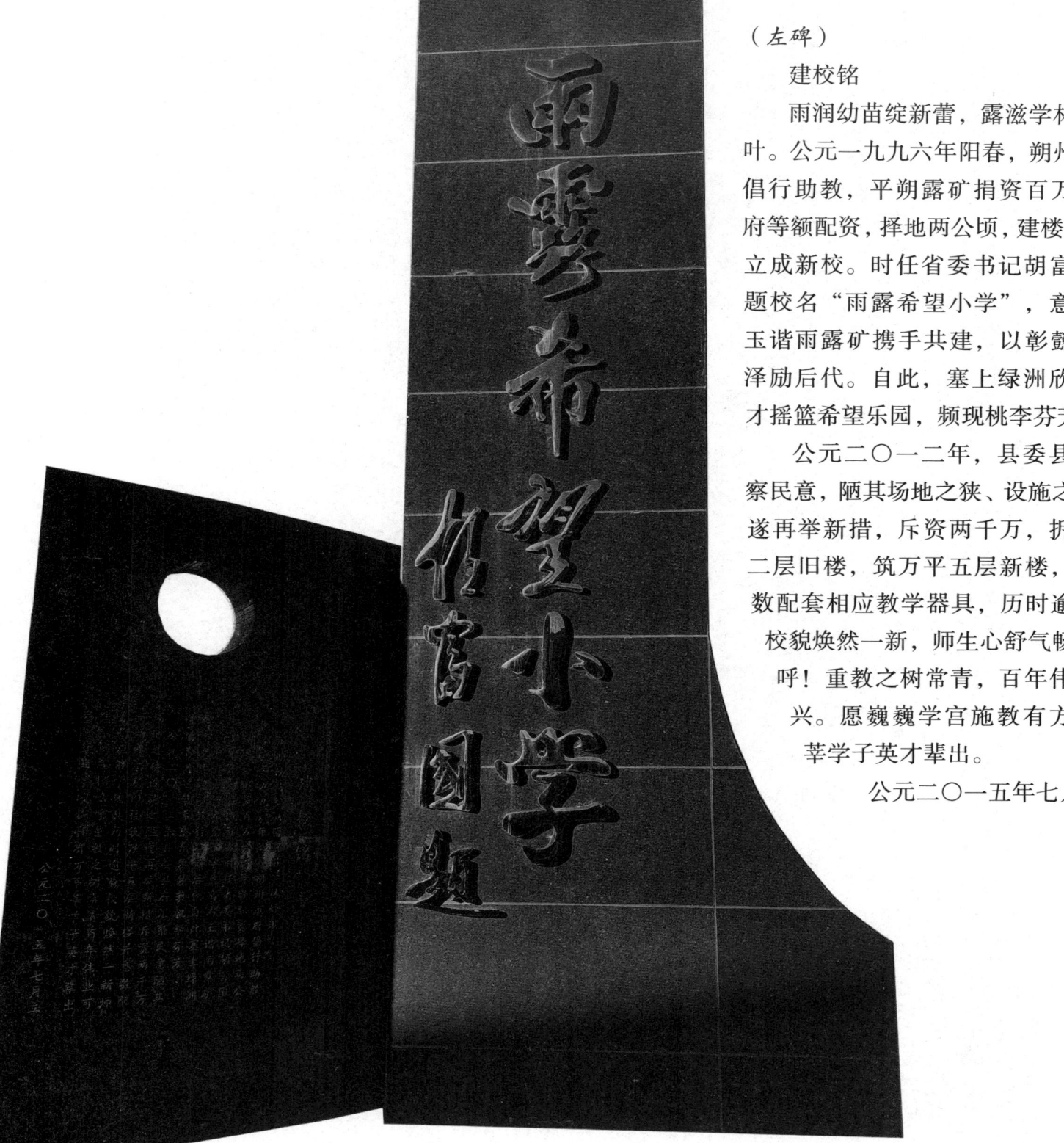

建校铭

两洞幼苗待所燕露滋学林舒嫩叶
于朔零列捐资百万县府等额配资择地两公
顷建校时任省委书记胡富国
惠赐校名乃以京望小学意寓右王谐雨露矿
城于望乐园颜现挑李芳芳
泽励后代自此寒上绿洲
欣增青木盛等希望
公元二〇一二年县委县府汇察民意陋其
场地之狭设施之隘逐再筹新措斥资两千万
新两幢二层川楼筑万平五层新楼并悉敷配
场地应教学器具历时逾载校貌焕然一新师
杰相斗气畅鸣呼重教之树常青百年伟业可
生辉彩
兴如嶷学宫施襲有万萃莘学子英才辈出

公元二〇一五年七月立

下编

佚失石刻

敕赐宝宁寺记

【简介】

明成化十年（1474）勒石。今不存。文据《旧志辑录》。

【碑文】

敕賜寶寧寺記

大同西路右衛城寶寧寺於景泰乙亥請敕，天順庚辰蓋造，碑文既鐫，但未果立，成化甲午秋，予因提督邊儲來城邸，於寺見碑仆地，詢諸住持僧，清曉云：是碑唐敕□十五載矣，恒欲立之，微倡帥者。予恐湮其前績，俾本僧繪圖眷文，道其始末，稟諸予：欽差分守大同西路禦馬監太監常正、欽差遊擊將軍後軍□□府督僉事□謙、欽差分守大同西路右參將都指揮使李鎬。□曰是亦勝□□宜□□遂命□□築址於正□前□□□□□命石工修□□□□□琢高，合擇吉建立，以垂不朽，予故庸書此，以紀歲月云耳。

大明成化十年秋月吉旦承事郎大同府通判淮南曹□書

改建右卫学宫碑记

【简介】

明弘治年间（1488—1505）勒石。今不存。文据雍正《朔平府志》卷十二。

【碑文】

改建右衛學官碑記

弘治年　監察御史梁璟　崞縣人

夫四海之內，地里有遠近，土壤有高下。凡聚廬托處者，生齒之衆多，習俗之異尚，雖萬有不齊，而人性稟賦之善，未始有不同者焉。自古帝王之馭天下，莫不因其性之所同，而教導之，使爲善也。洪惟我朝，奄有天下，混一區宇，聖聖相承百二十年，於茲惓惓，以安靖斯世、教育群黎爲己任，先後一致，無彼此限隔之殊，雖遐陬僻壤，罔不在於薰陶漸染之中。迄今土宇日廣，人文丕著，可以上追三代之風，而遠邁隋唐之政，是即聖人久於其道，而天下化成之時歟！大同右、玉林二衛，山西行都司迤西極邊之城，宣德間守臣曾上章，請立學設官，以教行伍之俊秀者。後孫祥以本學弟子員，領鄉薦，登進士，拜給事中，尋陞都察院副都御史，後因兵火，而暫革邊方學校三十餘年，巡撫都御史崞縣董公方，秦准銓選教職，降還印信。時巡按監察御史何公鑒、參將康公永，睹舊學規模狹隘，不足以建廟堂而育賢才也，乃擇城內東北隅隙地一所，而改遷之。巡撫都御史李公敏、參將盧公欽，發官帑財，鳩集工料，逾數年始克有成。正殿、欞星戟門、兩廡、神廚、明倫堂、兩齋，與夫教官居止之舍咸備，盧公尤增置基址，建講堂號房分守。太監陸公間、參將張公璽、秦公恭，相繼置祭器，修理廢墜，視昔煥然維新。秦公復議於衆曰："不可無文，以記其學之顛末。"因太學生高璟，嘗從遊予門，俾詣予請文，刻石以垂不朽。

予惟學校者，育養俊乂之所；賢才者，輔理治化之原。遊斯學者，誠能仰朝廷教育之恩，思諸公作興之雅，朝夕肆力，考六籍之遺言，求聖賢之奧旨，棄口耳之末，操篤實之行，由科貢躋朊仕，俾功名顯於當時，垂之竹帛，人將指之曰："定邊人材之盛有如此，顧不偉歟！"予所以歷敘此，以復求言之意，豈徒專記立學之顛末云乎哉？

朔平府志《卷之十二》藝文碑記　六十九

改建右衛學宮碑記　弘治年
監察御史梁璟　峙嶼縣人

夫四海之內，地里有遠近，土壤有高下，凡聚廬託處者，生齒之眾多，習俗之異尚，雖萬有不齊，而人性稟賦之善也，未始有不同者焉。自古帝王之馭天下，莫不因其性之所同，而教導之，使爲善也。洪惟我朝，奄有天下，混一區宇，聖聖相承，百二十年於茲，惓惓以上殊雖退販僻壤，剝弊日著，可以上追三代之風，而天下化成之則然。大靖斯世，教育群黎爲已任，先後二十，致無彼此限隔之安。日廣，是卽聖人政，是卽學。上章請立學，西山西行都司迤西極邊之城宜然。大同玉林二衛董公鑑、參將康公永觀舊學規模之隘狹，本學弟子員鄉領薦舉士，中尋選印信年巡。副學撫都御史潾之，巡按御史……副都御史何公方而育賢才也，巡按御史……

門兩廡增置神廚明倫堂講堂號房分守太監陸公闥泰備。發官帑惟財鳩集工料輸數年，始克有成，肇工於……地一所而改遷廟之……李公敏泰……隘不足以建廟堂而改……規摸……星戟欽。盧公尤增置基址，建講堂兩齋與夫教守太監陸公鹹備泰。

將新泰公璽相繼置祭器，修理廢墜，視昔煥然。因太學生高璟嘗從遊于門，俾詣予請文，刻石以垂化不朽。予惟學校者育養俊乂之所，賢才者輔治興理之原。遊斯學者誠能仰朝廷教育之恩，思聖賢之奧旨，諸公作興之雅，朝夕肄力，將求六籍之遺言，敦聖賢之業，由科貢之途，以定邊人材之盛，有如此於富。耳之末竹帛人，操篤實將之行，指之日，定邊人材之盛有如此，於富顧豈徒專記立。時偉歟，尋所以歷叙此以復求言之意，豈徒專記立學之顛末云乎哉。

重修大边碑记

【简介】

明弘治年间（1488—1505）勒石。今不存。文据雍正《朔平府志》卷十二。

【碑文】

重修大邊碑記

弘治年　尚書周經

《春秋》謹中外之辨，所謂謹者，豈黷兵武、勤遠略哉！亦各安其分限，而固其分守而已。我皇明祖訓，戒貪遠地，而於西北之戎，則有時謹備之諭，此高皇帝明見，萬世防禦之上策也。列聖遵守，選將練兵惟慎，而鎮巡其地者，亦惟心上之心，視機戰守焉。

大同去邊甚邇，昔之守臣，蓋嘗於九十里外築小城，曰"小邊"，又於百里外築大城，曰"大邊"，其爲防邊也甚固。歲久，各有傾圮，繼守之人雖嘗繕修，然寖爲風雨摧剝，又被乘夜竊穿，於時修復之議雖篤，而邊釁之懼，勞費之憚，遷延弗舉，遂使小邊僅存，而大邊蕩然矣。

弘治庚申，邊外肆虐，小邊之外據爲牧場，而民庶、牛馬殺掠無算。出師以禦，往往失利，當寧以爲憂，乃召僉都御史劉公宇於山東，都督僉事莊公鑒於宣府，偕以撫綏其人民，而總治其軍事，協心靖共，法行威立，窺犯者聞之，即遁去，時辛酉歲也。

劉公躬飭邊圉，精甲兵之務，而莊公及巡按御史韓公春皆韙其議，具疏陳奏，上特從之。仍降敕以諭其必恤眾，必慎防，必敏且公。公奉承精白。於是積財用，調芻粟，具畚鍤，會調兵校壯庶凡六萬人，而分帥以督之者一百五十四員。公復親涖其地，憫暑雨，時賞勞，嚴限期，禁侵暴，而參伍以

重修大邊碑記　弘治年
尚書周經　書

春秋謹中外之辨，所謂謹者，豈顯兵武、勤遠畧哉？亦各安其分限而固其分守而已。我皇明祖訓，戒貪遠地而防於西北之戎，則有時機戰守之謀，此高皇萬世之防、聖上之心也。巡其地者，亦惟心上之列，選將練兵，惟慎而鎮。見遍昔之守臣，亦嘗於九十里外築小城，去又甚於其地，大城曰大城，其為防邊也甚固，歲久各有傾圮，繼守之人，雖嘗繕修，然寖為風雨摧剝，又被乘...

朔平府志《卷之十二　藝文碑記》七十八

...邊外肆出師以禦小邊之外，擄之以為牧場，而民庶牛馬殺掠者，遷延弗舉，遂使小邊僅存而大邊蕩然矣。弘治庚申，夜竊穿窖於時，修復之議雖篤，而邊費之繁、勞費之憚...算人民宇於山東都督僉事韓公...劉公宇於...莊公遘及巡按御史...務而公親涖其地，憫暑雨時，賞以督之，嚴限期...聞之卹從，精白於是，積財用，調芻粟，具奮鍾...公上親，副使陳君珥以至都指揮劉江、知府...復壯庶几凡六萬人而分時...按察或虛，蔡君瑁或糾奸弊，皆克竭忠...需料，楊君彪或布營壘...鼎興於夏四月，訖於秋八月，仗天時之順，乘人心之...

和成此數十年未復之功，於四閱月之間，可謂難矣！其城之廣一丈五尺、高一丈三尺，其延亙起西陽河，接偏頭關，凡九百八十里。其增置斥堠也百，加築堡砦也六百有七十，挑鑿坑塹也百萬，高深形勢，如岡如川，而保障復故矣。威敵之器...自今伊始，庶其無邊患矣...與事者，各賞有差...公之益邊也大矣！不勒貞珉，何以勵後？乃具書幣遣騎使，以謁於予。予惟門柝以待暴，弧矢以禦遠，以至山川阨塞之限，城郭溝池之固，皆設險守國之道也。勞費一時，安利百世，諸君子之績，不其偉哉！

會之。時戶部郎中呂君賢督儲於邊，實多贊襄，而按察副使陳君寬、李君惟聰、布政參議王君璠、參將楊君彪、蔡君瑁，以至都指揮劉江、知府紀經綸，或司需料，或布營壘，或糾奸弊，或撫逃亡，而僉事王君從鼎，則專事乎修築堡砦，皆克竭忠效勤，以獎其成焉。

工興於夏四月，訖於秋八月，仗天時之順，乘人心之和，成此數十年未復之功，於四閱月之間，可謂難矣！其城之廣一丈五尺、高一丈三尺，其延亙起西陽河，接偏頭關，凡九百八十里。其增置斥堠也百，加築堡砦也六百有七十，挑鑿坑塹也百萬，高深形勢，如岡如川，而保障復故矣。然公心以為未足也，又採議作威敵之器。兵器精製，斥堠既密，而堡砦亦嚴，自今伊始，庶其無邊患矣。事聞，上嘉勞之，晉公副都御史，凡與事者，各賞有差。

副使陳君復謀諸知府胡汝礪曰："公之益邊也大矣！不勒貞珉，何以勵後？"乃具書幣遣騎使，以謁於予。予惟門柝以待暴，弧矢以禦遠，以至山川阨塞之限，城郭溝池之固，皆設險守國之道也。勞費一時，安利百世，諸君子之績，不其偉哉！

大南山古刹显明寺重修碑记

【简介】

明正德年间（1506—1521）勒石。今不存。文据雍正《朔平府志》卷十二。

【碑文】

大南山古刹顯明寺重修碑記

正德年　蔣廷梁

大同右衛郡曰"恒陽"，去雲中六舍許，分守鎮城，昔古定邊也。風氣剛勁，人尚勇敢。去城南一舍許，有名山曰大南山。山之陽，古刹勝地一區，肇自漢孝文，曾駐兵於此，因墓於山，遂建寺，名曰"顯明"。供佛，命僧梵修，舊碑存焉。歷唐、宋，以至於今日。

成化間，僧人淨廣、悟隆，因佛殿年久頹敗，發心誘掖四方善眾人等作福，庀工掄材，重修殿宇三間，內塑金佛三尊，兩壁繪佛功德。

正德間，本寺僧人德明，乃前淨廣弟子也，出家蓋亦有年，苦行而無虛日，默思之曰："爲空門弟子，而無功於空門，奚足以爲空門弟子哉！"慨然捐己之財，及化同志善士，翕然相從。富者效其財，貧者輸其力，工者致其巧，農者獻其食。修蓋東殿一間，內塑伽藍給孤長者，西殿一間，內塑三代祖師，前殿三間，內塑四大天王，壁繪諸天菩薩，俱金碧粧修。居僧十餘人，朝夕祝延聖壽，若德明心志堅誠，功勤苦行，宜勒諸石，以垂不朽。予因請姑書，是以紀歲月云。

大南山古刹顯明寺重修碑記　正德　蔣廷梁

朔平府志《卷之十二 藝文碑記 七十一》

大同右衛郡曰恒陽，去雲中六舍許，分守鎮城，昔古定邊也。風氣剛勁，人尚勇敢。去城南一舍許，有名山曰大南山。山之陽，古刹勝地一區，肇自漢孝文，曾駐兵於此，因墓於山，遂建寺，名曰顯明。供佛，命僧梵修，舊碑存焉。歷唐、宋，以至於今日。成化間，僧人淨廣、悟隆，因佛殿年久頹敗，發心誘掖四方善眾人等作福，庀工掄材，重修殿宇三間，內塑金佛三尊，兩壁繪佛功德。正德間，本寺僧人德明，乃前淨廣弟子也，出家蓋亦有年，苦行而無虛日，默思之曰：爲空門弟子，而無益於空門，奚足以爲空門弟子哉！慨然捐己之財，及化同志善士，翕然相從。富者效其財，貧者輸其力，工者致其巧，農者獻其食。修蓋東殿一間，內塑伽藍給孤長者，西殿一間，內塑三代祖師，前殿三間，內塑四大天王，壁繪諸天菩薩，俱金碧粧修。居僧十餘人，朝夕祝延聖壽，若德明心志堅誠，功勤苦行，宜勒諸石，以垂不朽。予因請姑書，是以紀歲月云。

重修关帝庙碑记

【简介】

明嘉靖三十四年（1555）勒石。今不存。文据《旧志辑录》。

【碑文】

重修關帝廟碑記

嘉靖年　知縣王賓

嘉靖壬寅冬，重修關帝廟告成。旨參將李公朝陽謁廟願施碑石，然未也。迄歲乙卯，信士李文輩始建碑征祀，從先願也。余承命敢稽首拜，言竊惟人臣而碑貌，而況於人乎？於天下後世乎？余嘗稽古史，高下三國之人才，然後知王之精忠大義，參天地，質鬼神，固百世之雄也。是以浩然之氣冲毓，鍾聚其顯而爲神也，固宜我忠義之天人皆有之。以王之天而觸天下之天，則天下應，應則廟斯建。以王之天而觸後世之天，則後世應，應則修斯重。今□□王廟之建也，自唐宋迄今，星棋遍滿我朝，褒表忠烈，別有白馬廟焉，嘗見王白馬助陣。故爾右衛乃邊城，蓋沙場用武之地，事王尤謹，爲廟亦多。南倉街乃其一也，且倉街之廟創始者誰？永樂間都指揮袁整也。重修者誰？弘治間分守太監侯能、參將蔡瑁也。既建且修，往往顯聖，助我威武，固我白馬，□則知忠義之誠物。無不動精一之心神，亦有□然。整時僅有正殿，瑁時增置馬殿，而廟貌猶未之備也。嘉靖庚子，信官周賢、周俊，信士鄭深、王玘，住持僧道冒，修造僧開惠者，陋其規模之未大也。爰持之中廟，增置廊殿而弘廠之，謀諸同會，確然樂從。既而男女信□□增財，群財既集之，斯舉經營，營目□且改，登登馮馮，以版以築，□始於庚子之夏，樂成於壬寅之冬。曰正殿、曰中殿、曰馬殿，各殿之間而正殿最雄，棟樑翼簷，山節朱扇閃耀，碧瓦參差。曰東廊、曰西廊，各拾間而粉素以爲絢。王之跡日光月皎，贊王以詩。金敵玉馬石碑鐘樓僧舍五間，齋廚二，蟲共鋪□。其臺階繞以欄檻，繚以牆垣，殿陛高則神靈尊，高精則人民仰詩頌王，善惡亭□列，則制度全壯哉。廟至於□□及乎朔望有會來焚修也，歲時有祀竭處敬也，祈有應靈顯也，殲妖戡曆，泰國安民默相於賓，賓之中也，非忠義之至感，其孰能與於此？嗟乎！許都未下，而荊襄之襲，成於禁力□，而吕蒙之奸遂夭者，人心之天也，而真不可能氣數之天也。人心之天不可氓，氣數之天不可回，此王之所不克恢復漢室於當時，而得以享廟祀於萬世也。使天祚蜀漢，則威震華夏□曹瞞目當授首區區，阿蒙其如荊王，何克正日，天假專年壽孔明，山河未必輕歸晉。余於王亦云。

衛廩生徐鎮勒石

嘉靖三十四年歲次乙卯仲夏十有三日建

平云西碑记

【简介】

明嘉靖年间（1522—1566）勒石。今不存。文据雍正《朔平府志》卷十二。

【碑文】

平雲西碑記

嘉靖年　巡撫欒尚約

大同，古雲中郡，爲九邊重鎮，而右衛、玉林，又鎮城門户也。玉林舊在大邊，正統乙巳後，始移右衛。云："先内逆邱阜，以左道惑衆，上官捕之不密，阜北逃投俺答營内，賄以幣帛，授之耕耘，便而悅之。阜加害邊臣，説以攻城之利，東抵渾源，南并朔、應，堡塞多空，繼屯營右衛，自丁巳九月，至戊午季春不退。城中乏食，遺死士冒圍而出軍門，促餉者不武，爲戎騎所襲，至解甲逐馬以求生，

朔平府志《卷之十二·藝文碑記》　七十

平雲西碑記　嘉靖年　巡撫欒尚約

學之顛末云平哉

大同，古雲中郡，爲九邊重鎮，而右衛、玉林，又鎮城門户也。玉林舊在大邊，正統乙巳後，始移右衛。云："先内逆邱阜，以左道惑衆，上官捕之不密，阜北逃投俺答營内，賄以幣帛，授之耕耘，便而悅之。阜加害邊臣，説以攻城之利，東抵渾源，南并朔、應，堡塞多空，繼屯營右衛，自丁巳九月，至戊午季春不退。城中乏食，遺死士冒圍而出軍門，促餉者不武，爲戎騎所襲，至解甲逐馬以求生，遂徇我道轉輸不能至右衛矣。言官具疏關公上命，督兵部左侍郎江公東督，兵科給事中鄭君茂守鎮城，左衛官兵既竣，是日要害諸將四月朔將，大舊遊擊崔桐自關中至，兩鎮將官分布要害，軟血之後楊公出博抵鎮城而西經畧，解遁而既竣，是日之日僅月餘耳，留意邊方，不勞而食，誠以菲薄承乏兩鎮謹誌。

其事用特來者曰致身事君之大義也，見危授命，丈夫大節也，心於爲已，是爲曠官，況邊臣乎？兵凶戰危，非可易談，而人臣此名事君也，銘勒然。廉武勇，天下此名也。何人斯後之君子，尚其鑒諸。王君蔚燕然不可氓降者。君敎泰議史之君關予疑，僉事王君蒙，戶部郎中岳君，兵餉而謝彼。副使王君誥，楊君師震，則相繼而將官有司不能。義力保孤城，尚副總兵表之功相繼而經理者有司不能。備載列各碑陰以永後愛。

遂伺我餉道，轉輸不能至右衛矣。

言官具疏以聞，上命兵部左侍郎江公東暫代總督，兵部左侍郎關公煦督餉，雁門擢紫荊兵憲楊公選代撫院，轉山西鎮守張君承勳代征西前將軍。敕兵科給事中鄭君茂按失事者，復密諭都督陸公炳，差千戶張大用、百戶謝麟隨兵，以宣上意。江公飛檄諸路，鎮朔將軍李君賢自上谷至，署山西總兵官張琮自晉陽至，遊擊崔桐自關中至。兩鎮將官分佈要害。四月十有一日，師出鎮城，十三日至左衛，十四日率諸將歃血奮勇，十五日結營而前。於是圍解，遁而北。是日，兵部尚書楊公博抵鎮，兼程而西，經略右衛。既竣事之後，楊公以本兵而代總督，帝心之簡在者也。十六日，奏捷音於朝，上嘉悅，江公而下賞賚有差。計命下之日，僅月餘耳！"

夫以數萬之命，更生一旦，經年之圍，悉遁一時，非聖明留意邊方，不若是速。出師數萬，不戰而勝，饋餉千里，不勞而食，誠近日所無也。用兵少緩，右衛斃而邊鎮多事矣。

約以菲薄承乏兩鎮，謹誌其事，用告來者，曰："致身事君，臣之大義也；見危授命，丈夫大節也。心於爲己，是爲曠官，況邊臣乎？兵凶戰危，非可易談，而人臣事君之心，則昭然不可泯者，文廉武勇，天下太平。"此名言也。銘勒燕然，築城受降，彼何人斯？後之君子，尚其鑒諸。

時戶部郎中岳君粹、謝君教，參議史君闕疑，僉事王君彙征，皆分勞兵餉，而副使王君之誥、楊君師震，則相繼而經理者，首倡忠義，力保孤城，尚副總兵表之功多焉。將官有司，不能備載，列名碑陰，以永後愛。

李将军碑记

【简介】

明嘉靖年间（1522—1566）勒石。今不存。文据雍正《朔平府志》卷十二。

【碑文】

李將軍碑記

嘉靖年　指揮柴盛　右衛人

人生大節，惟忠與孝，如形影之不相離。庸庸者流，不知忠由孝出，遂以服勞奉養爲孝。嗟乎！子者，親之支也。不能光前耀後，卑卑烏足道哉！《禮》曰："大孝尊親。"《經》曰："立身揚名。"《傳》曰："求忠臣於孝子之門。"此古令之確論，臣子之指南也。

予邦李公曰瑾者，自幼讀書明理，痛先人百戰艱辛，譔其德業，效銘鼎刻石以顯揚之。考公高祖諱成，洪武年從戍玉林衛。曾祖諱杲，創武勛，戰歿鋒刃。祖諱釗綽，有父風，屢獲敵首，歷陞明威將軍。父諱仁懷，憤祖讐，誓不與賊共戴天，擒斬甚衆，不數年，復以血戰歿鋒刃下。公自蔭襲以來，立心輕死生，欲雪先人之忿。先總行伍，繼經鏖戰，臂齒屢中刀矢，身多創瘢，由是聲聞朝野，名振當時。繼守靈邱，封礦穴，息盜安民，荷朝廷報功之典。嘉靖癸未，受敕命分鎮大同中路。斯地在雲中西北，違寇穴不足一舍，往年將不得人，兵疲敵驕，地方失守。公警前車既覆之戒，慮北門鎖鑰之難，夙夜皇皇，時以邊務爲急，身先士卒，賈勇擒剿，隻騎不返。年來邊境清平，狼煙不舉，司馬論天下將，推其謀勇兩全，能破敵而禦戎者，僉舉公爲第一。

於戲！公之祖宗，没身王家，樹偉績於先。及公，威鎮三城，垂芳名於後，猗歟盛哉！其忠風義氣，咸萃李氏之一門矣。維茲仲秋，公欲顯先人績，囑予爲記。予不泛贅，特以公之忠孝，本於天成，非若許敬宗讀書不識此二字也。行將搗寇巢穴，立功萬里，殊命三錫，圖形麟閣，大有光於前人，予當拭目以待。後之睹斯記者，如曰"李門忠孝，洵可嘉也"，則公之祖功宗德，爲不泯矣。姑述此，以附敕命之末。謹記。

李將軍碑記　嘉靖年
揮使柴盛　右衛人

朔平府志　卷之十二　藝文碑記　七十七

人生大節惟忠與孝如形影之不相離庸庸者流不
知忠由孝出遂以服勞奉養為孝鮮乎子者親之支
也不能光前耀後卑卑烏足道哉李公於孝子之門此古今之確
論先人子百戰仁懷韃剖紳有從戎玉林衛曾祖諱業效銘鼎刻石以顯揚之理
痛先人百戰洪武年祖諱剖紳有父戎風屢獲敵首甚輕
考戰發高祖諱成洪武
勳戰發鋒刃血戰各繼鏖戰當時繼守靈邱
不數年復以聲聞朝野功
將軍父
死生欲雪先人之忿先聞朝廷報功之典嘉靖冠穴不足一勅
刀矢身多創痍由是盜民兵疲敵驕夜地在雲中西北違嘉靖冠穴不未受一勅
封分礦穴大同中路鑰兵之難敵驕夜皇時守以邊務前車為急
命之往年將北門鎮鑰隻騎凤夜皇時守以邊境清平為
舍之戒慮不得人擒剿隻騎凤夜兩年來邊境清平而禦
覆先司馬論天下將推其謀勇兩全能破敵而禦
不舉司馬論天下將推其謀勇

於念舉公為第一於戲公之祖宗没身王家樹偉績
者念舉公為第一於戲公之祖宗没身王家樹偉績
義氣威鎮三城亞芳名於後猗歟盛哉其忠風
嘱予為記予不泛贅特以公之忠孝本於天成非若
里殊命三錫圖形麟閣二字也行於前人尋當拭目以
許敬宗讀書不識此二大字有光於前人尋當拭目以
待後之觀斯記者曰李門忠孝洵可嘉也則公之
祖功宗德為斯記不泯矣姑述此以附勒命之末謹記

重修威远卫城垣记

【简介】

明万历三年（1575）勒石。今不存。文据雍正《朔平府志》卷十二。

【碑文】

重修威遠衛城垣記

萬曆年　山西參議左熙

今上御極之元年，值虜長款塞，特命邊臣修葺險隘，以備不虞。於是總督尚書王公崇古、巡撫大同都御史劉公應箕、總兵官都督郭君彪、整飭大同兵備僉事隨君府、協鎮大同都督麻君錦議修威遠、右衛二城，謂逼近俺答巢穴，蓋雲中重地也。會廟謨僉同，發帑金以濟工，無何王公召入本兵理戎政，劉公去任，隨君轉官，而尚書方公逢時、都御史申公佐、鄭公洛相繼至，余亦承乏隨君後。郭君、麻君仍在任，奉上命督修二城如前議。萬曆二年六月始興工，三年七八月間，二城工俱竣，督撫二公已奏聞於朝矣。右衛別有記，茲所記者，威遠城始末。緣參將牛應詔寔董其事，蓋不忘聖皇宵旰禦戎之遠，督撫諸公日夕經略之弘云。

計拆修六百餘丈，覆以雉堞，高四丈餘，周圍延袤一千五十丈有餘，幫修裏口大牆五百九十餘丈，俱用磚甃，門樓、穿廊、券洞、水道，各極壯麗，較原議奚啻三倍？虜望之崇崇而巖巖，咸咋舌以遁。真得伐謀之上策，收不戰之奇功也。實費帑金十萬四千有餘，節省一萬八千有奇，軍不告勞，工乃就緒。牛將軍勤勵節縮之功，又焉可誣哉！城肇自英皇帝之三年，但用土築，繼修於憲皇帝時，始用磚石，蓋至於今，上巍乎煥焉，足垂千萬世，與天壤亡極矣！左子曰："余往來威遠、右衛間，覈城工詳矣。"

重修威遠衛城垣記　萬曆年　　　　　　　　　　　　　　泰議　山西左熙

朔平府志《卷之十二藝文碑記　七十九》

以今上御極之元年值虜長欵塞特命邊臣修葺險隘，以備不虞。於是總督尚書王公崇古、巡撫大同都御史劉公應箕、總兵官都督郭君彪整飭大同兵備右僉事隨君、府協鎮大同都督麻君錦議修威遠右衛。二僉相繼君轉官，都御史申公佐、鄭公去任，隨君後郭君仍在任，奉上命洛。督修二城工俱竣，督撫二公已奏聞於朝矣。右衛七八月間二城工如前議，萬曆二年六月始興工別。事益不忘所記者，威遠城始末緣委，將牛應詔寒董其事。有記茲所記聖皇旰禦戎之遠，督撫諸公日夕經畧之。弘裒一千五十丈有餘趾，修六百餘丈，覆以雄堞，高四丈五百九十餘周圍。延袤千五十丈有奇，軍不告勞也，實費帑金十萬四千。牛將軍有奚啻三倍虜望之崇而嚴嚴洞水道各舌以遁真得原議，謀節之上策，收不戰之功也。就緒牛將軍有餘省一萬八千焉。可誣哉！城肇自英皇帝時始用磚石蓋至於今上征，但用土築繼修於憲皇帝時，與天壤亡極。矢左子曰余往，勤勵節縮之功，又巍乎煥威遠右衛城工詳矣，質之牛將軍言不虛也。

余考載籍，《易》重設險守國，《詩》稱城彼朔方，所由來久遠，而《書》又有明王慎德四夷咸賓之訓，將安所折衷哉！要之德其本也，城守其次也，亦不可緩也，所謂嚴於自治者也。威遠業既成，自是休士練兵，以樹撻伐之烈，牛將軍其益知所從事矣。嗚呼！邊氓其永永念所自哉！他贊襄效勞者，自守備指揮李時榮而下，得繫名碑陰，不具列焉。

質之牛將軍，言不虛也。

　　余考載籍，《易》重設險守國，《詩》稱"城彼朔方"，所由來久遠，而《書》又有"明王慎德，四夷咸賓"之訓，將安所折衷哉！要之德其本也，城守其次也，亦不可緩也，所謂嚴於自治者也。威遠業既成，自是休士練兵，以樹撻伐之烈，牛將軍其益知所從事矣。嗚呼！邊氓其永永念所自哉！他贊襄效勞者，自守備指揮李時榮而下，例得繫名碑陰，不具列焉。

改建威远卫文庙儒学记

【简介】

　　明万历三十三年（1605）勒石。今不存。文据雍正《朔平府志》卷十二。

【碑文】

改建威遠衛文廟儒學記

萬曆年　山西布政樊東謨　關西人

　　雲中自昔爲邊郡，雄而名碩桀特，代興不乏。然第皆以武功奮，而文事竟鬱塞而未宣。逮於石晉，併淪而爲夷，侏僶椎結之與侶者，餘三百年。天啟我高皇帝神聖開基，八紘一統，此邦乃復隸於職方。至文皇帝龍飛燕邸，鼎徙自南，肩背屏藩，實在畿郊之近，即重關錯壘，日以捍禦，爲兢兢然。《詩》《書》比屋，衿佩雍容，亦何嘗不斌斌儁茂哉！

　　威遠，雲中支屬也。舊未有顯學。嘉靖間，楊仁以麟經魁晉士，當事者因緣允諸生請，爲建學宮於城西北隅，而嗣是遂久無振起者。形家寖有後言乃議更創，而直指黃公，報可。余亦竊懲愾其成，爰購氓廛於東南勝處，而卜遷焉。經始於萬曆之癸卯，越一再歲，至乙巳而告竣，事規恢擴，視昔增倍。

改建威遠衛文廟儒學記　萬曆年

山西布政樊東謨關西人

雲中自昔爲邊鄙雄而名碩棄特代與不乏然第皆以武功舊而文事竟蕪塞而未宣速於石晉併淪而爲夷殊倀椎結之與侶餘三百年天啟我高皇帝神聖開基八紘一統此邦乃復隸於職方至文皇帝龍飛燕邸鼎徙自南肩背屏藩實在畿郊之近卽重關錯壘曰以捍禦爲兢兢然詩書比屋衿佩雕容亦何嘗不斌斌傛茂哉威遠雲中支屬也舊未有顏學嘉靖間楊仁以麟經魁晉士當事者因緣允諸生請爲建學宮於城西北隅而嗣是遂久無振起者愍懲竊有後言乃議更創而直指黃公報可余亦竊惣家茲方士紳捐各有差而地利與人……

凡糜金錢若干，則捐自督、撫、按、道與文武疆吏，暨茲方士紳，捐各有差，而地利與人和龢矣。博舍姜君宗周，偕其弟子員王道平、陳其舜等，方負貞石亟礱，而勾余記之。

余惟學校之所繇來尚矣，而飾爲門庭、堂廡，奉以先聖先師，俎豆趨蹌，春秋匪懈，此詎直以侈聽聳觀已乎？揚雄曰："一哄之市，必立之平；一卷之書，必立之師。"蓋所爲羅俊乂而齋肅其心，範型其器也。今車書會同，士亡異軌，微辭奧旨，一以孔氏爲折衷。夫孔氏之道，昭昭乎揭日月，而塞玄黃。四夷之長，慕義嚮風，不難萬里，梯航肆雨，成均而稟教焉。況於爾諸生，耳目濡染於數百里之內者乎？且士患弗立，苟立矣，函夏與裔，徽無論也。彼崧嶽生申，尼山毓孔，其在中州、齊、魯信有之，乃固有不盡然者，鸜鵒不逾濟，而貉及汶則止，此直爲形囿耳。若鳳麟生而自異，所至爲祥地，烏能限之？故禹也興於石紐，伊也產於空桑，而由余以戎，陳良以楚，日磾以胡，豈問地哉？渥洼以龍名，非龍名於渥洼也；荊山以玉顯，非玉顯於荊山也。然則人重地耶？地重人耶？諸生第勉之，希驥而驥矣，希顏而顏矣。

夫士所以貴寧，獨沾沾於一第之爲華，蓋不朽有三焉，則穆叔之所稱德與功與言是也。以茲英雄用武之區，餘風未泯，士生其間，醞釀深矣。彼以之而敵愾奏功者，此以之而輸忠勵節，文經武緯，維所用之耳。姑亡遠引，即古靈壽之標勛於魏，畢文簡

洼以龍名也然則人重地耶地重人耶諸生第勉之而驥矣彼以茲英雄用武之區餘風未泯士生其間醞釀深矣荊山也然則人重地耶地重人耶諸生第勉之之爲華夫士所以貴寧獨沾沾於一第之爲華蓋不朽有三焉則穆叔之所稱德與功與言是也深矣是也彼以之而敵愾奏功者此以之而輸忠勵節文經武緯維所用之耳姑亡遠引即古靈壽之標勛於魏畢文簡魏畢文簡之表伐於宋夫功武姑亡遠引則之彥平高山景行於今始爲縣官劬重經武緯所用之耳假得數士焉益引而伸宇內之知有威遠也將從今日始爲縣官亦重股肱卽令宇內之知有威遠也非此邦之彥乎高山景行於益藉爲如葉蟬聯而號別益鳴珂者甚不少此有榮施巨族奕葉蟬聯而號別益鳴珂者甚不少此名卓犖爲多士勸則今余亦重勸之蕞爾邊城何遽能與角勝夫且非當事者與學造士意也是爲記

之表伐於宋，夫非此邦之彥乎？高山景行，益引而伸，益恢而大，浸假得數士焉出，而爲縣官效股肱，即令宇内之知有威遠也，將從今日始，余亦重有榮藉焉。如僅僅以科名卓犖，爲多士蘄，則今世之名都巨族，奕葉蟬聯，而號爲冠，蓋鳴珂者甚不少，此蕞爾邊城，何遽能與角勝夫？且非當事者興學造士意也。是爲記。

敕建昭忠祠碑记

【简介】
明天启五年（1625）勒石。今不存。文据《旧志辑录》。

【碑文】
敕建昭忠祠碑記
胡士奇
都門道建山右三忠祠，天下爲昭矣。山西會省亦建三忠祠，爲鄉邦光也。廟貌血食，載在祀典。今雲中有司，又奉旨建祠於鄉，蓋專祀何忠愍公云。何又專祠？以桑梓之區，神所妥侑，用是慰藉忠魂，宣佈閭里，使知爲國捐軀之臣，能增重山川，轉移習俗，千秋萬禩，尸之祝之，作人忠義固無窮耳。嗣子大本等，方竭蹷襄祀事。余適以按部至，下車詢公所以死遼狀，因悉其生平，不覺淚潸然下，曰："真張巡、許遠之流也！"方公初受命時，寧忍逆計今日？乃乞恩疏中已有"臣一至遼，身體髮膚，已付疆場"之言。蓋臣赴難，義不返顧有如此。及其往而受事也，間關匹馬，不憚風雪。非家視國事，若湯火迫身者，未必爾爾。軍中之事，悉心經劃，靡不中竅，當盤迎機應劇，如倒囊然。無奈秉鉞者竟以規爲填，招降納叛，自謂得策，浸假"剝床及膚"。瀋陽倏陷，在同事者，競送人口。公曰："我猶人也。寧不念其家！何敢以奔竄爲遼民倡？"率無所遣。其乘城也，躬擐甲胄，不後師武臣。城破矣，翻免胄乘肩輿，徐歸公署，意氣閒暇如平日。非有塞天地之剛大，誰不倉皇失措，置身於無地者？巡、遠將致命，西向再拜曰："臣力竭矣！"公亦設香案，以次羅拜。復爲稟啟督撫，示訣家人，無毫髮亂，後乃投井明志。何從容就義，古今如出一轍耶？非真忠臣，能若是乎！至今莊誦手稿，如"不忍道印陷於強敵，不忍職身刃於敵手"諸語，真令人涕交頤下，冠髮上指，烏烏不能已。更可誄者，金氏、高氏與婢僕輩一時俱盡，不謂閨閣中亦能甘死若飴。是必公生平大節，風範室家之内。不然，婦人女子安往不得？婢妾肯爭先入地下爲井中泥耶！非節婦能若是乎？敗信初至雲中，人情危疑，或曰"公逃"，或曰"公降"，即曾母不免投杼，何氏一族泛泛焉，似處敗舟中，不解風浪之何從生也。幸嗣子沉毅有識，知公無他，忍死鎮之，久乃徐定。匍匐赴闕，爲公請恤，爲公之妾請旌。又不忍負公書香脈，辭金吾蔭，移之孫子。迄今公論日星，皇恩覆露。葬祭祠祀，典無一缺。非真孝能若是乎！論者謂忠孝節義，萃於一門。想何氏之先，積慶貽謀，必有大過人者。福兮禍所倚，禍兮福所基。又不知巡、遠兩公，其家門子姓得方何氏否？目前累繁諸臣，所謂仗節中權，奉上方劍，一切以便宜行事者，今竟何如？仰瞻公像，其不汗顏心折者，非夫也！張忠烈以征敵，死反，祠祀之。乃知忠孝節義，無人不懷，矧三雲素號忠義門，以内之百世師，其能忘之？公諱廷魁，字汝謙，別號觀欽。辛丑進士。天啟元年辛酉三月三十日壬戌，實公死事之辰，是謂遼海東寧道，初贈光祿寺卿，加贈大理寺卿。諡忠愍。欽賜塋葬衣冠，諭祭。蔭一子，世襲錦衣衛，實授百戶。金氏、高氏准建烈婦坊。除京、省三忠祠外，仍准建祠本鄉，有司給費，春秋致祭，歲爲常。祠成，賜額"昭忠祠"，坐東郭門之陽，正祠三楹、東西廊各三楹、二門一楹、碑樓二座、大門三楹、忠烈坊一架。經始於天啟五年乙丑二月二十二日辛丑，落成於本年八月二十六日壬寅。

大同府威远卫重修学记

【简介】

　　明代勒石。今不存。文据《旧志辑录》。

【碑文】

　　大同府威遠衛重修學記

　　朱彝尊

　　庠、序、學校之設，非王政之本與？三代盛時，其地自黨、遂、達國學，莫不有學；其人自天子之元子以及士、庶人子，莫不入於學；其典禮、政令，則自釋奠、釋菜、習鄉、習射、執醬、執□，以至獻馘、獻囚，莫不備舉於學。又擇君子之儒，仁義忠信、樂善不倦者以爲之師，士之入乎學者，俎豆、筐筐、象勺、□簜有其器；□鼓、控揭、笙鏞、琴瑟有其音；屈伸俯仰、盤瓣綴兆有其度；藏修息遊有其所。而師氏以三德三行教國子；司徒以六德、六行、六藝賓興之。上無私師，下無私學。此三代之學，所以盛美而大備也。後世學日以弛，典禮政令，聽州郡吏專制之於上，不必盡舉於學，其僅存不廢者，春秋上丁廟祀孔子，釋奠釋菜而已。爲之師者，未必盡擇君子之儒，徒塊然自處學宮，使之不由其誠，教之不盡其才。士亦隱其學而疾其師，視學校爲不急之務。由是學宮坐以傾圮，至有終歲不遊於學者。嗚呼！學校王政之本，至視爲不急之務，而聽其傾圮，此君子之儒爲人師者所甚憂也。威遠衛當大同關塞之衝，士之習於文事者蓋寡。自邊隅晏安，士始以弦誦相勵。而教諭王君復能以仁義忠信之説善諭之。衛故有學，歲久將圮，王君率諸生某等新之，諸生咸樂趨事，堂廡寢筵、構櫨椽桷、戟門壁池，莫不具飾，不侈不陋。工既竣，向予請記。嗚呼！三代之學，其得存於今者僅矣。自夫師之不嚴，而道不尊，士於是失端本之學，不知順行以事師長，則無良師爲之也。若王君者樂善不倦，可謂知本之君子矣！昔魯侯既作泮宮，詩人頌之。有曰："無小無大，從公於邁。"又曰："濟濟多士，克廣德心。"至學校之廢，鄭人刺之，則曰："縱我不往，子寧不來！"諸生能廣王君之心，日相與藏修息遊，於是講其德行，習其文藝，孰謂三代之學不可幾於今日也哉！

郡北混元峰创建玄天上帝庙碑记

【简介】

　　清顺治十三年（1656）勒石。今不存。文据雍正《朔平府志》卷十二。

【碑文】

　　郡北混元峰創建玄天上帝廟碑記

　　順治年　拔貢柴登雋　右衛人

　　蓋聞神州遐陬，悉玄天所奠麗也。然丕冒姘嶸，不言所利，因人而靈，岩岫遂爲生色，精誠應物，英爽相通焉。且作福毓瑞，非可望之儔儕之人，而得之道，緣深厚洪慈廣濟之士居多，所以開山建聖，而使萬載香火永垂聖跡於不替者也。

　　直北殺虎堡東五里許，地名樊家窯者，有山焉，名曰混元峰。形如天竹，勢若須彌。巽立仙人高峰，坤有虹霓深澗。頂上洞天列萬聖，而祥光射斗；臺前潭穴隱蒼龍，而瑞霧騰空。秀水潺潺，奇峰疊疊。嶺上花爭豔麗，崖下草鬬芳榮，誠可稱奧區福地也。自有宇宙，遂有此山，然而人能興地，地以人靈。跡彼往前，雖云佳勝，而人工猶缺，玄天未嘗設像也，廟貌未有嵬煥耸矗也，士庶未見瞻仰禮拜、絡繹不絕也。

　　幸介邑左明宇者，貿易此方，暇日邀友郊遊，遍覽此境，喟然嘆曰："誠乃武當勝境，小天下處

郡北混元峯創建元天上帝廟碑記　順治年

貢　柴登雋　右衛人

蓋聞神州遐陬，悉元天所莫麗也，不昌帡幪不言。益因人利所，而靈崞岫遂為生邑，精誠應物，英爽相過。為且作福毓瑞，非可望之士居多，所以開山建聖，而使萬載香深。厚洪慈廣濟之士，火永壟聖蹟於不替者，有山焉，各曰混元峯，形如天竹，勢若須地。名樊家窰者有……

彌異立仙人高峯坤，有虹霓深澗，頂上洞天，列萬聖。而祥光射斗臺前，潭穴隱蒼龍，而瑞霧騰空，秀水潺漈。奇峯疊疊，嶺上花爭艷麗，崖下草闢芳榮，闐可稱興地也。輿區福地也，自有宇宙，遂有此山，然而人工猶未見，瞻仰禮拜。郊遊過覽此境，悶然曰：誠當此方勝處也友。絡繹個絕也，幸介邑左明宇，貿易當此境，易日邀小暇，日下遊處也。爰身任其事，倡義首善，敦請有道黃冠常，捐貲懍發善心，募於衆，商賈共相感激，忻然樂輸。凡籍同募工資，湊如雲集，遂乃鳩工程材，塹澗引溪，登登薨薨，水泉雲梁，不日而就。奉北極玄天上帝雷霆殿，三楹將嚴正輝煌，丹堊奪目，供奉。大殿三間壯麗宏廠，鐘鼓二樓雄峙巍峨。復鑿石梯磴路，想之砂磢波砌，潺湲匯蕩，映帶披拂焉。建茲聖宇，真邊陲之壯構、中外之福庇也。因是而重有感焉。

蓋一陽在坎，萬物資始，橫目坤靈，疇非上帝之所生成，穹蒼之所亭壽者乎？然而人不能名其德，所謂戴天忘天者非耶？吾於是而知明宇等之功德遠矣，助義興善，是處有濟，正祥士之勤動深矣，焚修禱唄……是役也，肇始於順治庚寅季春，落成於丙申孟秋吉日。後之感此剏造者，不可忘所自也。是爲記。

也。"爰慨發善心，有修廟之舉焉。與同賈輩勤苦勞心捐貲，身任其事，倡義首善，敦請有道黃冠常正祥持籍同募於衆，一時士庶、商賈共相感激，忻然樂輸。凡物費工資，湊如雲集，遂乃鳩工程材，塹澗堙谷，鑿石引溪，登登薨薨，水泉雲梁，不日而就。向南創建正殿三楹，嚴正輝煌，丹堊奪目，供奉北極、玄天上帝、雷霆帥將。東西兩廊，跂翼翬飛，王、趙天將，左右相向。龍虎大殿三間，壯麗宏廠；鐘、鼓二樓，雄峙巍峨。復鑿石梯磴路，勢如飛虹，令人有雲路三天、松窗萬籟之想。砂泐波砌，潺湲匯蕩，映帶披拂焉。建茲聖宇，真邊陲之壯構、中外之福庇也。因是而重有感焉。

蓋一陽在坎，萬物資始，橫目坤靈，疇非上帝之所生成，穹蒼之所亭毒者乎？然而人不能名其德，所謂戴天忘天者非耶？吾於是而知明宇等之功德遠矣。助義興善，是處有濟，正祥士之勤動深矣。焚修禱唄，朝夕與天通，天豈夢夢者耶？其受祜寧有艾哉！

是役也，肇始於順治庚寅季春，落成於丙申孟秋吉日。後之感此創造者，不可忘所自也。是爲記。

中宪大夫范公鸿磐墓志铭

【简介】

　　清康熙十五年（1676）勒石。今不存。文据雍正《朔平府志》卷十二。

【碑文】

中憲大夫范公鴻磐墓誌銘

順治年　拔貢、知縣范鼎鉉　威遠人

先大夫鴻磐公，乃先大父奉政大父之冢嗣也。先大母馬宜人，夢巨星而孕，及生而瑰異，長而聰明。

中憲大夫范公鴻磐墓誌銘　順治年

拔貢知縣　范鼎鉉　威遠人

先大夫鴻磐公乃先大父奉政大父之冢嗣也先大
母馬宜人孁巨星而孕及生而現異焉先大
目數行下誦輒不忘其為文也喜左韓右蘇而間以
六朝出之美丰姿工詩律至於詩餘樂府令人齒頰頻

画像祀之瀨行之日攀轅輯臥
轍報盈於道路紳衿因繪
攀臥圖以贈曰此公宦況也至淮分駐清浦督造
先大夫曰小河淮難衞於樂成而易於難成之終不
漕艘渡江河小河不勞力歲歲為大患
於是乃督工堅築高堤旁而工竣
亥秋流寇自豫入楚轉漱泗
臺秋流寇冦自豫入楚原籍即名曰范公堤上建生
逆也乃萬民頌之又於堤旁築一竣
先大夫命督帥師盧公象昇
亥命先大夫合副總兵盧公會良玉
之盧公大典疏薦先大夫司監軍時盧公
朱公輔重無算提問加服體一級丙子考滿受封賜
等赳輯重無算提問加服體一級丙子考滿受封賜
山覆輯重無算提問加服體一級丙子考滿受封賜

朔平府志〈卷之十二〉藝文墓誌銘　三十三

聲言報復先大夫慨然曰孤城抗敵非久計也乃率巾
服望祭皂忽三四人往論以禍福賊衆邏拜遂招撫
披猖之傷賊甚衆論者此之張許時守禦間出奇巾集士
夜劫之傷賊甚衆論者此之張許時賊衆魁尚聚土
降於是畿省八院交章薦建生祠者十次崇正戊辰晉陝三
異哀有以也歷任四年崇平日久猶歌思之乃
其掠海過數百里民莫禦有渠魁張天幾輔張甲
盡海沸水忽自退丙寅飛蝗蔽天幾輔土赤入晡剝蝗
聲海沸水忽自退丙寅飛蝗蔽天幾輔土赤入晡剝蝗
淹没鄰里先大夫齋沐至境先大夫瘍兵困寇於村塢及
服望祭水忽自退丙寅飛蝗蔽天幾輔土赤入晡剝蝗
約以清白自矢徭薄賦剔盡蠹奸禁收差役與像吏
火耗片言折獄民不敢欺且不忍欺也時漳河潰決
抵陝無一可恃先大夫畫夜守禦間出奇巾城及
西耀州知州大名百姓翔建生祠者十次崇正戊辰晉陝三

首金翅雁一字王紅狼惡虎等十餘家俱乞降於是
陝督楊公鶴陝撫練公國事洪公承疇薦先大夫有
守城殺賊功可無不次之典以酬非常之積仍
部秉銓者懷希冀心大夫辭勿問乃止量終漢中郡到
承紳衿百姓保留者數百人復具題改西安郡宜淮安郡丞耀民欲留無計爭
菅耀州事癸西改南宜淮安郡丞耀民欲留無計爭

朔平府志〈卷之十二〉藝文墓誌銘　三十四

題請到部改湖廣下江道駐蘄州其州城被賊屠盧
舍蕩然先大夫招集流散不半載而鄉紳士民俱拒
擁先大夫家海通淮城兵栢公承馥詬豫之變遂自經死嗚呼
國朝大兵南下豫王破淮安等時東平侯劉澤清董
賊於河改授先大夫淮海道晉大叅乙酉春
帶俱為闖逆所據時福王至金陵史公可法督兵拒
夫會徐鎮合勤獲渠冦出奉甶中國難河北一
時甶樞尚書史公可法題補淮安郡丞隨以功陞淮
徐道兵備僉事渠冦陳學禹聚芒碭出奉甶中國難
石親興起關帝廟計日給全活者數百人癸未起復
饑斗米一兩五錢死者枕籍先大夫出俸捐米一百
補直隸廣平府郡丞復丁大父憂辛巳蔵大
璽書襃美丁丑秋丁大母宜人馬大君憂庚辰起復

賊乘巨艦攻城先大夫同總兵栢公承馥詬豫之變遂自經死嗚呼
城得無恙戊子秋隆陝西西寧道叅議以繼大母王
還居丁亥冬江西鎮臣金聲桓變蘄州為江廣咽喉
太君在籍便道定省忽遭姜逆之變遂自經死嗚呼
十三郎于歸大夫孝事舅姑躬親井臼克寬而仁能
痛哉此先大夫前後實跡也先妣恭人王氏幼早孤

讀書目數行下，誦輒不忘；其爲文也，喜左、國、韓、蘇，而間以六朝出之。美丰姿，工詩律，至於詩餘樂府，令人齒頰俱馨，屢試冠軍，數奇不遇。

明天啟辛酉，膺恩簡拔，至廷試，擢第四名，授直隸大名縣令。抵任之後，與僚吏約以清白自矢，輕徭薄賦，剔蠹鋤奸，禁收羨餘，革除火耗，片言折獄，民不敢欺，且不忍欺也。時漳河潰決，淹没鄰封，水輒至境。先大夫齋沐爲文，爲民請命，朝服望祭，水忽自退。丙寅，飛蝗蔽天，畿輔土赤，入境飛聲海沸。大夫率里民禱於蝗祠，憂形於色，至日晡，蝗盡過，惟境内禾無恙。有渠寇張甲者，合黨十餘人，剽掠轉數百里，官兵莫禦。先大夫簡民兵困寇於村塢，其黨忽驚相謂曰："奈何與范青天爲敵耶？"遂縛張甲降。於是，畿省八院，交章薦公。疏云："清畏四知，政成三異，良有以也。"歷俸四年，膺薦者十次。

崇禎戊辰，晉陝西耀州知州，大名百姓捌建生祠，至今猶歌思之。及抵陝不兩月而流寇起，時承平日久，武備廢弛，土城披塌，無一可恃。先大夫勵兵民晝夜守禦，間出勇士夜劫之，傷賊甚衆，論者比之張、許。時賊衆渠魁尚聚，聲言報復，先大夫愀然曰："孤城抗敵，非久計也。"乃巾服率吏皂三四人，往諭以禍福。賊衆邏拜，遂招撫。賊首金翅雕、一字王、紅狼、惡虎等十餘家，俱乞降。於是，陝督楊公鶴、陝撫練公國事、洪公承疇薦先大夫有守城殺賊功，可無不次之典以酬非常之績等疏。到部秉銓者，懷希冀心，大夫辭勿問，乃止量移漢中郡丞，紳衿百姓，保留者數百人。復具題改西安郡丞，仍管耀州事。

癸酉，改南直淮安郡丞，耀民欲留無計，爭畫像祀之，瀕行之日，攀轅臥轍，盈於道路。紳衿因繪攀臥圖以贈曰："此公宦況也！"至淮，分駐清江浦督造漕艘。清江，河、淮交衝，每遇潰決，漂没民房，歲爲大患。先大夫曰："小民難於慮始，而易於樂成，不勞之，終不逸也。"乃督夫工堅築高堤，旁疏小河，不兩月而工竣。於是萬民感頌，因名其堤曰"范公堤"。又於堤旁築一臺，因先大夫原籍威遠，即名曰"威遠臺"，上建生祠。

乙亥秋，流寇自豫入楚，轉逼濠泗。命督師盧公象升討之，盧公疏薦先大夫司監軍督餉事。時盧公會漕撫朱公大典分兩道進兵。命先大夫合總兵左公良玉等克期合剿。與賊戰於九公山，斬首萬餘級，屍積如山，獲輜重無算。捷聞，加服俸一級。丙子，考滿，受封，賜璽書褒美。丁丑秋，丁大母宜人馬太君憂。庚辰，起復補直隸廣平府郡丞，復丁大父奉政公憂。辛巳，歲大饑，斗米一兩五錢，死者枕藉。先大夫出俸捐米一百石，親赴關帝廟，計口日給，全活者數百人。

癸未起復，時南樞尚書史公可法題補淮安郡丞，隨以功陞淮徐道兵備僉事。渠寇陳學禹聚芒碭出，奉旨嚴切大夫會徐鎮合剿，獲學禹，獻俘於朝。甲申國難，河北一帶俱爲闖逆所據。時福王至金陵，史公可法督兵拒賊於河，改授先大夫淮海道，晉大參。

乙酉春，國朝大兵南下，豫王破淮安等郡。是時東平侯劉澤清輩，俱挈家海遁，淮城士民哀泣堂下，求爲萬民造命，遂擁先大夫總兵柏公永馥詣豫王降。六月題請到部，改湖廣下江道，駐蘄州，其州城被賊破屠，廬舍蕩然，先大夫招集流散，不半載而鄉紳士民俱各還居。丁亥冬，江西鎮臣金聲桓變，蘄州爲江、廣咽喉，賊乘巨艘攻城，先大夫合副鎮韓公友出奇兵敗之，城得無恙。戊子秋，陞陝西西寧道參議，以繼大母王太君在籍，便道定省。忽遭姜逆之變，遂自經死。嗚呼！痛哉！此先大夫前後實跡也。

先妣恭人王氏，幼早孤，十三即於歸大夫，孝事舅姑，躬親井臼，克寬而仁，能察以斷。自大夫由縣令至監司，隨所至之地，從無以行價取絲粒於民間。曰："吾恐貽之子孫弗安也。"己丑左衛城破，恭人墜井，創甚，得不死。越十二日，不孝鼎鉉迎歸威遠。是時，饗飧不繼，恭人約己待下，漸以自立。丙辰夏六月十一日，偶感寒熱，十三日囑家事畢，目隨瞑。嗚呼！痛哉！

先大夫諱鳴珂，字韻里，號鴻磐。生於萬曆丙申年十一月二十四日寅時，卒於順治己丑年三月二十九日申時。先恭人王氏，庠廩王公道成長女，生於萬曆辛丑年正月十一日子時，卒於康熙丙辰年六月十四日卯時。生子三，長鼎鉉，娶趙氏、繼張氏、楊氏。次台鉉，娶陳氏，繼吳氏、劉氏。次斗鉉，庶母尚氏出，早卒。孫八，曰澍，曰澎，曰沆，曰瀁，皆鼎鉉之子。曰浩，曰濂，曰濵，曰淇，皆台鉉之子。曾孫二，維楫，澎之子。作梅，浩之子。女二，長適汾陽教諭任文炳，次適廩生徐光宸。是爲誌。

奉直大夫郭公九芝墓志铭

【简介】

清康熙二十年（1681）勒石。今不存。文据雍正《朔平府志》卷十二。

【碑文】

奉直大夫郭公九芝墓誌銘

康熙年　檢討李因篤　富平人

刺史郭公諱傳芳，字九芝，山西大同府威遠衛人。明初，縣東勝州徙此，以功授千戶。再傳，改事鉛槧，爲諸生，懸所封待襲，至公曾祖郡丞諱都，以貢遊國學，值玉林被邊患，圍三月，督府鎮匪

奉直大夫郭公九芝墓誌銘　康熙年　檢討李因篤富平人

朔平府志　卷之十一　藝文墓誌銘　四十一

刺史郭公諱傳芳，字九芝，山西大同府威遠衛人。明初，縣東勝州徙此，以功授千戶。再傳，改事鉛槧，爲諸生，懸所封待襲，至公曾祖郡丞諱都，以貢遊國學，值玉林被邊患，圍三月，督府鎮匪繫罪魁，報於獄，久以之國士爲嗣而留，是爲公考諱正元，選貢歷官江西九江質公。器愛之，稍長讀古詞而不屑管依言倣就，造補博士弟子。性佯，江州監軍，多大略，一時資其幃幄太守。振衣，中年湛心理學，徧採史籍。及羅紀盡遺，司墓變醫血乞師，徒步貢主，而歸江奉上母東。囊止半緒畫遺，閉關攻苦，誓博一第以圖返喪，每屆元辰南嚮再拜，則泣涕浹日。屢試數奇，順治十一年恭遇世。以公志也，又三閱月，仍趨江右，抵維揚。買巨木悉傾舟。名解章則先公所獲之。西安府咸寧丞卒公。憂傷先。小齋造訪定。郡伯皆始。掌其事。

朔平府志《卷之十二》藝文墓誌銘 四十二

皇上賜大學衍義訪遺賢於督學鍾公公遂舉
君頤敦聘而來會講前馮大司空書院鄂公親執經

規藏省數千金郃人戴之及去刊兩石志之轉餉輦
昌至朱岡失數十鎰於神忽得水次遠近歡異咸
寧令黃廉被留代督幾半且勸賻歸其妻子無周
旋庫通三千餘金公橄賻歸其妻子無周
何督撫輦下澄民積貲歲久藩司病考成屬公往
疾困所縣許九入而登民初疑吏互相觀望擇
其情懇然願往還萬里暑瘴幾殞生同官往
既協寧蜀餉亙巴取澄丞耿父病漸適鄂公愛重其才節
署咸寧時大僚以難之美民少蘇息關念耿昌暑瘴幾殞生同官
上僚尤以是難之凡大獄必下公平反以出私錢和催而
擢蜀藩其羨民少蘇息因念關學久衰人文曠廢乃大
未幾鄂公督軍全陝剡薦而新剡祗抵降罰不能益公也
出兩司上遂剡薦而馮大司空書院鄂公親執經

藩泉以下環聽惟謹而徵君揚幽惻於其廬自公始
天子海內震動卿大夫以不識面爲恥多式其廬自公始
也康熙甲寅雲南叛楚蜀用兵蔓延關涼在驛騷而
公再署富平長安齊辦芻粟竭心嘔血士馬飽騰而
民不擾然公務貸既多重累其身而生平拂衣士經器西師題擢富
民之失業益敝冠心撥三長要書賈藥交馳路正課盈
平知縣常是時戎旅旁午輸粟貢藥交馳道路正課盈
勒賊倚山爲巢窟拒其前相持未決公潛令牛馬
野而涼諸村鄉勇瓩瓩拚三十紙婦孺攜天大轟賊覘不之覺
以東盡據北山爲巢窟拒其前相持未決公潛令
使崇厲約正戎化圍正明敎化圍正明戰守廣士習於學宮
遂盡薰之斬瓩刲三獲僞剿三十紙婦孺攜千口牛馬
無數公飛狀呈司行所邵州縣各遣兵部已亂稍定
稱之日此關中第一戰也提開紀錄不教之民戰倅而勝譬
則公慨然日此禮義維國之民也以不教之民戰而抗敵行勇知方之謂何乃修復明家宰

朔平府志《卷之十二》藝文墓誌銘 四十三

不能奪所所竹御物不鉤鉅而抑以先覺老吏皆嚴畏之無敢
欺者美原團長某斃於惡少不得主名遂爲疑獄逮至公
繫數十人更歲未決公至略訊之繫如故一日行部
詢西壁童子悉其情矣將去伏兩隸屏處曰潛入其都
中人以殺人者必歸禽之一質服罪獲克伏衣血井甚
十里以爲神至庇姻黨恩故舊居賞待以舉火者甚
美原復取訊之然公已潛入其廬度吾邑
衆遇死喪患難傾筐倒篋以往吳郡微君炎武垂三過吾邑
圖書館焉太原傅徵君山嘗來視公遊刃血衣者垂二十年
學宮橋焉李曹司農備兵大同爲于蔚雲中二子衮言石首
公授館焉徐子化浦也今蔚藫大司書魏公尤雅稱莫重
其品藝一則徐子山嘗來視公遊刃有餘石
士振麟榆塞家孝廉大春皆其風好也嗟乎公負濟異
逆比朱卒三臨其喪而華陰王徵君弘撰雲陵宋處士徵兵
域時之才而名位不足副之又監紀公與公皆有克家
兩世衡哀天地之大而不能無憾焉然俱有克家

廉張公忠介楊公故祠又採邑之孝子義士節婦若干
人創二祠肖楊逸邵陽若石略傳其行事以端風化表前孝
屋徵郡陽逸民李公向若之墓迎表攜小委
公外急疆事內郵民勞調劑多端用心貞苦吾儕小
冬報最繫恩卓異特賜袍帶內召而歸也十八年平平底
具就談庖廩無缺尋會以污蜀南棧運底里隱士莊服日則
引劑勿急行從公笑而對促裝以去公日及兩川底委
須官綏輯從年相繼以死幼孫子胥暨僕數人權厝
人陰受庵最蒙公恩遷藝州府達州知州同僚多謂上官
皮郭公詩捐俸經紀麻衣徒步逃匿山中沿乞而歸僅存
呆郭公詩捐俸經紀麻衣徒步往持其喪賴令明府哭者萬餘
人公偉豐度事親孝守官正矜然諾尚氣節與人交
溫厚坦易而遇事風生無所遜避論議侃侃雖上官
年秋八月抵達州受事甫十日遂輦下信宿丁
香載酒追逮四十里號泣報者
未卒一甥二僕相繼以死城陷更被冠刼逃匿山中沿乞而歸僅存
別楹越旬二僕捐俸經紀麻衣徒步逃匿山中沿乞而歸僅存

朔平府志　卷之十二　藝文墓誌銘　四四

之子甸甸返葬，若出一轍，而博士君孝友端亮，積
能文，家孫文學潛至性，類祖父。仁人克昌厥後，固方學
秋六十有二。公生萬曆四十七年九月丁亥，距卒得春
興未艾也。公孫文元，配贈宜人丁氏，繼丁氏，繼□，卽博士君
貢鴻勣，子廩生何鳳翔，次適平遠衛生女，繼保定府通判
二，長清源縣訓導趙式女，次適潛庠生丁出，娶王氏瀛石
諱□，勤適廩生何鳳翔女，別四泰所著性學有草
有讀史草錄，有匡廬集，乘編博士君既以公喪位錄疑待詩
讀江天草，有爲學有綱鑑疑錄蜀
類觀古文史，所著性學有草墓誌
楂塗將卜葬城閈柳溝山阡，而豫謹墓誌之文，不言不慤
邑歸稔者，公在堂或俟其後也，雖淺陋而誼不得辭，其不列其裔孫
茅焉遂徐宜人之，以銘，銘曰：雲中之君，昔降於嶽，故合天
德水濁虹，龍之來戢，蘭角駕公，靈輀歸素，幄萬載
生恒朔雄，才如虎淵，其學製錦漢京，爲循卓犖惟初
塞日關風相揚，推澧流泓淳等邊海娅
幽宮含貞，瑰瑰塞日關風相揚推澧流泓淳等邊海娅
將始昌延，且確載吾，斯銘同縣邈

不報，翁得家書，撾登聞鼓聞狀，援至圍解，撫鎮論罪，繫督府於獄。久之，復起飛檄取翁，家人奔駭，悉焚藏帙。比入謁，則禮以國士而留贊畫軍中，終官薊州同知。無出，取從子諱世禄爲嗣，是爲公王父，官潘府教授，生二子，長諱之麟，是爲公考。崇禎元年，選貢。歷官江西九江府監紀同知，殉難。配沈宜人，生一子，即公。

幼秉異質，監紀公特器愛之。稍長，好讀左氏傳，搦管千言立就，補博士弟子員，益肆力詩、古文、詞，而不屑依傚，盤空造寂，自抒性靈。中年湛心理學，遍探史籍，而其才亦日進。初，隨父倅江州治軍，多大略，一時資其幃幄。太守、司李暨諸戎帥咸目爲天下士。尤嗜山水，嘗登五老峰巔，輒吟："振衣千仞，濯足萬里"之句，流連不欲下，遂別稱"匡廬居士"。及罹

監紀公之變，嘔血乞師，權厝九江上東門外，罄囊止半緡，盡遺司墓者，徒步負主而歸。奉母食貧，閉關攻苦，誓博一第，以圖返喪。每屆元辰，南嚮再拜則泣涕浹日，屢試數奇。順治十一年，恭遇世祖章皇帝上皇太后徽號推恩。郡邑各拔鄉校一人，協郡楚黃汪君燇，南屬衛長官迫詣太原，遂以名上，非公志也。又三闈，不售，試選部，得邑丞，愀然曰："是官何以歸先樞乎？"仍趨江右，尋盟於同人瑞昌劉尹景皋，兼籲其地士大夫及先朝隱君子，唱義贊貨，凡若干緡。公私念自江右抵維揚，必舟以行，而迤北則必易車馬，悉傾所得不達也，若附人舟，必不容納櫬。乃自買巨木爲舟，潛棺艎間，而於空舫任米，以出大江。逮解纜，則所獲之直並貨舟，儼與安行入里門矣。挽唁名章先公之忠節昭焉，府衛榮之，而沈宜人竟以貧窶倚閭，憂傷先卒。公號慟幾絕，喪葬如禮。

服闋，授陝西西安府咸寧丞，潔己直道，不援不陵，退食則披讀小齋，染翰苦吟，無改布素。天下通人、長者輪蹄如青門，必造訪定交，授粲下榻，而聲譽乃日起，撫軍藩臬郡伯皆競禮致之。會修《陝西通志》，歷年未就，遂推公掌其事，始藉成焉。

署鄠陽篆字民正俗，力革浮供陋規，歲省數千金，鄠人戴之，及去，刊兩石志之。轉餉鞏昌至朱圉，失數十鎰，禱於神，忽得水次，遠近歎異。咸寧令黃廉卓被留，憂憤而卒。督府莫公檄公攝之，周旋庫逋三千餘金，代償者幾半，且勸賻歸其妻子。無何督撫罹黨禍，公與永壽令張率部民叩閽請焉，義問動輦下。澄民積負歲久，藩司病考成，屬公往察其疾困所縣，許九人而十登。民初疑之，互相觀望，乃擇家僕之願者，就監於外，而悉屏胥吏勿用，三月報竣。既協蜀餉亟，已取澄丞耿押運。適耿父病漸，公力白其情，懇然願代，往還萬里，冒暑瘴，幾殞生，同官擊節，上僚尤以是難之。凡大獄，必下公平反，民以不冤。

再署咸寧時，大僚雲集，供億不給，公或出私錢和雇而概蠲其羨，民少蘇息。因念關學久衰，人文曠廢，乃大興社塾，刊《要言》《觀感錄》諸書。巡撫鄂公愛重其才，謂出兩司上，遂列薦剡，而新例祇抵降罰，不能益公也。未幾，鄂公督軍全陝，會皇上賜《大學衍義》，訪遺賢於督學鍾公，公遂舉螯屋李徵君顒敦聘而來，會講前馮大司空書院，鄂公親執經，藩臬以下環聽惟謹，而徵君揚幽側

於天子，海內震動。卿大夫以不識面爲恥，多式其廬，自公始也。

康熙甲寅，雲南叛，楚蜀用兵，蔓延關涼，在在驛騷。公再署富平、長安，猝辦芻粟，竭心嘔血，士馬飽騰而民不擾然。公移貸既多，重累其身，而生平拂衣之志左矣。是秋，前督師莫公以大學士經略西師，題擢富平知縣。當是時，戎旅旁午，輪粟負藥，交馳道路。公慮民之失業，益啟寇心。撰《三長要書》，練束鄉堡，農正課桑麻，約正申教化，團正明戰守。廣士習須知於學宮，使崇勵行誼，人初譏其迂，漸而服焉。

次年夏，納稼盈野，而涼寇麕至，據北山爲巢窟。公親裹甲，率官軍撲剿，賊倚山佈陣，官軍拒其前，相持未決。公潛令底店以東諸村鄉勇，直搗其穴。會昧爽，天大霧，賊不之覺，遂盡殲之。斬賊渠二，獲僞劄三十紙，婦孺千口，牛馬無數。公飛狀臺司，行所部州縣，各還其家。川督周公稱之曰："此關中第一戰也。"捷聞，紀錄兵部。已亂稍定，公慨然曰："禮義，國之維也，以不教之民，戰倖而勝，譬則棄干盾而抗敵，有勇知方之謂何？"乃修復明塚宰張公忠介楊公故祠，又採邑之孝子、義士、節婦若干人，創二祠，肖像刻石，略傳其行事，以端風化。表前孝廉張公乃第之里，題部陽逸民李公向若之墓，迎整屋徵君，爲之築室軍寨，榜其門曰"隱士莊"。暇日，則攜具就談，庖廩無缺焉。會以沔蜀兵萃漢南，棧運填委。公外急疆事，內卹民勞，調劑多端，用心良苦。吾儕小人，陰受公賜，遲之又久，而始歎其不可及也。

十八年冬，報最，蒙恩卓異，特賜袍服，內召有期。會兩川底平，須官綏輯，從年俸遷夔州府達州知州，同僚多謂公引例勿行者，公笑而不對，促裝以去。去之日，邑人齎香載酒，追攀四十里，號泣轅下，信宿不得發。於十九年秋八月，抵達州，受事甫十日，遂罹瘴癘，閏八月丁未卒。一甥二僕，相繼以死，幼孫子婿暨僕數人，權厝別楹。越旬，城陷，更被寇劫，逃匿山中，沿乞而歸，僅存皮骨矣！器軍博士，麻衣徒步，往持其喪。賴今明府之罘郭公詩捐俸經紀之，逾年始達富平。會哭者萬餘人。

公偉豐度，事親孝，守官正，矜然諾，尚氣節。與人交，溫厚坦易，而遇事風生，無所遜避。論議侃侃，雖上官不能奪。所至則顏其居曰"慎廬"，好聞己過，即激訐無所忤。御物不鉤鉅而抑以先覺。老吏皆嚴畏之，無敢欺者。美原團長某斃於惡少，不得主名，遂爲疑獄。逮繫數十人，更歲未決。公至略訊之，繫如故。一日行部美原，復取訊之，諭以仍前牘上之。然公已潛入其鄰，詢西壁童子，悉其情矣。將去，伏兩隸屏處曰："度吾行十里，殺人者必歸，則禽之。"一質服罪，獲兇刃血衣井中，人以爲神。至庇媸黨恩故舊，居嘗待以舉火者甚衆。遇死喪患難，傾筐倒庋，迄無吝色。宦遊垂二十年，圖書之外，蕭然而已。往吳郡顧徵君炎武三過吾邑，公授館焉。太原傅徵君山嘗來視公，書其格言，刊石學宮。檇李曹司農備兵大同，爲予言雲中二子，蓋首公，其一則徐子化浦也。今蔚蘿大司寇魏公尤雅重其品藝，其官邑則大參朱公廷璟以道義切磋稱莫逆，比朱卒，三臨其喪。而華陰王徵君宏撰、雲陵宋處士振麟、榆塞家孝廉大春，皆其友好也。嗟乎！公負濟時之才，而名位不足副之。又監紀公與公皆暴棺異域，兩世銜哀，天地之大而不能無憾焉！然俱有克家之子，匍匐返葬，若出一轍。而博士君孝友端亮，積學能文，家孫文學潛至，性類祖父，仁人克昌厥後，固方興未艾也。

公生萬曆四十七年九月丁亥，距卒得春秋六十有二。元配贈宜人趙氏，廩生諱登仕女。繼宜人徐氏，徐公諱建式女。男子，子一即博士君荊石，歲貢，任清源縣訓導。趙出。娶丁氏，繼火氏、來氏。女子，子二，長適廩生何鳳翔，次適平遠衛保定府通判張公諱鴻勛子廩生蔭達。孫二，潛，庠生，丁出，娶王氏；瀛，習讀，未聘，來出。孫女四。所著性學有《爲學正宗初目》；詩有《江天草》《塞里草》《別秦草》《行役草》；史論有《綱鑑疑待類觀》；古文有《匡廬集》；家乘編年有《臚真集》《卑位錄》《蜀槎塗史》；邑錄有《孝義節烈傳》。博士君既以公喪過吾邑，歸將卜葬城垠柳溝山阡，而豫請墓誌之文，謂天下之稔公者，莫予若也。雖淺陋，誼不得辭。其不言合葬者，徐宜人在堂，或俟其後未可知也，故不列其懿德焉，遂系之以銘。銘曰：

雲中之君昔降嶽，有道裔孫生恒朔。雄才如虎淵其學，製錦漢京爲循卓。

絳帷初褰蜀水濁，虹龍之來戢茧角。駕公靈輀歸素幄，萬載幽宮含貞璞。

塞日關風相揚榷，灅流泓淳等瀲灩。姬將始昌延且確，載吾斯銘同縣邈。

郑孝廉墓表

【简介】

清康熙年间勒石。今不存。文据雍正《朔平府志》卷十二。

【碑文】

鄭孝廉墓表

康熙年　乙酉解元　喬于沆　猗氏人

先生姓鄭氏，諱祖僑，號惠庵。康熙壬午科膺鄉薦，越三年，余始登乙酉榜。是時先生之名已交騰海內矣。讀先生文，知先生篤志積學，非時下墨守貌襲僥倖以博取功名者所可比擬。竊謂他日賜宴曲江，蜚聲翰苑，必能開拓風氣，如昌黎公之起衰八代，爲當世斗山。迺自壬午後廿五六年，屢困公車，卒未展其所能。爲秉鐸沃邑，多士方得所仰止，未期年而捐舘。何其厚於德而薄於命也。歲己酉，鄉試屆期，次子增生諱璘者，持先生狀，丐余爲墓前碑文以表先生大略。先生生平固不可没也，曷可以不文辭。

按狀，先生原籍平陽府曲沃縣郇村人，明宣德間遷居右玉衛。自祖諱羽者始，至祖諱攀龍以文學選拔第七名，遂以詩禮著爲家聲。

國朝順治十五年，父諱崇雅成鄉進士，廷試第三。康熙十三年，司訓垣曲，先生四歲失母，從父宦遊。年十二，始於垣曲學署，就外傅凡八年。學問精進，遂成舉子業，太翁喜甚，命回籍應童子試。而太翁陞任湖廣武陵丞，遂之任。先生遵父命歸。是年，果得入泮。當是時，太翁幸得康健矍鑠，先生益得勵志青燈，從此，健翮凌霄，扶搖直上，指顧間事耳。詎意先生承命歸試，即與太翁永訣，比及束裝赴楚，如古人嚙指心痛，則亦先生孝思之所感也。太翁素廉潔，捐舘之日，囊橐蕭然。先生籲請捐助，拮据萬狀，始得扶櫬數千里之外，既殯葬盡禮，而家道於是乎中落，乃教授生徒以自贍。諸弟子受業

朔平府志　卷之十二　藝文墓表　四十六

鄭孝廉墓表　康熙年　乙酉解元　喬于沆　猗氏人

先生姓鄭氏諱祖僑號惠庵康熙壬午科膺鄉薦越三年余始登乙酉榜是時先生之名已交騰海內矣讀先生文知先生篤志積學非時下墨守貌襲僥倖以博取功名者所可比擬竊謂他日賜宴曲江蜚聲翰苑必能開拓風氣如昌黎公之起衰八代爲當世斗山迺自壬午後廿五六年屢困公車卒未展其所能爲秉鐸沃邑多士方得所仰止未期年而捐舘何其厚於德而薄於命也歲己酉鄉試屆期次子增生諱璘者持先生狀丐余爲墓前碑文以表先生大略先生生平固不可没也曷可以不文辭按狀先生原籍平陽府曲沃縣郇村人明宣德間遷居右玉衛自祖諱羽者始至祖諱攀龍以文學選拔第七名遂以詩禮著爲家聲國朝順治十五年父諱崇雅成鄉進士廷試第三康熙十三年司訓垣曲先生四歲失母從父宦遊年十二始於垣曲學署就外傅凡八年學問精進遂成舉子業太翁喜甚命回籍應童子試而太翁陞任湖廣武陵丞遂之任先生遵父命歸是年果得入泮當是時太翁幸得康健矍鑠先生益得勵志青燈從此健翮凌霄扶搖直上指顧間事耳詎意先生承命歸試即與太翁永訣比及束裝赴楚如古人嚙指心痛則亦先生孝思之所感也太翁素廉潔捐舘之日囊橐蕭然既殯葬盡禮而家道於是乎中落乃教授生徒以自贍諸弟子受業然先生籲請捐助拮据萬狀始得扶櫬數千里之外餘贍人康熙壬午科中本省鄉試二十二名然先生博學能文章之有關甚鉅自此始矣又於風神臺遂高尚其功不出事岐黃正復一以頤養間於暇時編次先生詩詞則風人遺相有碑人心者雖小邑顧甚自此探討纂修數年成衛之有誌自此始書化先生日右玉雖小邑顧甚自此探討纂修數年成衛之有誌自此始文詩棲以成冊所以繼志也有三十餘卷至於地方文章之有關者凡錢糧以及方輿土產之有誌則風神臺物戶無誌以故建文昌閣文風因以大振其留心庶人務大率如此同城滿漢創建居家之日上自官長下逮者幼庶人務大率如此同城滿漢

朔平府志　卷之十二　藝文墓表　四十七

漢諸公無不知先生長者悉敬而禮之厥後選授平陽府曲沃縣教諭甫下車即拜始祖墓其仁孝之思闔學士人靡不感歎為近今所難到任後凡八閱月按期課士論文又以餘力檢閱學庫藏書不以勞生倦蓋念此身尚存此志不容一日少懈有如此者無疾而逝先生復何憾於人世哉嗚呼人生不朽有三而富貴貧賤不與焉先生孝事父母自入泮以至登科無不仰體太翁至意所謂顯親揚名孝之大者任是矣則德足以不朽也著作一本經傳皆足發明聖賢奧旨不同時下簸弄文墨摭拾一家言以資談藪則不朽之言也若夫精醫藥以活人則功在生民修方域以振興士氣則功在學校家居則教育英才功在梓里筮仕則循分盡職功在膠庠至於肇修邑志有關風化者後之人有所觀感有裨人心者後之人有所勸懲且將由一世以至千百世未有艾也其功之不朽又何可易量乎方今聖天子採風問俗自直省以至州縣皆將循名責實以成一代信史玉邑之誌將與晉乘媲美先生之所以不朽者亦當登之此志以俎豆於千秋矣嗚呼先生功名雖志大顯而志巳克遂矣道巳大行矣先生復何憾於人世哉

於家，采芹食餼舉貢成名者，凡四十餘人。

康熙壬午科中本省鄉試二十二名，然病頭痛，遂高尚不出，事岐黃業。一以頤養，一以濟世。蓋謂良相名醫，其功之及人正復相等。間於暇時，編次先人詩文成冊，所以繼志也。先生博學能文章，凡詩詞古文堪以行世者，著有三十餘卷。至於地方之有關風化，有裨人心者，先生尤極力為之。先是，右玉衛無誌書，先生曰：「右玉雖小邑，顧辰次、分野、風土、人物、戶口、錢糧以及方輿、土產，所關甚鉅，烏可以不誌？」由是，探討纂修，數年告成，衛之有志，自此始矣。又於風神臺創建文昌閣，文風因以大振，其留心時務，大率如此。以故居家之日，上自官長，下逮耆幼、庶人并同城滿漢諸公，無不知先生長者，悉敬而禮之。厥後選授平陽府曲沃縣教諭，甫下車即拜始祖墓。其仁孝之思闔學士人，靡不感歎為近今所難。到任後，凡八閱月，按期課士論文，又以餘力檢閱學庫藏書，不以勞生倦。蓋念此身尚存，此志不容一日少懈，有如此者，無疾而逝。先生復何憾於人世哉？

嗚呼！人生不朽有三，而富貴貧賤不與焉！先生孝事父母，自人泮以至登科，無不仰體太翁至意，所謂顯親揚名，孝之大者任是矣，則德足以不朽也；著作一本經傳，皆足發明聖賢奧旨，不同時下簸弄文墨，摭拾一家言以資談藪，則不朽之言也。若夫精醫藥以活人，則功在生民；修方域以振興士氣，則功在學校。家居則教育英才，功在梓里；筮仕則循分盡職，功在膠庠。至於肇修邑志，有關風化者，後之人有所觀感，有裨人心者，後之人有所勸懲，且將由一世以至千百世未有艾也。其功之不朽，又何可易量乎？方今聖天子採風問俗，自直省以至州縣，皆將循名責實，以備參考，以成一代信史。玉邑之誌，將與晉乘媲美。先生之所以不朽者，亦當登之此志以俎豆於千秋矣！嗚呼！先生功名雖未大顯，而志已克遂矣，道已大行矣，先生復何憾於人世哉？

创建普济桥庙碑记

【简介】

清康熙年间勒石。今不存。文据雍正《朔平府志》卷十二。

【碑文】

創建普濟橋廟碑記

康熙年　户部郎中劉三元

一事而重萬年之利，齊民而建大人之功，古人之所難，今人之所無也。子產稱衆人之母，尼父以惠人嘉之，亦春秋良大夫也。跡其當時利濟之事，祗云乘輿濟人，徒杠輿梁之政，竟無聞焉。故不知爲政，遺譏於子輿氏。

雲中，古朔方地，多洪流巨浸。平政者，隨地建梁以通行旅，獨平集堡、三邊溝、馬營河，爲王政所未遍，似天地之有憾，聖人之猶病也。夏秋霖潦，驚濤怒浪，澎湃奔射，官伻私賈，望洋待岸。至戌亥之交，川灌河而方盛，冰將凝而未堅，凜人肌膚，慘人心目，民之病涉久矣！

我陶梁親家，商遊北塞，謂雲、朔地鎮端北，位屬玄冥，爲建玄帝廟一座，以凝風氣。又設茶房於側，四時施茶濟行道，且便焚醮，爲守廟計慮深遠也。既睹二河放溢無橋樑，喟然歎曰："立廟以奉神，民病涉，神心未免見恫；設茶以濟人，民病涉，人尤甚於病喝。"由是發大慈悲，罄出賈資，庀材鳩工，於平集堡南三邊溝建石橋一座，東西延袤，完固周密。於馬營河建木橋一座，前後計工，幾一萬餘人，計費五千餘金。舉長民者，未及之政，公以商客而代爲之。從兹以往，雲、朔之間，無復病涉之民矣。補有憾之天地，釋猶病之聖心，且以益王政之所不逮，倘所謂一事而垂萬年之利，齊民而建大人之功者，非耶？況公性詼諧、慷慨，有丈夫氣。初艱於嗣，造橋後熊罷叶夢，因以修橋命名，誌喜也，誌福報也。脫異日者，奮志題昇偓之柱，榮乘駟馬，則善積慶餘，詎非千萬襪休美之盛事哉？是以勒之貞珉，以垂不朽。

公諱世全，號小泉，山西汾州府平遥縣候同里二甲人。

重修忠义坊记

【简介】

清康熙年间勒石。今不存。文据雍正《朔平府志》卷十二。

【碑文】

重修忠义坊记

康熙年　前人

右衛南門内，舊有敕賜忠義坊。考其創建之始，明嘉靖三十九年正月。俺答兵圍右衛，守將尚表，誓志勵衆，晝夜嚴飭，堅心固守。世宗命兵部尚書楊博總督宣、大軍務，博乃奉命征討，羽檄數下，調各鎮兵將齊力會剿。俺答聞博至，乃解圍遁去。博以守將尚表，死守不屈，擢敘其功。復以右衛兵民砥礪自奮，堅守八月，有常山睢陽之風，遂敕建忠義坊，以宏旌典，以鼓節義。至今百有餘年，凡經此坊者，莫不共思當日之忠心義氣，與坊並垂而不息。但年深歲久，風雨摧折，漸至傾欹。蓋坊表之建，所以著旌典，其歷年既久，頹廢無存者，不知凡幾，但此坊爲闔邑忠義所關，有不容一朝埋没者，是以將軍大人念前代遺址，不忍終廢，且以忠義爲人心世道之所關，不應淪喪無聞。爰命首事人周孕秀、王鐸、張龍、葉械、史傳信、儲毓政、張鳳翼、尹誨、王之冕、王丕顯、張國雄董治其工，齊心經理，既募於衆官大人，其闔衛紳士、軍民，莫不協力捐助，鳩工庀材，不數月而告成。凡自南門入者，共睹其巍然屹立，煥然翬飛，坊新，而忠心義氣，一若因坊而復振焉。

夫忠義之在人心也，如日月經天，江河行地，特以上有倡者，下即響應，是以將軍承天子推轂重任，綏靖邊疆，俾部伍嚴飭，中外安堵，其忠義所素具者，著於鐘鼎，垂於朔塞，不能悉舉。而八旗官弁，咸懷壯志，諸部卒伍，共矢堅貞，皆各具此忠義也。不寧惟是，即服古者矢節操，力穡者志勤儉，市廛有公平之習，閭閻多樸直之風，是士、農、工、賈，莫不人人忠義也。惟其蓄忠義於平日，自足以丕振風俗，鞏固金湯，不待歲寒始知松柏，豈必疾風方識勁草哉？明此義也，則斯坊之建，特忠義之一端焉爾。

創建義塚記　康熙年　前人

朔平府志《卷之十二藝文碑記》一百

自大兵駐防以來，凡四方商賈負販者雲屯蝟集，即傭工游食之人，亦絡繹而至。其間或迫於饑寒，或困於疾病，嬴而死者，殆無虛日。噫！魂棲邊塞，骨委溝渠，其離鄉背井之苦，洵可憫也。耆碩賈乃貞，目擊心傷，不忍暴露，矢念立一義塚，事未成而告殂。某等共體其志，於北門外邑厲壇之東，建立義塚。有某將己地數畝，慨然施捨。四至各勒石表，以別其界，凡遠方不能歸柩者，俱得厝葬於此。且近於厲壇，每逢春秋，無祀之祭，得邀朝廷格外之典，庶若敖之鬼不致餒而事竣，欲勒石碣以誌之，余樂其義舉，而為之記

创建义冢记

【简介】

清康熙年间勒石。今不存。文据雍正《朔平府志》卷十二。

【碑文】

创建义塚记

康熙年　前人

自大兵駐防以來，凡四方商賈負販者，雲屯蝟集，即傭工游食之人，亦絡繹而至。其間或迫於饑寒，或困於疾病，嬴而死者，殆無虛日。噫！魂棲邊塞，骨委溝渠，其離鄉背井之苦，洵可憫也。耆碩賈乃貞，目擊心傷，不忍暴露，矢念立一義塚，事未成而告殂。某等共體其志，於北門外邑厲壇之東，建立義塚。有某將己地數畝，慨然施捨。四至各勒石表，以別其界，凡遠方不能歸柩者，俱得厝葬於此。且近於厲壇，每逢春秋，無祀之祭，得邀朝廷格外之典，庶若敖之鬼不致餒而事竣，欲勒石碣以誌之，余樂其義舉，而爲之記。

郭九芝从祀富平名宦记

【简介】

清康熙年间勒石。今不存。文据雍正《朔平府志》卷十二。

【碑文】

郭九芝從祀富平名宦記

康熙年　前人

生有循良之績，没膺崇祀之典者，名宦是也；生樹德望之品，没榮宮牆之配者，鄉賢是也。二者兼之難。且歷年既遠，欲宦所與桑梓，兩地不謀而合，公舉從祀，以增光俎豆者，更難。然鄉賢在於本土，鄉里景仰典型，崇祀之典，年久弗墜，猶覺其易。至於名宦，其遺愛所傳，當時則稱，没則已焉。況乎相距數千餘里，相隔數十餘載，並無子孫友戚宦遊其地，有以相助而贊成，欲其謳思舊德以隆報享，不益難乎？

郭九芝先生，三雲理學君子也。砥節勵行，其學識不讓尹朔野，操守不讓徐雲門。有文端公之經濟，而無其位；有敏果公之剛直，而無其權。始副尹於青門，奏裁定雍志之績，繼宰治於頻陽，成保障劇疆之功。凡關中張、馮、王、呂諸先輩遺澤所存，涵濡益厚，探討日新，才情日暢。雅志理學，明聖賢之旨；留心民瘼，悉蒼生之艱。當兵戈擾攘，供應拮据，上不誤國家之役，下能保閭閻之生。復加意於孝義、節烈，以栽培乎士習、民風，是誠學優而仕，仕優而學者矣。至條陳於莫、鄂、賈、魏諸公之前，與分析乎治道貪廉、經術用人之議，又其才識之餘技也。是以當時向化，愈久不忘。於雍正元年四月內，富平闔邑公舉，迎入名宦祠，以酬報之。隨將從祀實跡緣由，知會原籍，里人大爲歉美。

郭九芝從祀富平名宦記　康熙年　前人

生有循良之績，没廱祀之典者，名宦是也；生有樹德望之品，没榮宮墻之配者，鄉賢是也。二者兼之，難且以增光俎豆者，欲宦猶覺鄉賢，兩地有以相助，而所傳當時則稱，没弗墜焉。況乎相距數千餘里，相歷年既遠，則已覺湮至於本土，而里景仰從祀典。數十餘載，並無子孫友戚，成欲其謳思舊德，以隆報享，不益其難乎？郭九芝先生贊。

朔平府志　卷之十二　藝文碑記　一百一

宦之舉。憶自先生庚申離位，幾五十餘年矣，人物不知其幾更，陵谷不知其幾變，而頻陽父以傳子，子以傳孫，愛戴之誠久而彌篤，非先生德化感人之至，恩澤入人之深，能如是乎？公孫瀛曁、曾孫樹楷孝廉，與其同榜諸公、同郡同邑之友戚，共慶曠典，從來罕覯，欲志顛末，以垂不朽於石。余忝在世好，不揣譾陋，爲之敘其梗概焉。若先生鄉賢實跡，有李公碑記可考，兹不復贅。

馬闔邑公舉崇祀，已光泮壁，閱六載而富平復有名宦之舉。先是，先生自陝陞蜀，未久告終。令嗣山含移柩返葬，即欲舉崇祀之典，而威庠名宦、鄉賢二祠尚未營建，迨後修理學宮，始創立焉。餘技也。同時下循名失實之故套也。實跡緣由，知會原籍里人大爲。內有富平闔邑公舉迎入名宦祠。前與分析仕優而學，優而仕。生復加意供應於當時。戈擾攘。

乃益信其有實學問，然後有實經濟；有實經濟，然後有實政聲。故不同時下循名失實之故套也。

　　先是，先生自陝陞蜀，未久告終。令嗣山含移柩返葬，即欲舉崇祀之典，而威庠名宦、鄉賢二祠尚未營建，迨後修理學宮，始創立焉。闔邑公舉崇祀，已光泮壁，閱六載而富平復有名宦之舉。

　　噫！自先生庚申離位，幾五十餘年矣，人物不知其幾更，陵谷不知其幾變，而頻陽父以傳子，子以傳孫，愛戴之誠久而彌篤，非先生德化感人之至，恩澤入人之深，能如是乎？公孫瀛曁、曾孫樹楷孝廉，與其同榜諸公、同郡同邑之友戚，共慶曠典，從來罕覯，欲志顛末，以垂不朽於石。余忝在世好，不揣譾陋，爲之敘其梗概焉。若先生鄉賢實跡，有李公碑記可考，兹不復贅。

杀虎堡通济桥记

【简介】

　　清康熙年间勒石。今不存。文据雍正《朔平府志》卷十二。

【碑文】

　　殺虎堡通濟橋記

　　康熙年　拔貢王衡　右衛人

　　今天下濟人利物之事，苟有關於朝廷，有係於民社者，此達而在上司長民者之任，匹夫不與焉。非惟不能爲，且不當爲，亦不敢爲也。若橋梁之利於涉也，尚矣。此則人人可爲者，不必驅之使必爲，而亦不能禁之使不爲。然而爲之者，少且難矣。其所以少且難者，何也？蓋人好名之心，不勝其好利之心，計一事之費，而可十金也，則曰："捨之之難也"；計一事之費，而可百金也，則又曰："募之之難也。"此天下樂善好施、慷慨慕義之士之不可多得也。

殺虎堡通濟橋記　康熙年　貢王　衡　右衛人

吾鄉僻處邊陲，無甚名川大河帆檣直達之地，大凡道路之衝有病於涉者，濟之以橋。然橋有大小，費有鉅細，如通都郡邑，跨江而橋者，其役大，其用繁，非達而在上司長民之責者，不克勝其任也。若村墟井落伐木壘石以爲橋者，工約而省，在在有之。通濟橋之建，非若通都郡邑役大費鉅者比也，不過如村墟井落伐木壘石者類耳。然其費且以千計。先是，其處地勢險仄，溝澮淤潯，行者苦之。而陟溝橋之建，是劉寡婦之所創始也。

厥後雨水漲漫，木石漂泊，因其址而茸之者，又左明宇之所經營也。迄於今，歷年久遠，其事遙，其人往，其基址湮沒不可復志，一時行者、載者、肩任者，苦其泥潯蹂滑，旁皇太息，以爲昔也此爲坦途，今且爲畏途矣。橋梁之有無，其利病之於人甚矣哉！雖天下吉祥善事有於前，當不絕於後，然且委之爲道旁之舍，過而不問耳。

閱數十年，而有李成魁者，介邑人也，與左明宇同里，喟然興嘆，謂："天下好事，當與天下人共爲之。劉寡婦女子也，而爲之矣。左明宇鄉人也，而爲之矣。則所以繼其志，而成其事者，是余之責也夫。"蓋當其時，聚工人而計之，度其地，程其材，估其費，其間梁川之木，架梁之石，鋼石之鐵，鱗鱗相次，所費共若干緡，其出之囊橐者五十金，募之十方者八九百金，至於行旅、民間協助者，自銖兩□石，一緡以上，皆附之簿記，以示不忘。是役也，經始於癸巳之春，至今歲秋橋成矣。囑余爲記，且曰："此非余一人之爲之，劉寡婦、左明宇之功不可忘也。"

夫天下經營締造之事，創與因而已。因之事似易，創之事較難，通濟橋之役，創也，非因也。如公言似無劉寡婦、左明宇爲之於前，公即不能爲之於後也者，不居創之實，而第居因之名，所謂仁人之好施，君子之不伐，兼有之矣。李公長者哉！予故不沒其志，而爲之記。

创建经历司署碑记

【简介】

清雍正五年（1727）勒石。今不存。文据雍正《朔平府志》卷十二。

【碑文】

創建經歷司署碑記

雍正年　現任朔平知府劉士銘　宛平人　舉人

官之有署，自古皆然。居之者，亦相安於固，然而已不知國家設官分職，既給祿糈以養其身，復崇其廨舍以隆其體。其所以待之周且詳者，夫亦曰："居其官，庶幾無曠厥職耳。"人皆習焉不察者，亦相沿爲舊制也。

我朔平之設郡，始自皇上御極之二年，准前撫軍諸公條奏，裁去衛備，改爲郡治，以一州四邑隸焉。郡係新設，則郡、縣以及首領等之官署，莫非新設。其建造諸費，皆蒙聖主准動公項銀兩頒給，所以隆其體者，至矣！

余於雍正己酉夏來守斯土，見郡署之制度巍煥，規模壯麗，洵足以尊朝廷之體統，肅外藩之瞻視。而前守徐公之經營締造，以垂永久者，心亦彈焉。復見郡署西側，自大門而堂而室，規制秩秩者，則首領經歷司公廨也。詰其所自始，亦創於雍正丙午八月，成於丁未之三月，建官舍四十餘間。且聞舊址皆瓦礫窟地，其芟除蓁莽，剔釐亂石，培之築之者，役亦煩矣。而其間之購木植，燒磚瓦，採石運土，集匠鳩工，更不知幾費拮据。共計經費七百七十餘兩，除頒發公帑銀二百九十八兩外，餘悉經歷周子捐己貲以成之。

余下車後，採訪輿論，頗得其詳，知其不派行戶，不累工匠，不以短值市材料，且結構堅固，即古稱竹苞松茂者，殆不過是。而能循循焉恪守功令，上不負國家設官之意，下不失閭閻斯望之心，則斯署也。雖謂之曰"君子攸躋，君子攸寧"，無不可者，豈徒美輪美奐云爾哉？

創建經歷司署碑記　雍正

現任朔平知府劉士銘　舉人　宛平人

朔平府志《卷之十二藝文碑記》一百七

官之有署自古皆然居之者亦相安於固然而已不知國家設官分職既給祿糈以養其身復崇其廨舍以隆其體其所以待之周且詳者夫亦曰居其官庶幾無曠厥職耳人皆習焉不察者亦相沿爲舊制也我朔平之設郡始自皇上御極之二年准前撫軍諸公條奏裁去衛備改爲郡治以一州四邑隸焉郡係新設則郡縣以及首領等之官署莫非新設其建造諸費皆蒙聖主准動公項銀兩頒給所以隆其體者至矣余於雍正己酉夏來守斯土見郡署之制度巍煥規模壯麗洵足以尊朝廷之體統肅外藩之瞻視而前守徐公之經營締造以垂永久者心亦彈焉復見郡署西側自大門而堂而室規制秩秩者則首領經歷司公廨也詰其所自始亦創於雍正丙午八月成於丁未之三月建官舍四十餘間且聞舊址皆瓦礫窟地其芟除蓁莽剔釐亂石培之築之者役亦煩矣而其間之購木植燒磚瓦採石運土集匠鳩工更不知幾費拮据共計經費七百七十餘兩除頒發公帑銀二百九十八兩外餘悉經歷周子捐己貲以成之余下車後採訪輿論頗得其詳知其不派行戶不累工匠不以短值市材料且結構堅固即古稱竹苞松茂者殆不過是而能循循焉恪守功令上不負國家設官之意下不失閭閻斯望之心則斯署也雖謂之曰君子攸躋君子攸寧無不可者豈徒美輪美奐云爾哉

兩周子更建臨街門房七間又置署西北隅園地一方鑿井三眼以爲灌溉計其制度亦可云完且美矣而余更喜其不以傳舍自視官廨等公事一如家事一鎖兩防所謂無曠厥職者歟自茲以往舉凡建議行莫不操此心以爲服官之本將來者也爰記其概庶於周子遇之此又余之厚望者也其緄而書者之於石以垂不朽云

是役也，余既喜其不惜己貨，不勞民力，而復念其創立艱難之苦，於庚戌六月代爲詳請，蒙院藩兩憲循例准給捐費之半，隨給銀二百三十七兩。周子更建臨街門房七間，又置署西北隅園地一方，鑿井三眼以爲灌溉，計其制度，亦可云完且美矣。而余更喜其不以傳舍視官廨，等公事如家事，駐防所謂"無曠厥職"者歟！自兹以往，舉凡建一議、行鎮兩，莫不操此心，以爲服官之本。將古來之以循良稱者，庶於周子遇之此，又余之厚望者也。爰記其概，而書之於石，以垂不朽云。

重建驿传部署仪门碑记

【简介】

清雍正六年（1728）勒石。今不存。文据雍正《朔平府志》卷十二。

【碑文】

重建驛傳部署儀門碑記

雍正六年　督理部郎傅成 鑲黃旗滿州人

古人每舉一事，必有文以記之，非以侈觀，志不忘也。即如黃岡竹樓、扶風喜雨亭、西昌獨坐軒、海醇葵莽類皆有記，古今人事雖不同，文即不侔，其誌不忘一也。

余以樗材謬膺部曹，於雍正丙午三月，祗承欽命，督理殺虎口驛傳事務，而來兹土，日切葵傾之思，時廑蚊負之慮，涖任伊始，地衝事繁，役貧馬瘠，兼之西北小醜負固不臣，王師進剿，羽檄交馳，日無寧晷。經營二載餘，始就調理，乃治官舍，若大門，若大堂，若兩廂，若書房，若內宅，稍可以出入栖止者，不過補缺略，實罅漏，圬以青灰，粉以白堊而已。至於儀門，內以正體統，外以肅觀瞻也。向僅高一尋、闊一仞耳。淺隘狹小，車馬弗容，於衙署規模，殊覺未稱。爰鳩工庀材，捐俸而重修之，前建儀門三間，明柱四闔，崇其階，闊其宇，丹青彩澤，煥然一新。

斯門之建，不惟宏官舍之規，抑且達余心之明，見其高廠寬宏，則思設官制祿聖恩之深且厚也。送往迎來，則思南驅北馳士卒之艱且苦也。晨夕啟閉，則思夙夜匪懈進退之勤且慎也。睹物興懷，觸類旁通，由此而推其思，寧有窮乎！因鐫於石，以誌不忘。

《朔平府志》卷之十二 藝文 碑記 一百十九

重建驛傳部署儀門碑記 雍正六年

督理部郎傅成 滿洲鑲黃旗人

古人每舉一事，必有文以記之，非以侈觀，誌不忘也。即如黃岡竹樓、扶風喜雨亭、西昌獨坐軒、海醇葵莽類皆有記，古今人事雖不同，文即不侔，其誌不忘也。

余以樗材謬膺部曹，於雍正丙午三月，祗承欽命，督理殺虎口驛傳事務，而來兹土，日切葵傾之思，時廑蚊負之慮，涖任伊始，地衝事繁，役貧馬瘠，兼之北小醜負固不臣，王師進剿，羽檄交馳，日無寧晷……以治官舍，若大門……白堊而已。至於儀門，內以正體統，外以肅觀瞻也。向僅高一尋，闊一仞耳。淺隘狹小，車馬弗容，於衙署規……三間，明柱四闔，崇其階，闊其宇，丹青彩澤，煥然一新。斯門之建，不惟宏官舍之規，抑且達余心之明，見其高廠寬宏，則思設官制祿聖恩之深且厚也。送往迎來，則思南驅北馳士卒之艱且……物興懷，觸類旁通，由此而推其思，寧有窮乎！因鐫於石以誌不忘。

创建朔平府署碑记

【简介】

　　清雍正六年（1728）后勒石。今不存。文据雍正《朔平府志》卷十二。

【碑文】

　　創建朔平府署碑記

　　雍正年　朔平知府徐榮疇　華亭人

　　官之有署，所以宣猷敷化，臨民出治，非計一身一家之便安也。其官而司一省、司一郡者，則一省、一郡之休戚，於是乎係，下至州、邑，無不皆然。自彼營私肥家者，恒視官廨如傳舍，以為暮入而朝出，即竹苞松茂，於我何有？況當經始創造，其不苟簡從事者，幾希矣。山右之有朔平府也，我朝康熙以前，仍故明之右衛設衛備，以理屯餉，隸於大同府。惟是地當殺虎口之衝，聖祖仁皇帝於康熙三十三年，設立八旗官兵，駐防斯土，特簡將軍都統大人總理戎政，更移大同西路郡丞管理糧餉，自是商賈輻輳，居民雲集，駸駸乎聲名文物之區矣。皇上御極之二年，准前撫軍諾公諱岷條奏，改衛為郡，錫名朔平，裁去衛備，設右玉縣附郭焉。又改左雲及平魯衛為左雲、平魯二縣，同朔州、馬邑共一州四縣，皆屬郡轄。

　　余於雍正三年，由直隸昌黎縣令，謬膺卓薦，荷蒙特恩，超授朔平守。郡係新設，一切事宜均屬創始，任鉅才庸，隕越是懼。且無衙署，例得領帑建造，隨具詳上憲批允，乃令形家選勝於城內西南倉街官地，卜云其吉。遂自捐貲，購買木植，燒造磚瓦，鑿石運土，集匠鳩工。

　　是役也，興作於雍正丙午四月，落成於本年十月。自大門、儀門、大堂、後堂以迄內署，共建瓦房百餘間，實用銀四千六百餘兩。崇墉巍煥，非故為侈麗也，茲郡當邊地要衝，為蒙古外藩朝覲入貢往來孔道，於以壯屏藩，肅觀瞻，規模不可不閎遠也。

　　雍正六年冬，上憲頒發銀二千八百兩為建造費，其不敷銀一千八百餘金，不敢復詳請領者，蓋仰

朔平府志《卷之十二藝文碑記》　一百六

聖主隆恩歲給養廉銀兩節儉所餘卽以公濟公勿敢私

仰沐其不敷銀一千八百餘金不敢復詳請領者蓋

觀造費也雍正六年冬上憲頒發銀二千八百兩

遠入貢往來孔道於以壯屏藩肅觀瞻規模不可不閎

茲郡當邊地要衝為蒙古外藩朝

間實用銀四千六百餘兩崇墉巍煥非故為侈麗也

月自大門儀門大堂后堂以迄內署其建瓦房百餘

鳩工是役也興作於雍正丙午四月落成於本年十

其吉遂自捐貲購買木植燒造磚瓦鑿石運土集匠

憲批允乃令形家選勝於城內西南倉街官地卜云上

庸隕越是懼且無衙署例得領帑建造隨具詳

特恩超授朔平守郡係新設一切事宜均屬創始任鉅才

荷蒙

屬郡轄余於雍正三年由直隸昌黎縣令謬膺卓薦

魯衛為左雲平魯二縣同朔州馬邑共一州四縣皆

皇上御極之二年准前撫軍諾公諱岷條奏改衛為朔平裁去衛備設右玉縣附郭焉又改左雲及平

錫名

特簡將軍都統大人總理戎政更移大同西路郡丞管理

仁皇帝於康熙三十三年設立八旗官兵駐防斯土

祖

朝康熙以前仍故明之右衛設衛備以理屯餉隸於大同

糧餉自是商賈輻輳居民雲集駸駸乎聲名文物之區矣

山右之有朔平府也我

於我何有況當經始創造其不苟簡從事者幾希矣

官之有署所以宣猷敷化臨民出治非計一身一家之便安也其官而司一省司一郡者則一省一郡之休戚於是乎係下至州邑無不皆然自彼營私肥家者恒視官廨如傳舍以為暮入而朝出卽竹苞松茂

創建朔平府署碑記雍正年知府徐榮疇華亭人

必能廉而直明正而深廣出其經綸臻斯郡於長治
久安俾千百世後都人士瞻是署而屈指曰某守賢
援筆書其槪而刻之績於是乎存豈同傳舍云乎哉因

也工完後復思土地祠寅賓舘二者制不可闕
捐貲蓋造於是制度規爲燦然大備矣小雅斯
詩其詠堂之美曰如跂斯翼飭廉隅也如矢斯棘著
直節也詠室之美曰殖殖其庭言平正也噲噲其正
言光明也噦噦其冥言深廣也夫堂室之美尤期與
人相稱故一則曰君子攸躋再則曰君子攸寧然則
美之輪奐美奐豈徒然哉余不敏不能如古君子羔羊素
絲之風第興利除弊惟日不足三載以來喜與吾民
歌詠太平群相安於飲食耕鑿不啻渠渠夏屋之庇
焉則此署庶不爲虛設已後之君子升斯堂履斯室

沐聖主隆恩，歲給養廉銀兩，節儉所餘，即以公濟公，勿敢私也。

工完後，復思土地祠、寅賓舘二者，制不可闕，續又捐貲蓋造，於是制度規爲燦然大備矣。《小雅·斯干》之詩，其詠堂之美曰"如跂斯翼"，飭廉隅也；"如矢斯棘"，著直節也。詠室之美曰"殖殖其庭"，言平正也；"噲噲其正"，言光明也；"噦噦其冥"，言深廣也。夫堂室之美，尤期與人相稱，故一則曰"君子攸躋"，再則曰"君子攸寧"。然則美輪美奐，豈徒然哉！

余不敏，不能如古君子羔羊素絲之風，第興利除弊，惟日不足。三載以來，喜與吾民歌詠太平，群相安於飲食、耕鑿，不啻渠渠夏屋之庇焉。則此署，庶不爲虛設。已後之君子升斯堂，履斯室，必能廉而直明，正而深廣，出其經綸，臻斯郡於長治久安，俾千百世後，都人士瞻是署而屈指曰："某守賢，某守能。"將不朽之績，於是乎存，豈同傳舍云乎哉？因援筆書其概，而刻之於石。

郡城南关路西创建普济堂碑记

【简介】

清雍正七年（1729）勒石。今不存。文据雍正《朔平府志》卷十二。

【碑文】

郡城南關路西創建普濟堂碑記

雍正年　知府劉士銘

我朝定鼎以來，休養生息，於今百年。四海昇平，仁風翔洽，老者以壽終，幼孤得遂長。含哺擊壤之風，已遍山陬海澨矣。乃聖人御宇，猶恐一夫不獲其所。雍正二年四月特召京兆尹而諭之曰："朕見京師廣寧門外，向有普濟堂，凡老疾無依之人皆棲息於此。司其事者，樂善不倦，深爲可嘉。又聞廣渠門內，有育嬰堂，凡孩稚之不能養育者，收留於此，數十年來，成立者衆。夫養少存孤，載於《月令》，與扶衰恤老同一善舉。朕心嘉悅，特頒扁額，並賜百金。爾等其宣示朕懷，倡率資助，使之益加鼓勵。再行文各省督撫，轉飭有司，勸募好義之人於通都大邑、人烟稠集之處，若可以照京師例，權巧行之，其於字弱恤孤之道，均有裨益，而凡人怵惕惻隱之心，亦可以感發而興起矣。"大哉王言，其即孔子老安少懷之志乎？

余不敏，初宰嚴邑，旋佐劇郡，濫叨超擢，雍正七年特簡朔平郡守。郡與附郭邑皆係新設，從前衛治，未有養濟院。邊方貧瘠，雖好義，人有同心，而恒艱於力，勸募無從。竊念今之郡守，即古之二千石也。俸二千石已至渥矣，而今上所頒養廉，更有加焉。凡爲臣子受此隆恩，殊難報稱，計惟有

郡城南關路西剏建普濟堂碑記 雍正年

知府 劉士銘

朝定鼎以來休養生息於今百年四海昇平仁風翔洽老
我
者以壽終幼孤得遂長舍哺擊壤之風已遍山陬海
溼矣乃
聖人御宇猶恐一夫不獲其所雍正二年四月
特召京兆尹而
諭之曰朕見京師廣寧門外向有普濟堂凡老疾無依之
人皆棲息於此司其事者樂善不倦深為可嘉又聞廣
渠門內有育嬰堂凡孩稚之不能養育者收留於此與扶衰
十年來成立者衆夫養少存孤載於月令與
朕心嘉悅特頒扁額並賜百金爾等其各加鼓勵再行文
同一善舉資助之人於過都大邑人煙稠集之處各省督撫轉飭
以照京師例將好義之人勸率權巧行之其於字弱恤孤之道均有禆益
有司倡
而凡人怵惕惻隱之心亦可以感發而興起矣大哉
王言其郎孔子老安少懷之志乎余不敏初宰嚴邑旋佐
劇郡瀸切
超擢雍正七年
特簡朔平郡守郡與附郭邑皆係新設從前衛治未有養
濟院邊方貧瘠雖好義人有同心而恒藉於力勸募
無從竊念今之郡守卿古之二千石也俸二千石已
至渥矣而今
上所頒養廉更有加焉凡為臣子受此
隆恩殊難報稱計惟有推廣
皇仁使鰥寡篤癃孤獨無依之輩皆得延其食息而安其
聖天子於此博施濟衆畿甸要荒一視同仁之至意事無有大於此者矣

朔平府志《卷之十二 藝文碑記 一百十一》

推廣皇仁，使鰥寡篤癃、孤獨無依之輩，皆得延其食息而安其性命，以仰副聖天子博施濟衆，畿甸、要荒，一視同仁之至意，事無有大於此者矣。

邊地不患人滿，素無遺孩，故育嬰堂可以不設。爰於郡城南郭外，行旅雜沓、商賈輻輳之處，相地一區，鳩工庀材，構普濟堂一所，中間為堂，計三楹；為舍，計十楹；為其房、為廂房，又十二楹。庚廩、庖湢各有其所，繚以周垣，樹以棹楔，一椽、一瓦、一夫、一役，上不費公，下不累民，皆余節省養廉而為之，共費銀二百九十三兩。而董其役者，經歷司周成也。工既竣，喜老疾無歸者，得所依棲，而凡所以給其粥，資其衣絮，司其出納者，又必次第詳畫，為經久之計焉。

余之為此，非好名也，亦非覬福田利益也。我皇上欲平天地之憾，而弘位育之仁，故舉京師好義者為例，望天下臣民胥倡率資助，使無一夫失所而後安。余忝師帥之任，則一郡皆吾赤子也，普濟堂之設，豈能盡郡民而庇之？不過率先倡導，俾屬

皇上欲平天地之憾而弘位育之仁故舉京師好義者為
倒望天下臣民胥倡率資助使無一夫失所而後安
為此非好名也亦非覬福田利益也
余忝師帥之任則一郡皆吾赤子也普濟堂之設豈
老疾無歸者得所依棲而凡所以給其粥資其衣
絮司其出納者又必次第詳畫為經久之計焉余
百九十三兩而董其役者經歷司周成也工既竣
不費公下不累民皆余節省養廉而為之共費
有其所繚以周垣樹以棹楔一椽一瓦一夫一役上
為舍計十楹為其房為廂房又十二楹庚廩庖
地一區鳩工庀材構普濟堂一所中間為堂計三楹
不設爰於郡城南郭外行旅雜沓商賈輻輳之處相

民人而因風示諸好義者隨其願力而為恤老扶衰
之舉皆沐從此物無疵厲民不夭札太和之氣洋溢於邊
境皆
聖天子之賜余小臣何力之有焉夫宣
上恩德以乿諸奕禩守土者之責也遂書之而勒於石

吏各保息其民人，而因風示諸好義者，隨其願力而爲恤老扶衰之舉。從此物無疵厲，民不夭札，太和之氣洋溢於邊境，皆沐聖天子之賜，余小臣何力之有焉？夫宣上恩德，以垂諸奕禩，守土者之責也，遂書之而勒於石。

建置社稷坛碑记

【简介】

清雍正八年（1730）勒石。今不存。文据雍正《朔平府志》卷十二。

【碑文】

建置社稷壇碑記

雍正年　知府劉士銘

國家設官分職，凡以養民也，而養民莫先於土穀。社主乎土，稷主乎穀，正所以養民者，是不可以無祀。考《周禮》小宗伯掌建國之神位，立其社稷，以血祭祭之，則社稷之制，祀典首重，有自來矣。歷朝定制，府、州、縣近郊三壇，社稷在其西，每歲仲春秋上戊祀。我皇上敬天勤民，百祀具舉，雍正五年丁未，欽定天下地方守土官，俱舉行耕藉禮於東郊，設先農壇，重東作也。社稷壇仍舊制：報西成也。其牲牢醴幣、籩豆鉶登之數，載在《會典》，故不贅述。

余作宰桐鄉、佐郡晉陽時，親遘其盛，詣壇行禮，必誠必敬，重其事也。七年己酉，擢守朔郡，秋仲八月，例應舉行壇祭。吏白在南門外，至其地，無垣無壇，蔓草不除，荒塚累累，灌將拜獻，俱在荊棘中。詢其故，皆曰：「西郊濱河，未有其地，權祭于此，其來久矣。」余曰：「事神以爲民也，草草若是，同于野祭，不敬甚矣！」奚以妥神靈而事祈報？惻然於中者久之。

八年庚戌，會擇普濟堂址於南郊，同官咸集，循行量度，於迤西百步之外，得一地焉，高塏而平正，廣輪約三畝許。因囑右玉陳令訪其地主，捐俸售之。內築以壇，外堷以垣，壇成後，即移祭於其處，於以和神人，協上下，而遵萬年不易之成規。自此，百穀順成，歲登大有，庶可仰副聖天子重農

朔平府志《卷之十二　藝文碑記　一百十二》

建置社稷壇碑記　雍正年　知府劉士銘

國家設官分職凡以養民也而養民莫先於土穀社主乎土稷主乎穀正所以養民者是不可以無祀考周禮小宗伯掌建國之神位立其社稷以血祭祭之則社稷之制祀典首重有自來矣歷朝定制府州縣近郊三壇社稷在其西每歲仲春秋上戊祀我皇上敬天勤民百祀具舉雍正五年丁未欽定天下地方守土官俱舉行耕藉禮於東郊設先農壇重東作也社稷壇仍舊制報西成也其牲牢醴幣豆鉶登之數載在會典故不贅述余作宰桐鄉佐郡晉陽時親遘其盛詣壇行禮必誠必敬重其事也七年己酉擢守朔郡秋仲八月例應舉行壇祭吏白在南門外至其地無垣無壇蔓草不除荒塚累累灌將拜獻俱在荊棘中詢其故皆曰西郊濱河未有其地權祭于此其來久矣余曰事神以爲民也草草若是同于野祭不敬甚矣奚以妥神靈而事祈報惻然於中者久之八年庚戌會擇普濟堂址於南郊同官咸集循行量度於迤西百步之外得一地焉高塏而平正廣輪約三畝許因囑右玉陳令訪其地主捐俸售之內築以壇外堷以垣壇成後即移祭於其處於以和神人協上下而遵萬年不易之成規自此百穀順成歲登大有庶可仰副聖天子重農務本之至意而俾吾民樂樂利利於無疆矣

務本之至意，而俾吾民樂樂利利於無疆矣。爰樹碣以紀其始。

重修朔平府城垣碑记

【简介】

清雍正九年（1731）勒石。今不存。文据雍正《朔平府志》卷十二。

【碑文】

重修朔平府城垣碑記

雍正年　知府劉士銘

《易》曰："王公設險，以守其國。"而城有自始矣。《春秋》成城必書，蓋城所以相地利，據險要，安社稷，輯人民也。所關甚鉅，而邊方尤重。朔郡爲畿輔右臂，晉陽肩背，勢踞天下之顛，界扼中外之吭，地利誠險矣哉！三代而上，年遠莫稽，秦、漢以下，或隸九原，或屬雁門，或轄雲中，沿革不常。斯地之爲戰場，爲城郭，名不著於史冊，而乘誌亦無可考。其在前明洪武二十五年，初設爲定邊衛，築土以城之，尋省。永樂七年，復設爲大同右衛，城始竣，版築。正統間，以邊外玉林衛內徙，附入爲右、玉林衛。嘉靖四十五年重修。萬曆三年，甃以磚石，周圍九里八分，高連女牆四丈二尺，闊三丈五尺，事載《山西通志》。此有明二百餘年創修之大略也。

我皇清定鼎，廓清沙漠，臣服諸部，呼韓、屠耆爭厥角，稽首歸於闕下。長城而外，奉正朔者萬里。昔時列戍舉烽、彎弓驟馬之區，百年以來穆然山高而水清。雖臨邊險要，久與內地無異。苞桑、盤石

《朔平府志》卷之十二　藝文碑記　一百八

重修朔平府城垣碑記　雍正　知府劉士銘

易曰王公設險以守其國而城有自始矣春秋成城必書蓋城所以相地利據險要安社稷輯人民也所關甚鉅而邊方尤重朔郡爲畿輔右臂晉陽肩背勢踞天下之顛界扼中外之吭地利誠險矣哉三代而上年遠莫稽秦漢以下或隸九原或屬雁門或轄雲中沿革不常斯地之爲戰場爲城郭名不著於史冊而乘誌亦無可考其在前明洪武二十五年初設爲定邊衛築土以城之尋省永樂七年復設爲大同右衛城始竣版築正統間以邊外玉林衛內徙附入爲右玉林衛嘉靖四十五年重修萬曆三年甃以磚石周圍九里八分高連女牆四丈二尺闊三丈五尺事載山西通志此有明二百餘年創修之大略也我皇清定鼎廓清沙漠臣服諸部呼韓屠耆爭厥角稽首歸於關下長城而外奉正朔者萬里昔時列戍舉烽彎弓驟馬之區百年以來穆然山高而水清雖臨邊險要久與內地無異苞桑盤石

之安，不在險，而在德也。康熙三十三年甲戌，逆魯噶爾旦滅紀亂常，我聖祖仁皇帝親總六師，肆張撻伐，俘馘元兇，蕩平振旅，乃睿謨宏遠，爲氈裘各君長計久安長治之道。於是命建威將軍統率禁兵，駐防右衛，遙爲七十二旗之保障。金城湯池，屹然重鎮，兩經奏請，發帑修葺，而斯城之特著九邊，已垂三十餘年於茲矣。

雍正三年乙巳，今皇帝上承重熙累洽之後，大仁育義正之模，雖要荒蠻貊，皆觀感漸摩，格心向化，矧朔附畿千里，其百姓之被休養生煦者，無不浹髓淪肌，教養之恩，同仁一體。而師儒長吏缺焉未備，可乎？特命前撫憲諸公巡視關外，將沿邊衛、所悉更郡、縣，陞右衛爲朔平府，改右玉、左雲、平魯三衛爲縣，割雲屬之朔州、馬邑統隷焉。一城之內，奮武揆文，規制聿新，而陣睨雄視，與宣、大犄角而鼎峙焉。

四年丙午，今建威將軍、宗室申公奉命來鎮，下車之初，環城周閱。以巖邊設郡，城垣未修，非所以壯國威而固邦域，毅然任之，往復咨度。會大中丞覺羅石公奉命撫晉，念切封疆，即准咨行文。前郡守確估工料，爲請於朝，報可。隨鳩工庀材，刻期興舉。檄寧武郡守郎公，同本郡董其事，適徐公左遷去，士銘以太原同知攝守是邦，敢不冒風日、廢簿書，登隊於荷畚操版之間，以從諸君子後？而其中有難焉者，邊地氣寒，仲春而風不解凍，一歲之中，工作僅可得半，時有不同也。售木於塞外，輓灰於左雲，夏潦秋霖，嘗多阻滯，地有各異也。城基歷數百年，磚多剝落，土易頹唐，已估之工甫完，未報之工見告，竭蹶修補，遲遲三載，人事又有不齊也。乃一旦告竣，可不記之以垂永久？

是役也，誌其時自雍正七年四月二十日起，至雍正九年九月初六止，閱月三十有奇，閱日九百有奇。計其工，四面磚工大小共修六十六處，土工大小共修七十二處。門樓四，西、北二樓重建，東、南二樓重修。樓顏以額，南曰"紫塞金湯"，北曰"巖疆鎖鑰"，東曰"拱護燕雲"，西曰"屏藩河朔"。角樓三，東北、西北重建，東南重修。敵臺二十有八，垛口五百六十有四，垛牆海漫，堞道、馬道、水道，修補居其大半，女牆全修。西郭垣牆、門樓俱新修者以外，濱大河砌堰築壩，防水衝也。

綜其物，條磚共用八十四萬一千三百八十有奇，方磚共用九萬二千八百有奇，石灰共用三百八十二萬七千九百餘斤，其木植、柁樑、柱框、椽栈、瓦脊、穩獸、鐵釘、麻繩、膠泥土、把稍土、壞麥糠、顏料一應等項，大小物件，繁雜零碎，不勝細開。木、石、泥、鋸等匠，共用八千七百四十四人。土工、碻榔、壯隨等夫，共用一十一萬

朔平府志《卷之十二》藝文碑記 一百十

其物價貴賤工價忙暇各隨其峙前後不齊難以一定開列核其費原估銀二萬八千四百八十一兩零工完造冊報銷奉部核定實准銷銀一萬八千八百五十九兩七錢一分一釐八毫照原估銀數共節省九千六百二十一兩九錢零實領藩庫公項銀一萬八千八百五十九兩七錢零報銷在案 紀其官建議則將軍申公慕德慎重邊防未雨之思深也 題請則大中丞石公麟寧輯軍民保釐之心切也 統理則大方伯蔣公洞籌畫經營度支之權審也 監督則寧守郎公廷瀚綜核精當纖悉不遺 士銘不過日省月試朝登暮臨耳 至如出入之無虛冒工料之無稽遲則右玉令陳有年著有勤慎 分管各工則經歷司周成平魯學教授王䶵其勞最多 而常盈庫大使王基殺虎口巡檢王之傑右玉縣典史傅大化皆與有力焉 方今聖天子在上創制顯庸百度維新諸所經費悉出帑藏不以一材一役煩民 以故在工之員皆親身任事屏去吏胥剔釐積弊恪恭厥職孰敢稍隕越以滋咎戾哉 登斯城者東望雲中則山川蒼鬱環居庸而拱衛神京 南眺雁門馬邑是起牧之所守也歎藥師之功而想見其英風 西則黃河走於塞外兔毛浸於城址斷垣荒戍參差於寒烟落照間 北惟長城遙列龍沙鹿塞遠不可稽歸化城爲蒙古一大都會而殺虎口實中外之襟喉焉 後之君子憂深而思遠保泰以持盈何以綢繆牖戶俾北門鎖鑰永無傳警庶不負 皇上修德以來之設險以守之之意也 其又安社稷人民者爲重且大豈區區保障一郡之計云乎哉 銘不敏請詠維屏維翰之章而爲之記

九千八百四十八人。其物價貴賤，工價忙暇，各隨其時，前後不齊，難以一定開列。

核其費，原估銀二萬八千四百八十一兩零，工完造冊報銷，奉部核定，實准銷銀一萬八千八百五十九兩七錢一分一釐八毫，照原估銀數共節省九千六百二十一兩九錢零，實領藩庫公項銀一萬八千八百五十九兩七錢零，報銷在案。

紀其官，建議，則將軍申公慕德慎重邊防，未雨之思深也；題請，則大中丞石公麟寧輯軍民，保釐之心切也；統理，則大方伯蔣公洞籌畫經營，度支之權審也；監督，則寧守郎公廷瀚綜核精當，纖悉不遺。士銘不過日省月試，朝登暮臨耳。至如出入之無虛冒，工料之無稽遲，則右玉令陳有年著有勤慎。分管各工，則經歷司周成、平魯學教授王䶵其勞最多。而常盈庫大使王基、殺虎口巡檢王之傑、右玉縣典史傅大化，皆與有力焉。方今聖天子在上，創制顯庸，百度維新，諸所經費，悉出帑藏，不以一材一役煩民。以故在工之員，皆親身任事，屏去吏胥，剔釐積弊，恪恭厥職，孰敢稍隕越以滋咎戾哉？

登斯城者，東望雲中，則山川蒼鬱，環居庸而拱衛神京。南眺雁門、馬邑，是起、牧之所守也，歎藥師之功，而想見其英風。西則黃河走於塞外，兔毛浸於城址，斷垣荒戍，參差於寒烟落照間。北惟長城遙列，龍沙鹿塞，遠不可稽。歸化城爲蒙古一大都會，而殺虎口實中外之襟喉焉。後之君子憂深而思遠，保泰以持盈，何以綢繆牖戶，俾北門鎖鑰永無傳警，庶不負皇上修德以來之設險以守之之意也。其又安社稷人民者，爲重且大，豈區區保障一郡之計云乎哉？銘不敏，請詠"維屏維翰"之章，而爲之記。

混元峰斗母宫记

【简介】

清雍正十年（1732）勒石。今不存。文据雍正《朔平府志》卷十二。

【碑文】

混元峯斗母宫記

雍正年　知府劉士銘

朔平郡城之東北，地名樊家窑者，西距殺虎口五里許。岡巒迴合，巖谷窈窕，而峰之最高者，曰"混元"，殆取於混元一氣之意歟？諸山朝揖，勢若星拱，蒼翠詭怪，煙雲變幻，蓋天鍾靈秀，不以遐彝限焉者。峰之下有泉，泉上故有亭，亭上數十步有真武廟，最上有玉皇閣。依巖甃石，聳崎層阿，皆舊制也。然以壤接邊徼，俗尚質朴，樵牧而外，遊屐鮮及。蹊徑蕭條，登探者每以爲憾。

歲在乙巳，郡治初設，華亭武三徐公以名臣後裔首膺簡命，來蒞是郡。治惟德化故信孚，信孚故人和，人和故政多暇。由是勸農田課工作，巡行郊野，以宣佈聖主德意。税駕往來，憩息峰下，興至則尋幽索杳，登降縱覽。一日，謂衆曰："朔郡居神京之北，而是峰又居朔郡之北，上應斗極，宜建斗母宮以鎮之。且斗爲天樞，實宰衆星，祀典不廢，而舊制未及，前人之略也，補之何如？"衆曰："善。"遂卜基於廟東隙地，公即慨捐己俸以爲衆倡，衆皆踴躍効。將伯鳩工庀材，乃垣乃墉，令經歷司周子董其事焉。工未半，公以内調去。

余下車後，適軍需旁午，簿書冗劇，不暇及此。壬子春，余因公事至其地，見垣墉雖具，塗墍缺如，勤撲斲者，丹艧未施。因集衆語之曰："此前守未竟之業也，盍竣之？"衆皆諾。六月，斗母宮成，且有餘財，因於故廟山門左右增室各三楹，並故有之亭，而擴新之，泉之塞者，浚通之。宮側數楹，招禪僧之修真者住其内，以主香火。於是鄉之人若忘是峰之固有，而第覺煥然之新，爲徐公所鑒之獨者。

朔平府志《卷之十一藝文碑記》一百十三

混元峯斗母宮記　雍正年　知府劉士銘

朔平郡城之東北地名樊家窑者西距殺虎口五里許岡巒迴合巖谷窈窕而峯之最高者曰混元殆取於混元一氣之意歟諸山朝揖勢若星拱蒼翠詭怪煙雲變幻蓋天鍾靈秀不以遐彝限焉者峰之下有泉泉上故有亭亭上數十步有真武廟最上有玉皇閣依巖甃石聳崎層阿皆舊制也然以壤接邊徼俗尚質朴樵牧而外遊屐鮮及蹊徑蕭條登探者每以爲憾歲在乙巳郡治初設華亭武三徐公以名臣後裔首膺簡命來蒞是郡治惟德化故信孚信孚故人和人和故政多暇由是勸農田課工作巡行郊野以宣佈聖主德意税駕往來憩息峰下興至則尋幽索杳登降縱覽一日謂衆曰朔郡居神京之北而是峰又居朔郡之北上應斗極宜建斗母宮以鎮之且斗爲天樞實宰衆星祀典不廢而舊制未及前人之略也補之何如衆曰善遂卜基於廟東隙地公即慨捐己俸以爲衆倡衆皆踴躍効將伯鳩工庀材乃垣乃墉令經歷司周子董其事焉工未半公以内調去余下車後適軍需旁午簿書冗劇不暇及此壬子春余因公事至其地見垣墉雖具塗墍缺如勤撲斲者丹艧未施因集衆語之曰此前守未竟之業也盍竣之衆皆諾六月斗母宮成且有餘財因於故廟山門左右增室各三楹並故有之亭而擴新之泉之塞者浚通之宮側數楹招禪僧之修真者住其内以主香火於是鄉之人若忘是峰之固有而第覺煥然之新爲徐公所鑒之獨者謀遊熙熙然廻巧獻與神謀與心謀者當不過是豈但云與一目見其山之過都大邑間則學士大夫登臨賦咏鳥獸天下之將遨其之氣始如少陵之咏混元之居非其地也哉余因衆之請書於石以誌宮之始末且以情混元之居非其地也哉余因衆之請書於石以誌宮之始末

噫！以是峰之景物，致之通都大邑間，則學士、大夫登臨賦詠，天下將共見其山之高，雲之浮，泉之流，樹木之參差，鳥獸之遨遊，熙熙然迴巧獻技於上下之際，即柳州所云"與目謀，與耳謀，與神謀，與心謀"者，當不過是。豈但俯視一氣，如少陵之詠而已哉？余因眾之請，書於石，以誌宮之始末，且以惜混元之居非其地也。

重修朔平府北岳庙碑记

【简介】

清雍正年间（1723—1735）勒石。今不存。文据雍正《朔平府志》卷十二。

【碑文】

重修朔平府北嶽廟碑記

雍正年　現任建威將軍、宗室申慕德

五嶽，惟恒山密邇神京，左居庸，右雁門，拱衛燕、雲，屏藩趙、代，爲朔方重鎮，是以其神獨靈。嶽在大同府渾源州南二十里，考之《虞書》，十有一月朔，巡狩至於北嶽如岱。《禮》周制，十二年一巡狩登方嶽，自漢迄明，沿飛石之訛，凡有祭告者，皆於曲陽望祀。自我朝一統無外，始改祀於渾源，復虞、周之舊云。

右衛之有北嶽廟，不知起於何代，故廟在城東風神臺下，至明嘉靖己未，始遷於城南郭。迄於今，幾二百年矣。我聖祖皇帝於右衛建營房萬餘間，安設駐防旗兵，以控扼殺虎口，屹然西北金湯。今上

公及縣主簿李奕留廟所百餘日悅使其衆而工乃竣
公自爲文勒石記之載於嶽誌余膺嚴疆鉅任同於
魏公而德弗逮不欲以塗墍樸斲之事煩彼有司惟
自盡吾之心與力焉而已雖然余豈爲一身一家邀
福哉惟嶽奠位坎方功司成物興雲致雨澤被群生
繼自今廟貌聿新明神胥饗尚期仰賴神庥陰陽和
而風雨時物無疵厲民不夭札邊陲安堵士馬飽騰
則嶽神福庇一方以佐
聖天子阜成兆民而余忝封疆大吏庶幾得事幽之理傳諸奕世以昭靈貺於無窮也爰礱石鐫文用垂永久云

御極，改右衛爲朔平府治，添設郡、縣學校，禮樂車書之盛，彬彬乎被於邊徼。

余以宗室奉命總統六軍，鎮守是邦，禮諸侯得祭山川，右衛距渾源僅三百里，每思登嶽之巔，入廟駿奔，而以職守故未遑也。城南之廟，歲久浸圮，震風凌雨，不蔽星月，余喟然曰："神在天壤，如水行地中，無往不在，恒嶽有靈，豈必渾源哉！是廟既奉嶽神，而委棄於頹簷敗廡之間，慢神瀆禮，於斯爲極。今天子首隆祀典，懷柔百神，郊廟大祀，必齋宿躬親，追崇先師五代，今天下郡、縣立先農壇，建忠孝、節義祠，崇德報功，罔不祇肅。矧兹北嶽，德配元穹，雄鎮朔漠。右衛既專設重兵爲朝廷北門鎖鑰，使邊塵永靖，烽火不驚，固師武臣之職，而孰非嶽神禦災捍患之功乎？乃坐視廟之頹而勿葺，而守土者，不顧而問焉，非禮也。爰倡率僚屬，並告共事兹土者，量力捐資，召工師而謀之，俾各鳩其徒，計工受值，不役一民，不擾一卒，故者新之，敝者更之，使榱桷堅完，門庭整飭，足以妥神靈，嚴對越而止，勿華勿侈，重物力也。

昔魏公韓稚圭鎮定州，因曲陽嶽廟之弗完也，責成於邑吏，而曠時不集。得通判游君開及縣主簿李奕留廟所百餘日，悅使其衆，而工乃竣。公自爲文，勒石記之，載於《嶽誌》。余膺嚴疆鉅任，同於魏公而德弗逮，不欲以塗墍樸斲之事煩彼有司，惟自盡吾之心與力焉而已。雖然，余豈爲一身一家邀福哉？惟嶽奠位坎方，功司成物，興雲致雨，澤被群生，繼自今廟貌聿新，明神胥饗，尚期仰賴神庥。陰陽和而風雨時，物無疵厲，民不夭札，邊陲安堵，士馬飽騰，則嶽神福庇一方，以佐聖天子阜成兆民。而余忝封疆大吏，庶幾得事幽之理，傳諸奕世，以昭靈貺於無窮也。爰礱石鐫文，用垂永久云。

重修兼管常丰仓官职记

【简介】

清乾隆三十七年（1772）勒石。今不存。文据《旧志辑录》。

【碑文】

重修兼管常豐倉官職記

稽之唐虞之世，建官，內有百揆、四嶽，外有州牧、侯伯，喜起明良，寮采之衆多，自古有之矣。蓋天下之大，四海之廣，惟賴群僚以輔佐耳。兹又雲府署西，向有常豐倉收貯大、朔二府所屬州、縣解交米豆，按月支放八旗駐防官兵。而倉內原有大使一員，管轄書役、收放米豆之出入。於乾隆三十七年經知府方詳請，奏裁大使一缺。然有其倉，必得專員經管。後奏明改歸經歷司兼管，常豐倉一切事件，乃爲妥協，以垂永遠，庶上不負國家設官分職之意，下不失旗軍、庶民之望也。爰因舊有其倉，設立爲新，而又爲之記。

增广恒阳书院膏火碑记

【简介】
　　清光绪十六年（1890）勒石。今不存。文据《旧志辑录》。

【碑文】
　　增廣恒陽書院膏火碑記
　　從來書院之設，原爲培養人材。而培養之厚，尤賴歷任□官長籌費以增□□。自同治五年，李芳洲父臺，權篆斯邑設維，時文生蒯文蔚、武生蒯文林捐□□文發商生息，歲得利錢三十千文，以爲書院膏火之資。未久去任，□□員正甫□□行之，但爲數無幾，不敷院費，是以課不課之年。近因連年未課積利錢一□□文，蒯文蔚、李俊、蔡榛等稟官，以利倍本，不遂商意，蘇父臺力處其間，又捐廉□十千文，共爲五百千成數發商生息，以資獎勵。斯舉也，善政非難，善政□□，非蘇父臺之主持，何以將利倍本，非蘇父臺之捐助□□□□□蔚起儒，業換新，自莫蘇父臺之培養矣。所有書院之條規□□□□冀後光輝映，並垂不朽云爾。
　　右玉縣庚寅歲貢生李俊撰
　　右玉縣乙酉拔貢生王者聘書
　　經理人　貢生蒯文蔚　貢生□□□　稟生蔡榛
　　龍飛光緒十六年歲次庚寅桂月中□

附录

一、与右玉县密切相关的域外石刻

忽筒子道桥碑

【简介】

清嘉庆九年（1804）勒石。现存于杀虎口外西北4公里处野外名叫忽筒子的地方。该碑十分完整，非常巨大，为镂空双龙戏珠碑头，半埋于土中，碑体（不包括碑头）高220、宽100、厚25厘米。

据当地老者讲，碑所在位置过去是一条通往杀虎口而经大同进京的官道，有一座石桥，旁边建有驿站，长期驻有驿卒，桥北建有庙宇。而该碑就是立于桥头两块大碑中的一块，文中所记载的事项具有较高的历史价值，特别是碑中所列村名，更是说明在嘉庆九年，已有大量内地汉民进入蒙地定居耕种，对研究"走西口"现象，探究其源头和发展很有益处。清代朔平府曾辖归绥等地，忽筒子靠近杀虎口，故将此碑列附本书，以作借鉴。

【碑文】

喇嘛灣　公喇嘛施銀拾兩　黃花兒兔施銀柒兩陸錢　倒兒計溝施銀肆兩　達賴營子施□□兩　昆都侖□場不浪施銀□□兩　廣威德施銀□錢　白馬旗施銀捌兩　□□盍施銀拾兩　□木氣施銀柒兩　羊羣溝施銀肆兩　善友喇嘛施銀參□錢　增□當施銀貳兩　上天玉施銀□錢　□兒什營子施銀捌□　李增奇施銀肆兩　大淮□施銀捌兩　□力素　五□不浪施銀肆兩　新店子施銀貳□錢　□成號施銀伍錢　東泰魁施□捌錢　郭重有施銀伍錢　王德寶施銀壹兩鋪　後道□□施銀捌兩　復興號施銀柒兩　□成窯子施銀肆兩伍錢　德泰店施銀貳兩　蘇士英施銀壹兩　李時通施銀伍錢　劉祥施銀壹兩　□□圪洞施　銀捌兩　當澗溝施銀伍兩伍錢　韓璋施銀肆兩　武成湯施銀壹兩伍錢　孫胡窯子土臺子村施取石山原一座　王水興縮銀伍錢

官捐俸金兼四外□境共募化銀叁千陸百陸拾伍阿柒錢捌分　聽有新店子　井□　南佛證溝　石嘴子　一間房子　各村有施俱在惠濟橋開刻　於豎碑時未給布施　亦在惠濟橋開刻

余將修理一切花費遂細開列於右

一　修橋石料土作二價　共使銀壹千叁百捌拾貳兩叁錢伍分

一　新店子修榆樹梁路使銀貳兩貳錢捌□

一　買石灰壹拾貳萬玖千陸百叁拾助使銀叁百肆拾玖兩叁錢壹分

一　前後壩上修石路壹百□拾貳兩

一　買鐵銀錠　鐵□使銀貳拾兩柒錢壹分

一　前後壩上修土路使銀壹百捌　兩陸錢

一　歸化城橋樑社化去布施銀捌拾兩

一　繩索架木榨用蓋房使銀陸拾壹兩柒錢

一　五素□路修路使銀叁拾伍兩

一　買碑三通使銀叁拾陸兩

一　食物油炭等項共使銀肆拾肆兩貳錢肆分

一　溝門上修木橋使銀柒拾壹兩陸錢柒分

一　從右玉拉碑腳價以及花費使銀貳拾玖兩

一　犒勞匠人利使共使銀捌兩柒錢貳分

一　溝門上修木橋使銀捌兩捌錢

一　本橋兼惠濟橋書碑謝禮銀拾貳兩

一　後鋪修薄岍使銀壹拾伍兩捌錢陸分

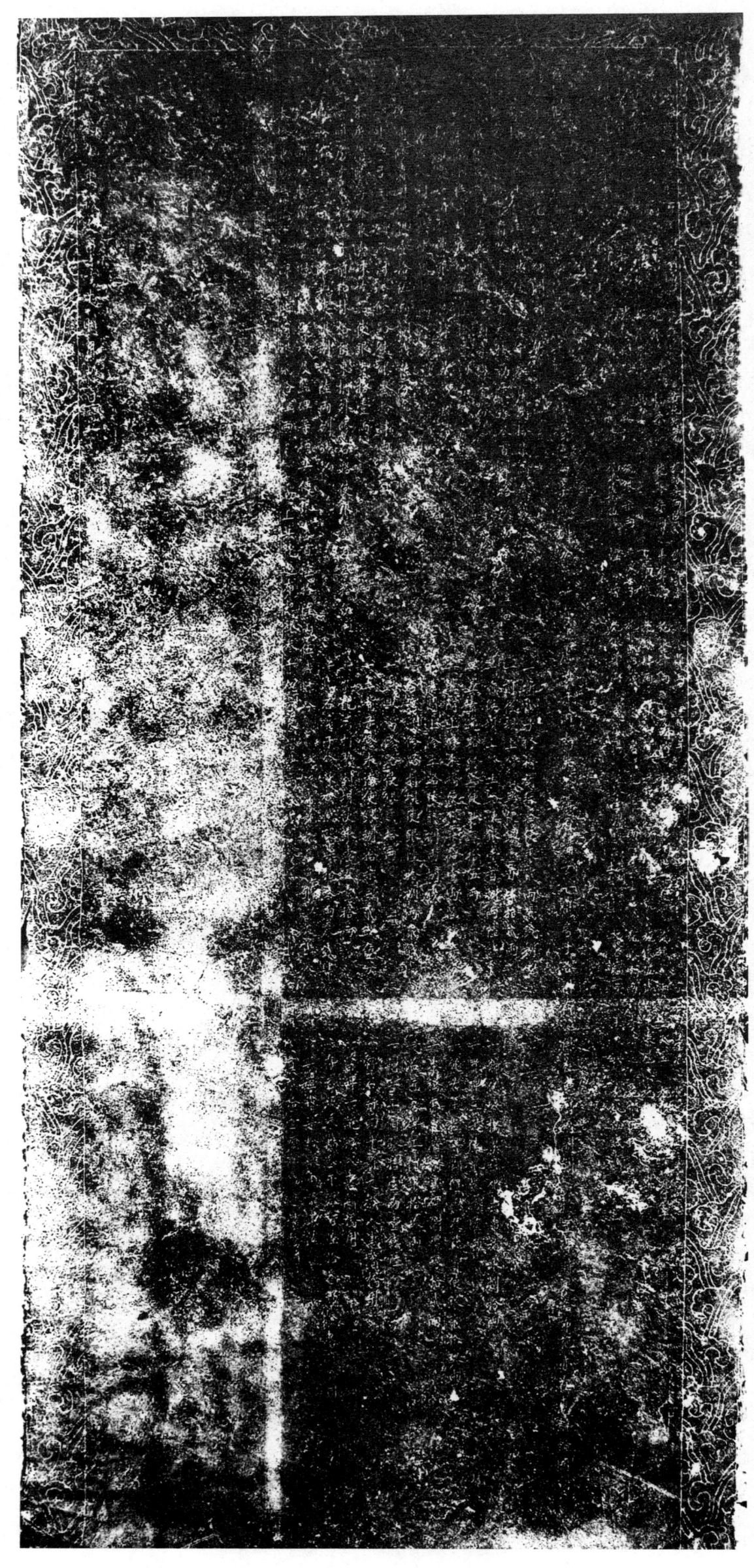

一　石窰子修路打坝使銀陸拾捌兩貳錢

一　石匠磨碑工價銀拾玖兩

一　八叶豪子至二鋪修浮橋修路使銀叁拾肆兩陸錢

一　喇嘛灣修路使銀　貳拾兩

一　刻字工價銀拾壹兩壹錢陸分

一　茶房沟修浮橋兼素珠坡路使銀壹拾壹兩

一　土嘴子修木橋使銀捌拾柒兩貳錢伍分　存石材四十餘丈撥入惠濟橋用

一　一間房子兼石窰子　前和林格尔東柵外修路使銀貳百叁拾伍兩

一　九龍灣打護村坝使銀壹百壹拾兩

一　留碑一通道河修路共使銀捌拾陸兩捌錢

一　北石嘴子修水橋使銀柒拾叁兩叁錢肆分

一　存石灰叁萬叁千叁百陸拾叁　助撥惠濟橋用

一　募化布施腳價盤費　緣簿紙張以及監碑等項共使銀貳百陸拾陸兩伍錢肆分

一　收布施□減色以及出入加□短錢共短銀柒拾玖兩貳錢陸分

一　本橋兼惠濟橋運送碑石腳價銀貳拾肆兩

餘出□淨存銀壹百三拾壹兩肆錢　惠濟橋用

嘉慶九年歲次甲子夷則月穀旦立

二、右玉佚失石坊

都督坊

明代勒石。今不存。

在右玉城东门外，曾有用玄武岩雕制"都督坊"石牌坊。

据《朔平府志》记载："都督坊，明万历总兵麻贵。"

据《明史·麻贵传》记载："麻贵，大同右卫人。""贵舒舍会人从军，积功至都指挥佥事，充宣府游击将军。隆庆中迁大同新平堡参将。……万历初，再迁大同副总兵，十年冬以都督佥事充宁夏总兵官。无何，徙镇大同。""二十五年，日本封事败，起贵备倭总兵官，赴朝鲜。已，加提督，尽统南北诸军。""明年三月，旋师。进右都督。""三十八年，贵镇辽东。""贵果毅骁，善用兵，东西并着功伐。先后承特赐者七，锡世□者六。及殁，予祭葬。称一时良将焉。"

兄弟名帅坊

明代勒石。今不存。

因麻锦、麻贵屡立战功，万历皇帝为其在右卫城东门外树"兄弟名帅"石牌坊。

据《朔平府志》记载："兄弟名帅坊，明万历总兵麻锦、麻贵。"

据《明史·麻贵传》记载：麻贵，"兄锦，少从父行阵，有战功。累官千总，协守大同右卫……屡迁宣府游击将军，以勤王功，进秩一等，迁大同参将，隆庆初，进本镇副总兵……万历五年擢山西总兵官。"

四代一品坊

明代勒石。今不存。

据《朔平府志》记载："四代一品坊，明万历总兵。麻全、麻政、麻禄、麻贵。"

据《明史·麻贵传》记载：麻贵，"父禄，嘉靖中为大同参将，从镇帅刘汉袭板升，大获。俺答围右卫，禄与副将尚表固守……辛爱犯京东，禄以宣府副总兵入卫，与子游击锦并有却敌功。"

因此万历皇帝为其在右卫东门外立"四代一品"石牌坊。

敕赐坊

明代勒石。今不存。

据《朔平府志》记载："敕赐坊，明天启总兵麻承宗。"

据《明史·麻贵传》记载：麻贵的四子"承宗，辽东副总兵，天启初，战死沙岑"。

天启皇帝为麻承宗树石牌坊以表彰其功绩，因而叫敕赐坊。

忠节双合坊

明代勒石。今不存。

据《朔平府志》记载："忠节双合坊，天启总兵麻承恩。"

据《明史·麻贵传》记载：麻锦"从子承恩，都督同知，宣府、延绥、大同总兵官。更历诸镇。以勇力闻，后起援辽东……"

天启皇帝为其树"忠节双合"石牌坊。

五代一品坊

明代勒石。今不存。

据《朔平府志》记载："五代一品坊，明万历、天启总兵麻全、麻政、麻禄、麻贵、麻承宗。"麻家历经万历、天启两朝朝廷为其树"五代一品"石牌坊，实属罕见。

镇海元戎坊

明代勒石。今不存。

据《朔平府志》记载："镇海元戎坊，顺治镇江总兵麻振扬，即五代一品改造。"

父子元戎坊

明代勒石。今不存。

据《朔平府志》记载："父子元戎坊，明万历总兵麻政、麻禄。"

三、分时代统计表

时 代	统计数量	
	现 存	佚 失
北魏	1	0
唐	1	0
明	52	11
清	72	19
中华民国	5	0
中华人民共和国	5	0
总 计	136	30

四、分类统计表

类 别	统计数量	
	现 存	佚 失
记事类	91	27
乡规民约类	6	0
墓志墓表墓志铭类	26	3
烈士纪念碑类	1	0
匾额楹联类	6	0
题刻题诗类	2	0
其他类	4	0
总 计	136	30

索 引（一）

一、记事类

●现存石刻

二、乡规民约类

●现存石刻

三、墓志墓表墓志铭类

●现存石刻

四、烈士纪念碑类

五、匾额楹联类

六、题刻题诗类

七、其他类

索　引　（二）

一、麻家将碑类

二、长城古堡类

后　记

　　《三晋石刻大全》是山西省于 2009 年就推出的一项文化大工程，是文化强省、利好社会的一大盛举，全省各市县积极贯彻响应。于是，笔者于近年留心碑碣石刻，逐步拓印、整理右玉县博物馆碑廊内的石碑。但甫一接触，困难之大不曾想到。首先是许多碑石磨灭毁损，字迹漶漫不清，加上古代的异体字、通假字，以及石匠镌刻的匠人体，使人如坠云雾，需要借助大辞典和许多资料来辨别；其次就是缺字少语，造成文言断句难上加难。所以一篇碑文，往往要碑、文对照，多次辨认校对，才觉差强人意。

　　但文化事业没有平坦可言，只有咬紧牙关，迎难而上，才可到达彼岸。编纂过程中，又突遇三年新冠疫情，致使该书寒来暑往，经历了六年之久。如今，抚摸样书，感慨万千！日出东方，苦尽甘来，个中滋味，只有同仁才可体味。但是，作为一本全县的石刻大全，只有罗列县境内的全部石刻才可称"全"。于是，又将县政协之《右玉县政协文史资料》第二十四辑中的 30 通石刻收录其中。为此，十分感谢李峰、夏平、庞日亮、贺荣吉、薛大春、赵何成、姚尚杰、韩飞君、姚锡雄、王志辉、张建军、杨化禄、姚杰、王存虎、李禄、牛建山等诸位君子，他们跋山涉水访石碑，餐风晒日拓石碑，挑灯夜战辨碑文，不辞劳苦出专辑；感谢尚珩、李月峰、曹军先生提供照片；感谢高平儒先生帮助拓碑；感谢索明杰老师译释满文、蒙文人名。另外，右玉县政协原主席王德功先生、郝智慧同志也整理了部分碑文，出版社予以合集出版，一并致谢。最后，对关心该书出版的各位领导和同仁，也在此一并致以崇高的敬意和真挚的感谢！

　　由于本人水平有限，书中的错误和失误在所难免，敬请各位读者予以批评纠正。

　　岁月悠悠西口情，丹心昭昭了平生；传承文化志不息，斯德在兹慰吾心。

吴承山

2023 年 12 月

图书在版编目（CIP）数据

　　三晋石刻大全. 朔州市右玉县卷 / 吴承山主编. —太原：三晋出版社，2023.12

　　ISBN 978-7-5457-2469-1

　　Ⅰ．①三… Ⅱ．①吴… Ⅲ．①石刻—右玉县—图录 Ⅳ．① K877.402

　　中国国家版本馆 CIP 数据核字（2024）第 000521 号

三晋石刻大全·朔州市右玉县卷

总 主 编：	李玉明
本卷主编：	吴承山
责任编辑：	落馥香
审　　订：	王宗政
责任印制：	李佳音
出 版 者：	山西出版传媒集团·三晋出版社
地　　址：	太原市建设南路 21 号
邮　　编：	030012
电　　话：	0351-4956036（总编室）
	0351-4922203（印制部）
网　　址：	http://www.sjcbs.cn
经 销 者：	新华书店
承 印 者：	山西万佳印业有限公司
开　　本：	787mm×1092mm 1/8
印　　张：	43
字　　数：	600 千字
版　　次：	2023 年 12 月 第 1 版
印　　次：	2024 年 2 月 第 1 次印刷
书　　号：	ISBN 978-7-5457-2469-1
定　　价：	500.00 元

ISBN 978-7-5457-2469-1

如有印装质量问题，请与本社发行部联系。电话：0351-4922268

《三晋石刻大全》

荣列国家十二五规划、山西省十二五规划，并荣获山西出版传媒集团 2009 年度十大好书、优秀晋版图书一等奖、全国古籍优秀图书一等奖。

已（即）出书目（有★号者为已出）	定（估）价	已（即）出书目（有★号者为已出）	定（估）价
★《临汾市洪洞县卷》	600 元	★《晋城市城区卷》	480 元
★《临汾市尧都区卷》	480 元	★《晋城市泽州县卷》	690 元
★《临汾市安泽县卷》	280 元	★《长治市沁源县卷》	350 元
★《临汾市侯马市卷》	260 元	★《长治市平顺县卷》（增订本）	1200 元
★《临汾市曲沃县卷》	380 元	★《长治市黎城县卷》	500 元
★《临汾市浮山县卷》	480 元	★《长治市长治县卷》	300 元
★《临汾市古县卷》	380 元	★《长治市长治县炎帝碑林卷》	600 元
★《临汾市蒲县卷》	340 元	★《长治市屯留县卷》	200 元
★《临汾市大宁县卷》	180 元	★《长治市长子县卷》	350 元
★《临汾市乡宁县卷》	630 元	★《长治市武乡县卷》	660 元
★《临汾市霍州市卷》	600 元	★《长治市壶关县卷》	600 元
★《临汾市永和县卷》	240 元	★《长治市襄垣县卷》	750 元
★《临汾市襄汾县卷》	990 元	★《太原市古交市卷》	200 元
★《临汾市吉县卷》	600 元	★《太原市杏花岭区卷》	400 元
★《临汾市汾西县卷》	400 元	★《太原市尖草坪区卷》	300 元
《临汾市翼城县卷》	1500 元	★《太原市万柏林区卷》	150 元
《临汾市隰县卷》	220 元	★《太原市迎泽区卷》	370 元
★《运城市盐湖区卷》	420 元	★《太原市娄烦县卷》	300 元
★《运城市绛县卷》	610 元	《太原市阳曲县卷》	400 元
★《运城市新绛县卷》	520 元	《太原市晋源区卷》	400 元
★《运城市临猗县卷》	400 元	★《吕梁市孝义市卷》	380 元
已《运城市芮城县卷》	620 元	已《吕梁市柳林县卷》	360 元
★《运城市稷山县卷》	900 元	★《吕梁市石楼县卷》	310 元
★《运城市永济市卷》	900 元	★《吕梁市方山县卷》	390 元
★《运城市平陆县卷》	360 元	★《吕梁市兴县卷》	480 元
★《运城市夏县卷》	1500 元	《吕梁市兴县卷续编》	500 元
★《运城市万荣县卷》	500 元	★《吕梁市汾阳市卷》	1900 元
★《运城市河津市卷》	1100 元	★《吕梁市文水县卷》	500 元
★《运城市垣曲县卷》	400 元	《吕梁市临县卷》	1800 元
《运城市闻喜县卷》	550 元	★《忻州市宁武县卷》（增订本）	400 元
★《晋中市寿阳县卷》	580 元	★《朔州市平鲁区卷》	380 元
★《晋中市灵石县卷》	580 元	★《朔州市怀仁县卷》	320 元
★《晋中市左权县卷》	380 元	★《朔州市朔城区卷》	1300 元
★《晋中市榆次区卷》	460 元	★《朔州市应县卷》	500 元
已《晋中市和顺县卷》	300 元	已《朔州市右玉县卷》	500 元
★《晋中市太谷县卷》	400 元	《朔州市山阴县卷》	600 元
★《晋中市平遥县卷》	1800 元	★《大同市灵丘县卷》	200 元
★《阳泉市盂县卷》	620 元	★《大同市灵丘县卷续编》	200 元
《阳泉市平定县卷》	1000 元	★《大同市左云县卷》	240 元
《阳泉市郊区矿区城区卷》	1000 元	★《大同市浑源县卷》（增订本）	800 元
★《晋城市高平市卷》	680 元	★《大同市广灵县卷》	380 元
★《晋城市沁水县卷》	500 元	★《大同市南郊区卷》	300 元
★《晋城市阳城县卷》	660 元	★《大同市大同县卷》	200 元
★《晋城市陵川县卷》	620 元	《大同市天镇县卷》	500 元